清朝穿越指南 ②

橘玄雅 著

重庆出版集团 重庆出版社

图书在版编目（CIP）数据

清朝穿越指南.2 / 橘玄雅著. — 重庆：重庆出版社，2021.4
ISBN 978-7-229-13993-3

Ⅰ.①清… Ⅱ.①橘… Ⅲ.①社会生活—历史—中国—清代 Ⅳ.①D691.9

中国版本图书馆CIP数据核字（2021）第041790号

清朝穿越指南2
橘玄雅 著

出　　品：华章同人
出版监制：徐宪江　秦　琥
责任编辑：何彦彦
责任印制：杨　宁
营销编辑：史青苗　刘　娜
封面绘制：燕王WF
封面设计：主语设计

重庆出版集团
重庆出版社　出版
（重庆市南岸区南滨路162号1幢）
投稿邮箱：bjhztr@vip.163.com
三河市嘉科万达彩色印刷有限公司　印刷
重庆出版集团图书发行有限公司　发行
邮购电话：010-85869375/76/78转810
重庆出版社天猫旗舰店
cqcbs.tmall.com
全国新华书店经销

开本：787mm×1092mm　1/16　印张：19.75　字数：290千
2021年7月第1版　2021年7月第1次印刷
定价：49.80元

如有印装质量问题，请致电023-61520678

版权所有，侵权必究

目录

前言 / 1

壹·读书仕途

争做四民之首
——我们为什么要读书 / 3

"书山有路勤为径"
——清代人的读书生涯 / 9

"小试牛刀"
——考个生员当士人 / 22

"越战越勇"
——举人进士为出仕 / 36

"条条大路通罗马"
——武科与翻译科 / 48

凭文而取，按格而官
——古代的高考试卷是什么样的 / 56

长年备考，为何却做不好命题作文
——八股文的真容 / 61

贰·清代职官

除、补、转、改、升、调
——看懂复杂的清代职官 / 69

世袭罔替、按次承袭
　　——弄清清代的世爵与世职 / 81
衙门深似海，老百姓不知道的官场重地
　　——京官上·中枢与行政衙门 / 98
衙门深似海，老百姓不知道的官场重地
　　——京官下·皇室相关部门 / 128
鞍马骑射，清代武官的入仕途径
　　——八旗与绿营的武职系统 / 143
九品十八阶，老百姓的父母官是谁
　　——地方职官系统 / 157
同为官场人，命运大不同
　　——六位大员的官场晋升路 / 177

叁·官场生活

官俸之薄，亘古未有
　　——清代官员的收入 / 195

居无一宅，食无半亩
　　——清代官员的花费 / 205

三年清知府，十万雪花银
　　——论清代的陋规 / 214

辛劳与运气
　　——官场生活 / 221

肆·皇帝的生活

"为君难"
　　——清代皇帝的一天 / 235

"国之大事，在祀与戎"
　　——祭祀与武备 / 242

"朝乾夕惕"
　　——朝政与召对 / 250

"允文允武"
　　——皇帝的私人生活 / 259

伍·宗族法律

天讨有罪，五刑五用哉
　　——论清代的法律基础五刑与五服 / 269

罪与罚，说说封建伦理与法律冲突那些事儿
　　——清代法律的几个辅助点 / 277

聚族而居，民间自治
　　——论清代的宗族与宗法 / 283

一个腌菜缸引发的命案
　　——贝勒永珠殴妾案 / 288

前言

大家好，时隔三年之后，《清朝穿越指南》的第二部也跟大家见面了。

早在第一部的前言中，就曾经提及过创作第二部的计划。从最早的出发点来讲，撰写第二部只是因为第一部字数有限，还有很多想写的东西没能呈现给大家。2016年1月，我在微博上进行了第二部内容的公开投票，投票结果基本偏向于朝廷、官场、读书这类内容。

在第一部的七篇之中，"背景常识""生活基础"两篇，讲解的是如果我们穿越到清代北京城，必须要掌握的基础知识。"饮食文化""八旗子弟"两篇，实际是针对网络文章里大量有关清代饮食和清代旗人的谣言所做的澄清。"后宫生活""婚姻家庭"两篇，是以女性作为主角，分别以宫廷和满汉贵族的情况作为例子，展现了古代女性的诸多面貌，同时也对一些所谓"宫斗""宅斗"小说的内容进行纠正。至于"服饰"篇，则完全是清代服饰知识介绍，主要针对清宫戏里各种"混搭"的服饰问题，希望能让大家对清代服饰体系有一个基本了解。

第二部分为五篇，"读书仕途""清代职官""官场生活"三篇，讲解的是一个清代男子从读书进学到科举入仕的过程，让大家了解到清代男子读书和官场生活的情况。"皇帝的生活"篇，将视角从普通男性转为皇帝，展现了皇帝的日常生活，看看这位"万人之上"的存在，生活是否像民间想象的那么轻松。归根结底，上述几篇都是以男性作为主角，展现的是古代男性的生活。至于最后的"宗族法律"篇，强调的是古今法律意识、宗族思维的不同，最后以贝勒永珠殴妾案作为结尾，是希望通过一个真实的案件，让大家对清代生活有一个更加直观的感受。

在第一部出版之后，承蒙读者厚爱，陆续得到各个方面的反馈。反馈的意见各种各样，亦众口难调，但大多认为我在书中为了"穿越"主题而加入了一些调侃词汇，与行文风格和整体内容差异过大，显得十分不协调。关于这一点，我在第一部的前言中其实就已经提到过，加入这种调侃词汇，本身就与我自己的文风不太符合，是一种为缓解阅读压力而做的尝试。故而，在第二部中，我将这种插科打诨的调侃进行了大幅的删减，基本改为问答的形式。当然，这可能会使得您在阅读时倦怠感有所上升，毕竟第二部的内容本身就比较"生硬"。

目前看来，《清朝穿越指南》暂时就将以两部的形式画上句号。作为作者，我偶尔翻看当初为撰写《清朝穿越指南》所做的构思笔记，发现自己原本还有很多想要讲述的东西，比如说想要讲述清代一个普通平民的生活境遇，想要讲述清代声色场所的情况，想要讲述清代"男色"之类的特殊审美，想要讲述清代人看似单纯简单的娱乐活动，想要讲述清末兴办女学的各种故事，也想要讲述旧时北京城的岁时和相关民俗活动，等等。但是，这些想法后来都因为各种原因被舍弃掉，只停留在构思笔记里。清代社会当然是立体、多面、复杂的，我最初也希望展现当时各个阶层的生活情况，而从这个角度而言，应该说也是落空了，不免有些自责。不过，正所谓"来日方长"，希望以后还有这样的机会给大家科普历史。

回想起来，从第一部出版至今的三年中，很多事情均发生了变化。对本书影响最大的，就是"穿越"这一概念逐渐褪去热度。在此背景下，很多人建议我修改书名，以脱离"穿越"这个已经不那么"热门"的词。在仔细思考之后，我最终还是保留了"清朝穿越指南"。正如在第一部的前言之中所提及的，说到底，本书的"穿越"只不过是一种手段，甚至不妨说就是一种时代"噱头"。我们通过"穿越"来进行科普，是为了让您了解真实的清代历史情况与您想象之间的差异，以更正您本身持有的一些错误认识，从而使您得以更全面、更具体地看待清代历史。现在，穿越这个"噱头"可能已经有些过时，但是历史科普的根本出发点没有改变，而且"穿越"也依然是一种了解、体味历史的有趣方式。

本书"读书仕途"一章的科举部分，承蒙张一南老师指教，十分感激。封面和所配漫画，依然由燕王 wf 执笔，感谢他的生动描绘与各种新奇的灵感。与第一部一样，第二部在底稿阶段，也曾组建"试阅读小组"，其成员有：酱油狐狸、叶先生、七如、朵儿猫、RSVPGallery、游北君、襄言等人（以上均为微博 id，不计先后），他们均对底稿进行"试毒""挑刺"，这里对他们认真的反馈和无偿的吐槽表示感谢。另外，也要感谢本书的两位编辑，前前后后为本书提出颇多建议，又恰逢疫情这一特殊情况，甚为辛劳。

最后，我还想以第一部前言中最后的一段话作为结尾：

如果您通过本书，对清代有了更深的了解，那么我会十分开心。

如果您通过本书，对之前脑中的很多"程式"有了修正，那么我会十分欣慰。

如果您通过本书，对历史、史料产生了兴趣，那么这就是我最希望见到的。

如果您通过本书，愈发地想要穿越回清朝了……那么我觉得您并没有读懂这本书……

橘玄雅

2020 年于北京

壹·读书仕途

争做四民之首

——我们为什么要读书

"为什么要读书?"

"为什么要上学?"

相信有不少朋友在小时候都这样询问过长辈或者老师,而长辈或老师给我们的答复是多种多样的。有的会说,读书上学是为了丰富我们的知识;有的会说,读书上学是为了找到好工作;有的会说,读书上学是为了更好地为祖国效力。这些答案在现代都不算错,但如果您穿越到清代问长辈或者老师这个问题,那么他们一般会告诉您,读书上学是为了争做"四民之首"——士。

您在中学的历史课上应该听老师讲过,在我国封建时期的社会结构中,社会内部的人员可以大致分为士、农、工、商这四个阶级,这四个阶级在古代被称为"四民"。在"四民"之中,以"士"居首,这才有了"四民之首"这个称谓。

什么是"士"呢?不同的朝代对于"士"的具体定义也有所区别。单从本意上来讲,"士"指的是读书人。而在清代,"士"则特指有功名的读书人。在"四民"之中,除去"四民之首"的"士"之外,其余的"三民"都被称为"白丁"或者"平民",从这里明显可以看出"士"的地位。

在上古的时候,"士"的身份基本是世袭来的,称为"世卿世禄",也就是说大家都凭借自己的出身门第来做官,是地地道道的"拼爹"社会。到了中古之后,"科举取士"逐渐成为常例,"士"的身份也就从世袭变成了选举。这样,作为普罗大众的"白丁"阶级才有可能通过读书考试成为"士人",达成自身阶层的提升。

  那在清代,当官的就是"士"了吗?

  您这个说法不全对。

  清代"四民"里的"士",在当时也写作"绅士",所指代的人群是两种人,一种是现任或曾经出任过朝廷官员的人,另一种则是有科举功名的人。[1]对于普通人而言,没有科举功名就基本上没有当官的可能,所以清代"绅士"实际上主要偏指的是有科举功名的人。另外,准确地说,清代"绅"和"士"的范围也是有区别的。清代科举考试之中,根据考取的等级不同,大致可以将读书人分成三个等级,由低级到高级排序依次是生员、举人和进士。在清代的概念中,如果您达到了生员的等级,便可以称作"士"了。如果您继续努力,考到了举人或者进士,便可以称为"绅"了。所以说,"绅"比"士"要高。高在哪里呢?"士"和"绅"虽然都享受"绅士"阶级的种种特权,但是如果您有"绅"的功名,是可以出仕当官的,而如果您只有"士"的功名,一般是不能直接出仕的。[2]

  所以说,在清代,如果想要成为"士",大致需要两个步骤。第一个步骤就是读书上学,这是成为"士"的基本条件。第二个步骤是在读书上学的基础上参加科举考试并且得到功名,之后便可以跻身于"士"的行列了。

  不就是读书上学吗,那很容易哒!

  嗯?您觉得读书上学其实很简单?在现代或许的确如此,但是在清代可不是这样的。

---

[1] 其中,前一种也被称为"士大夫"。顺便一提,对于"士大夫"的界定各朝也不大一样,这里只说清代的标准。

[2] 关于绅士的分层,可参见许顺富:《论近代绅士的结构分层和社会属性》。清中后期之后,也有不少并非举人、进士出身的人通过各种途径出仕,但是一般来讲,都至少要取得"生员"也就是"士"的身份。

首先让我们来讨论一下识字率的问题。

在我们现在的社会中,"文盲"这个词已经离我们相当遥远了。如果发现我们身边哪个年轻人不识字,他几乎是要被群众"残忍围观"的。但是在清代,"文盲"却是相当常见的。

根据一些相对乐观的学者推算,清代光绪初年时,全国男性识字率大概是30%~45%,全国女性识字率大概是2%~10%,综合起来的话,社会总人口识字率大概是20%左右,[1]也就是说当时社会上大概5个人当中,只有1个人识字。[2]

而且,这些"识字人",其实还有相当多的"水分"。因为清代"蒙学"特别是"杂字类蒙学"特别兴盛。什么叫"杂字类蒙学"呢?简单说,由于清代中后期经济发展较快,越来越多的人有了识字的余力和需求,所以在社会上出现了一种基础教育书籍,它们大多起名为某某"杂字",故而称之为"杂字类蒙学"。这一类的书籍比较知名的有《庄农杂字》《日用杂字》《士农工商买卖杂字》等,我们把这些书名翻译成现代书籍的名称,大致相当于《农民耕田相关常用×字》《生活日常基本×字》《日常买卖相关常用×字》。像这种只学过一些杂字、识字总数不超过百余个的人,也是作为"识字者"算在了20%的识字率内的。这样,您就可以想知,那种真正能够提笔写文章水平的"识字者",才有多少人了。

成为"士"的基础是识字,清代识字率尚且如此,那么在清代社会能够从这些"识字者"中脱颖而出考到功名,从而成为"四民之首"的士的人,人口占比是多少呢?

根据学者统计,在清代的不同时期,"士"阶级的人口占比是不同的,一般认为在清代"士"阶级最庞大的时间段里,这个阶级的人数也未超过全国男性人口的1%,符合民间所谓的"百里挑一"标准。而这1%的"士民比例"与上面那个20%的识字率一样,也是有相当大水分的。这是因为清代"士"阶级最

---

1 相关数据,出自郝锦花:《20世纪前半叶乡村人口的识字水平》。
2 值得注意的是,这种推算数据是"相对乐观"的。总体来讲,直到民国时期,我国的识字率依然不高。新中国成立以后才进行了大规模的"扫盲"。

为庞大的时期是在清末，那时候"士"的最低身份——生员已经可以通过"纳捐"轻易买到，所以社会中这1%的"士"阶级里，有相当一部分是花钱买来的生员。而在纳捐成为常态之前，如康熙三十九年（1700年），清朝有"士"50万人，总人口为1.5亿，所占比例只有0.33%而已。晚清时，在太平天国运动之前，"士"占总人口的比例大概是0.18%，而在太平天国运动之后，这个数字变为了0.24%。也就是说，晚清社会人口中那1%的"士"，大概2/3都是买来的低级功名而已。[1]

总之，清代的"士"阶级是典型的"少数阶级""特权阶级"，跻身这个少数阶级，是当时很多人的梦想。您看我们现在社会中流行的电视剧，一半以上都是爱情故事，清代民间最为流行的小说也是"才子佳人"题材。我们现在流行的电视剧里，男主角经常是"官二代""富二代"出身，而根据学者统计，以60部清代流行的"才子佳人"小说来计算，其中52部里的"男主角"都是科举及第的"绅士"，占了85%还要多。可见在当时的社会里，"绅士"阶级是人们所向往的。[2]

所谓"地方绅士"，难道不是指地主吗？

您这个印象也不太正确。

清代"绅士"一般是通过科举功名，也就是学历，进行评定的。由于念书大部分要脱离生产，需要长期投资，所以在清代，一般都是有一定家底的人才会去读书，这就导致清代"绅士"阶级与地主阶级的身份经常重合。另一方面，清代"绅士"一般在地方上都受到重视，拥有相当的影响力，被称为"一邑之望"。这样才给人以"绅士就是地主"的错误印象。说到底，地主是一种经济身份，"绅士"是一种学历身份。有的人是地主，虽然很富有，甚至有一定的文化，但是既不考功名，也没有花钱去"捐"功名，所以他终究是一介"平

---

[1] 相关数据，出自纪莺莺：《明清科举制的社会整合功能——以社会流动为视角》所引张仲礼：《中国绅士》。
[2] 相关数据，出自金晓民：《明清小说评点与科举文化》。

民"，不拥有"绅士"的特权。反之，有的人家境贫寒，但是有一定的文化，并且考中了功名，那么他则是地地道道的"绅士"，却不是地主。

当了绅士，有什么特权呢？"绅"可以当官，那不可以当官的"士"与平民有什么区别？

清代"士"虽然不如"绅"一样可以直接出仕，但是"士"已经有了官方规定的冠服制度[1]，这体现了他们本身已被划入朝廷官员系统之内，被视为"准官员"。另一方面，作为"四民之首"，"士"还有相当多的特权。

首先，优先免除各种差徭。乾隆帝在上谕中说："任土作贡，国有常经。无论士民，均应输纳。至于一切杂色差徭，则绅衿例应优免……嗣后举贡生员等，著概行免派杂差，俾得专心肄业。"

其次，和官员阶级平等。清代"官"和"民"有着阶级上的根本差异，身份是绝不平等的。那时候，庶民因公拜见官员一般都要跪见，更不要提因私事拜见官员了。而"士"因为有"准官员"的身份，所以和官员在阶级上是平等的，可以主动递帖子申请会见地方官员，拜见时也以平等身份行礼。[2]

最后，还有其他特权。例如，当"士"犯了罪，被"请"到了公堂之上，因为其有"准官员"的身份，不需要跟平民一样跪拜地方官。同时，地方官一般也不能对"士"动刑，像电视剧里那种动辄"重打二十大板"更是不可能。如果"士"犯的罪比较重，地方官需要报告当地管理读书人事务的学政官员，由学政官员核查，如果属实，会革去这名"士"的功名，将其从"绅士"变成"庶民"，这位"士"也就失去了相应的特权。

---

[1] 清代官方规定，"举人""贡生""监生"等，朝服冠上用金雀顶，吉服、常服冠上用素金顶，袍色为青，镶蓝边。"生员"，朝服冠上用银雀顶，吉服、常服冠上用素银顶，袍色为蓝，镶青边。

[2] 这里的平等身份是指尊卑关系上属于同一阶级。古代"民"和"官"阶级不同，尊卑各异，所以"民"见了"官"要行大礼，"官"可以大摇大摆坐着受礼。而"士人"有"准官员"的身份，所以在阶级上和地方官同属"官员"级别，礼仪身份不会有太大差异。当然，这种身份差异指的是阶级上的，而不是具体地位上的。比如说一位普通秀才虽然与一位封疆大吏都属于"官"的阶级，但是具体地位上的尊卑必然不一致。

除了上面的几条之外，在民间生活中"士"的特权就更多了。比如说，清代民间一般尊称地方官员为"大老爷"，而尊称"士"为"老爷"。"老爷"出门可以乘坐轿子、肩舆，处处都凸显着和"庶民"的不同。

美国传教士、外交官何天爵曾在同治八年（1869年）来过中国，之后在中国居住多年，他是这样讲述当时中国的教育和人们对"士"的想法的：

> "念书做官"是每一位中国为人父母者常常挂在口头的一句话。那是他们对孩子的殷殷希望，因而也是每个孩子所孜孜追求的目标。它的意思是"接受教育，然后做官"……当每一名孩子由懵懂无知到渐谙人事而进入学堂时，他首先被灌输和想到的，便是读书做官，而所有父母在为孩子提供受教育的机会时，他们念兹在兹的，也不过如此。[1]

怎么样，看到这里，您还不下定决心好好读书考试么？

---

[1] 出自[美]何天爵：《真正的中国佬》。

"书山有路勤为径"

——清代人的读书生涯

经过本社的热忱教导,您应该已经认识到了在清代努力读书的重要性。您可能会好奇,我们现在上学有各种公立、私立学校,有相对统一的教材,有正式聘请的老师,那在清代怎么读书上学呢?

让我们来体验一下吧。

清代的学校

我们现代有各式各样的公立学校供青少年读书学习,而清代并没有这样的条件。清代虽然有自己官方的"官学"系统,但是这个"官学"和我们现在公立学校的定义是截然不同的。

一般来讲,清代"官学"有两个功能,第一个功能是主持考试,第二个功能是为"童生"提供"生员"阶级身份,让他们在获得了初级功名之后进而在"官学"里继续学习深造。这两个功能都不是面向"零功名"群体的。换句话说,清代官方的学校是"初级士人进修学院"兼"考试主管部门",并不是负责基础教育的。

在清代,进行基础教育的场所,一般称之为"塾"。清代的"塾"主要有三类,即义塾、私塾以及家塾。

与我们现在的公立学校有些许类似的是义塾。清代的义塾,有的是由官方或者地方高官设立专门用于基础教育的,也有一些是整个村落一起出资共请一

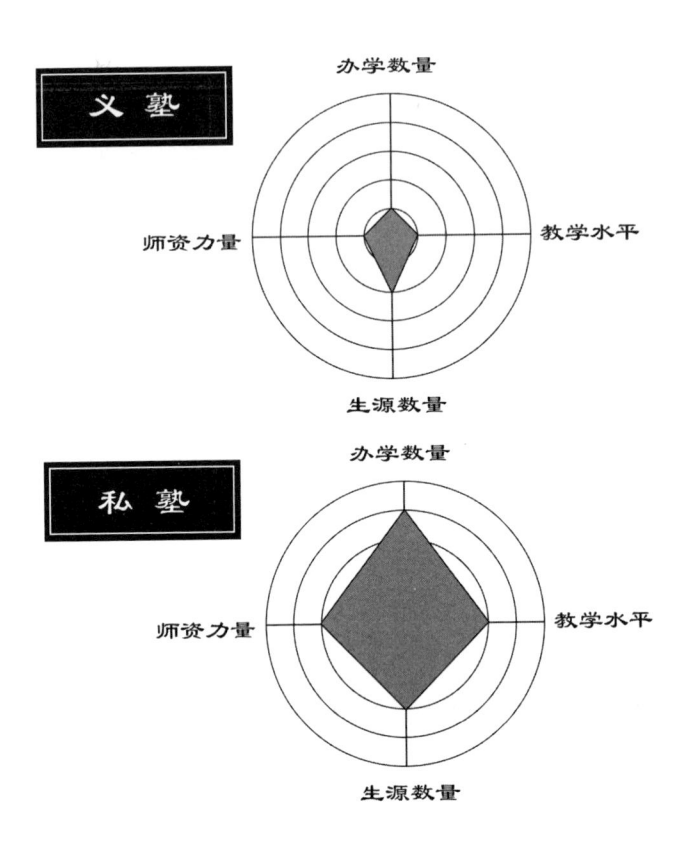

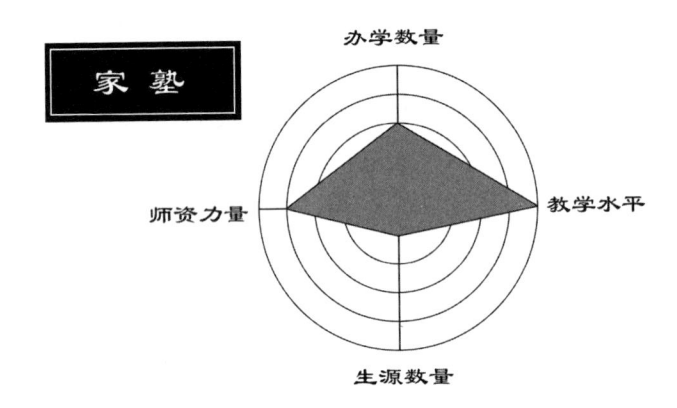

清代义塾、官塾和家塾对比

位老师来教本村愿意出少量学费的孩子的。不过从整体而言，清代义塾的数量在当时的"塾"中所占比例极小。如清末时，河南一省一共有"塾"30000余所，其中义塾只有828所，占比连3%都不到。[1]另外，清代"塾"的水平，是家塾最好，义塾最差。所以去义塾读书的，经常是那种"家境稍欠"，以至于无法去私塾、家塾上学的孩子。

至于私塾和家塾，其实是以承办人的身份进行区分的。一位有功名的读书人，用自宅或者租赁的房屋开设学堂，自己充当老师进行授课，收取学生们的学费，即是私塾。一个家族或家庭，在自己家族或者家庭内设立学房，从外聘请有功名的读书人在自己家内的学房授课，即是家塾。私塾也好，家塾也罢，其教学水平都是直接受教师的功名和文化水平影响的。清代各地的"塾"中有各种各样的老师，一般最差也要有生员的功名。不过，若塾中教师只是一名普通的生员，特别是一些所谓的"老秀才"，他自己都不曾考中更高的功名，如何教导学生考取举人、进士呢？甚至有一些偏远地区的所谓"塾师"，连《论语》都教不明白，只是教教基础的"杂字"而已。至于那些知名的塾师，可能教导出来过数位进士，乃至于状元、榜眼和探花，其开设的"塾"，自然也就成为人人追捧的"名校"了。

一般来讲，有财力建立家塾的都是官宦人家。他们既然有财力建立家塾，自然也不会吝惜钱财聘请优秀的老师。私塾本身是老师开设的，类似于老师自己的"买卖"。因为是公开招生，学生可能会很多。而家塾则以家族或家庭为单位雇佣老师，受教育的子弟，一般是族中或家中的年轻人，学生比私塾要少得多。更有很多官宦世家，尤其是注重教育的世家，则干脆设小家塾，只教育自己的子女，基本上是"一对一"或"一对二"形式的小班授课。正是在这种背景之下，家塾的水平普遍高于私塾的。

清代的学校教材

清代塾中的教材，大体可以分成三大类，其一为"蒙学类"，其二为"举

---

[1] 相关数据，出自蒋纯焦：《晚清士子的生活与教育——以塾师王锡彤为例》。

业类",其三为"修养类"。实际是以功能性区分了一个人学习文化知识的三种不同的时期、状态。

蒙学类,是学童启蒙阶段所使用的教材。这一阶段的主要学习内容即是学常用汉字和基础文化知识,也是打基础的阶段,大致相当于我们今天的幼儿园和小学。

清代是蒙学类书籍大发展的一个时代,相关的书籍很多。比较传统的,有《三字经》《百家姓》《千字文》《明贤集》等,其中前三部即是俗称的"三百千"。在"三百千"中,清人尤其注重《三字经》,认为它三字一句,语言通俗易懂,内容言简意赅,取材"出入经史",最适合启蒙。[1] 新流行的蒙学书籍,如《龙文鞭影》《幼学琼林》[2] 专门讲述典故,还有作为初步了解古诗的书籍《千家诗》《唐诗三百首》,均风靡一时。其中《千家诗》还与《三字经》《百家姓》《千字文》一起被时人称为"三百千千"。除此之外,还有专讲声韵格律的《声律启蒙》《诗韵》以及《弟子规》等书,都是一时、一地颇为流行的蒙学教材。另一方面,清代还有大量"杂字"系列蒙学书籍,如《五言杂字》专讲农家耕种知识,《六言杂字》专讲农家日常生活知识,还有《士农工商买卖杂字》《日用杂字》等,都是功能性极强的"杂字"蒙学。

举业类,则是准备应试阶段的教材,指的是一个人有了相当的基础之后,准备走科举、考功名,那么他就要进一步学习儒家经典,并且练习考试的专用文体。大致相当于我们今天的中学教材。

清代科举考试主要是三项内容:八股文、试帖诗和策论,其中在大多数考试中最为关键的是八股文。清代八股文有固定的章程,取材皆出自"四书"和"五经",并且以宋代朱熹的理论为标准。所以想要举业顺利,首先即是要

---

1 在清代人,特别是清代上层士人的评价里,"三百千"中,《百家姓》的地位是最低的。对于上层士人而言,他们有着更加丰富的蒙学教材,所以对于"三百千"经常有所取舍。比如说有的人家开蒙只读《三字经》,根本不读《百家姓》《千字文》。
2 《龙文鞭影》和《幼学琼林》的作者皆为明代人,但此二书均经过清人增补,并流行于清代。

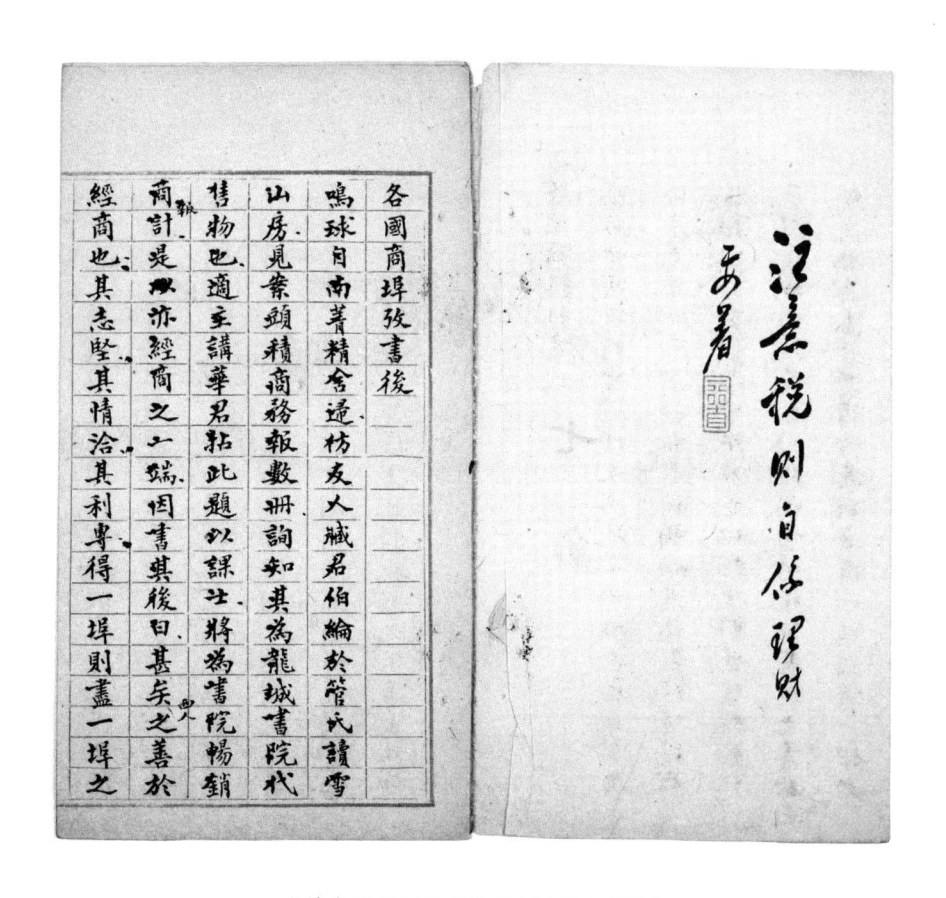

龙城书院所用的教材《致用精舍课卷》

学习"四书""五经"以及朱熹的《四书章句》等。特别是"四书"和朱熹的《四书章句》，因为"四书"题一般是科举的头场，最为重要，[1]所以需要将它们背得滚瓜烂熟。除此之外，清代还有很多专门的"考试专用教材"，如《四书大全》《五经大全》《性理大全》《钦定四书文》等，还有《大题文府》《小题文府》等专讲八股文各种题目、范文，《馆律萃珍》《诗韵含英》等专讲试帖诗，《策论萃新》《策论正宗》等专讲策论，类似今天的应试书《×年高考×年模拟》《××题库》。

1　关于科举的试题和"头场"的重要性，详见后文考试一节。

至于修养类，则是针对一个更高级更广泛的阶段的读物。它是指学生在具有了蒙学文化基础后，学习那些并非应试专用的文体、知识。如广泛深入地学习诗词曲赋，读百家之书，乃至于精研史书等，并不是专门为了科举考试所学，而是为了增加自己的修养、文化，丰富自身。当然，如果您参加高级的科举考试，八股文、试帖诗想要作得出色，策问想要答得出彩，除去固定的教材，对于子书、史书、集部的涉猎都是十分必要的。这一类就没有固定的"教材"可言了，只要有兴趣阅读，任何书籍都可以是"教材"。

这么多的教材，不同的人家根据各自的读书需求，对于它们的取舍也是有

同治年间的"四书"监本

很大差异的。

有一些家庭,只是温饱以上的普通人家,他们经常把孩子送进一些"老秀才"的私塾里。这种私塾,老师的水平本身就不是很高,学费也收得不多。去这里学习,有相当一部分只是抱着"不做个睁眼瞎罢了"的心态。这种私塾所选用的教材,一般更重视蒙学一类,甚至是使用"杂字"系列的蒙学教材。

而官宦人家的子弟,专门是为了走科举出仕而入学的,他们去的私塾或者家塾,不但老师的水平高,教材也更偏向举业类的。毕竟对于官宦人家而言,子孙通过科举走入仕途,是保持门第和发展门第的基础。

而那些王府、世家的子弟,很多不需要走科举出仕,而是靠爵位或者门荫入仕。所以他们在家塾内学习的,更多的是修养一类的书籍,这使得他们可以不局限于科举一类学问,能更广泛地涉猎知识。

教学方法

在私塾里,老师们的"套路"是比较相似的,这是因为他们面对众多求学的学生,需要"以不变应万变"。

所谓的"套路",从具体方法来讲,是"读、背、温"三字诀。"读",即老师一字一句,清楚明白地读给学生听,学生再一字一句,清楚明白地跟读。"背",即读清楚之后,学生自行背诵。在这个阶段,老师一般不多给学生讲解句意,只奉行"书读百遍,其意自见"的真理,让他们以背诵为主。"温",即按时温习,将已经教学过的字句,按照每十日、一月、一年的周期进行温习巩固。从流程来讲,第一步是通过蒙学等韵文来识字、练字;第二步是学习"对句",即从被动的"读""背",到主动的"作"转换,进一步熟悉对仗、押韵等方法,学习蒙学类的书籍;第三步便开始学习"四书"等正式的举业类教材,达成从蒙学到举业的转换。[1]

至于家塾,则因为教导的学生少,老师可以因材施教,教学内容也比私塾里的要复杂。

---

[1] 可参考吴洪成:《清代前期蒙学教材研究》。

首先，家塾的老师是有可能经常更换的。我们以清代的大臣英和为例。英和出身正白旗包衣索绰络氏，其家族是清代最为知名的科举世家之一，五代人中一共出了七位进士、六位举人，是当时著名的"学霸"世家。

根据记录，英和在六岁（虚岁）的时候进入家塾学习，当时他的老师是直隶的举人刘坤。同年冬季，其父改任漕运总督，英和随父南下福建，老师改为安徽的进士程在嵘，另外因为英和是旗人，[1]所以还跟驻防兵李铎学习满语文和射箭。九岁时，英和随父亲回京，老师换成了直隶的举人李阳林，满语文和射箭的老师换成了扎尔杭阿。自此，直到英和二十三岁考中进士为止，这十七年里，他一共有十三位汉文老师和数位满语文、射箭老师。他的十三位汉文老师中，计有进士六位，举人五位，贡生两位。[2]从这里我们可以看出，旧时家塾的老师是经常变化的，而且门第越高，对科举越重视，所选择的塾师功名也越高。

其次，家塾，特别是官宦世家的，所选择的教材和私塾不大相同。我以清代的著名科举世家内务府镶黄旗满洲完颜氏麟庆家族为例。麟庆的家族在清代以文学闻名，麟庆本人及其子崇实、其孙嵩申皆为进士出身，号称"世守书香"。麟庆的曾孙王佐贤先生曾经简单描述过不同年纪的学生于自家家塾内学习的内容。大致整理如下。

一般六岁进入家塾学习。入家塾之前，多数已经由姑母、姨母或者姐姐等内亲内眷用"字号"[3]开蒙。

六岁开始，学习《三字经》《小学集解》《龙文鞭影》《幼学琼林》，描红习字。

八岁开始，学习"四书"、《孔子家语》、《孝经》，习小楷、行书。

十岁开始，学习《诗义折中》《书经图说》，并开始练习作对和缀句。

---

1 这是因为清代旗人如果想要考科举必须加试骑射，而且必须会满语文。详见后文考试部分。
2 相关数据，出自肖立军、秦贤宝的《英和及其所受家塾教育》。
3 所谓"字号"，即是"大字"，是一种便于识字的字样。

十二岁开始，学习《周易折中》《礼记》《春秋》《尔雅》《说文》。

十四岁开始，学习《古文观止》《古文释义》《文章轨范》《古文笔法百篇》《古唐诗合解》《赋学正鹄》《骈体文钞》《六朝文絜》《昭明文选》。若作对和缀句已经熟练，则学习诗赋。

十六岁开始，学习"前三史"、《资治通鉴》、《通鉴辑览》、《纲鉴易知录》、《史论》。[1]

这里我们可以看出来，家世越好，越能够广泛地学习文化知识。何况当时的书籍是很贵重的，对于很多人家来说，像上面这些书籍光是置办齐全都很难，就更别说学习了。而对于世家豪门而言，这些条件是原本就有的，自然"长袖善舞"。

如果您觉得以完颜氏这个科举世家作为例子太"高端"的话，我们还可以给您举一下商衍鎏的例子。商衍鎏是广东驻防正白旗汉军人。商家原本只是普通的驻防兵丁，社会阶层不高。家族传承到商衍鎏的父亲商廷焕时，商廷焕立志科举，考中了生员，但是七次参考乡试都失败了，于是转而着重培养孩子们读书。商衍鎏是这样回忆自己读书生涯的：

我六岁开蒙，读《三字经》《千字文》，能背诵及将字大半认识后，即读"四书"。每日先生将新书口授一遍，即由自己读熟，明晨向先生背诵。背新书带温旧书，日日读新温旧，毫不间断。当时教法极严，倘背不出，先生要责罚，轻者将薄板打手心，戒方打头，甚者用藤条打臀部。"四书"读后，继续读"五经"，兼读《孝经》《公羊传》《穀梁传》《周礼》《尔雅》，中间尚带读五七言的唐宋小诗及《声律启蒙》，学作对句，学调平仄与《十七史蒙本》[2]。其中尚有一最要的课程，则是习字，启蒙初写描红，描熟

---

[1] 相关信息，出自王佐贤的《康乾遗俗轶事饰物考》，并参考完颜氏后裔口述资料整理。其中的流程不是完全死板的，要具体视学习情况来调整。
[2] 《十七史蒙本》是一种四字一句的历史典故书籍。

以后即写仿格。我十二岁以后，学作八股文、诗、赋、策论等，这时不但要读八股文、古文、律赋、文选之类，并要看史书如通鉴、四史，子书如庄、老、韩非各种书籍。十四岁至二十岁的时间，除如上读书外，皆是走读从师与考书院。[1]

在这种严格的读书环境之下，商衍鎏之兄商衍瀛考中了光绪二十九年（1903年）的进士，商衍鎏自己更是考中了光绪三十年（1904年）的探花，其兄弟均达成了家族门第上的飞跃。无论是古代还是现在，想要在读书一门上有所成就，勤奋几乎是必需的。清代人对于上学也是崇尚勤奋的。很多以严谨著称的家塾、私塾，一年之中基本只有春节才有"假期"，称之为"放年学"。平时则很少有休息，几乎每天都要努力学习。《增广贤文》里说，"书山有路勤为径，学海无涯苦作舟"，这个道理在什么时代都是一样的。

清代女性读书吗？

有的朋友读过《红楼梦》，认为书中贾母所说的"不过是认得两个字，不是睁眼的瞎子罢了"，是当时崇尚"女子无才便是德"的体现，甚至因此认为清代世家贵族的女子多不认字，这其实是一种很不正确的认知。

清代固然有相当一部分人家因为家境的不足，无法供养女子读书。也的确有极个别的人家，虽然家境足够，却因为家长的脑筋比较死板，真的信奉"女子无才便是德"这种浑话，不让女子读书。但是总体来讲，一般情况下，家里的门第越高，越重视自家女性文化素养的培养，不会任她们成为"文盲"。故而清代是一个女性受教育水平大发展的时代，也是女性文学创作比较繁荣的时代。[2]

---

1 走读从师，是指专门去到一些著名的先生所开的私塾里学习。书院则是各地的民间教育机构，参加他们的考试可以得到一些钱财，既可以锻炼考试技巧，也可以补贴生计。本段文字出自商衍鎏《清代科举考试述录及有关著作》内《科举考试的回忆》一文。作为清代最后一位探花，商衍鎏活到新中国成立之后，留下了大量关于清代科举的文章，十分有价值。
2 一般认为，清代女诗人数量极多。在胡文楷的《历代妇女著作考》中，一共收录女性作者4200余位，其中清代之前的只有360余位，清代一朝则有近4000人，可见当时女性著作之丰富，也可以得知当时女性识字情况的发展。

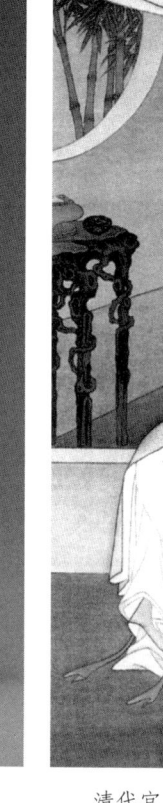

清代象牙雕仕女　　　　　　清代宫廷画家笔下的美人读书图

当然，清代女性读书和男性读书，从根本目的而言，差异是很大的。这是因为清代女性不能参加科举，而男性多数要通过科举来达到出仕的目标。正因为这样，清代女性读书时所阅读的书籍，可以不局限于举业的章句学问，完全是为了自己的文化素养而读书。最为当时女性所喜爱的，是文学诗词类书籍。

在清代一些书香门第的世家之中，经常有闺中女子互相唱和、结成休闲诗社，甚至走出闺阁，与当时的文人墨客交游、唱和。这都是在清代女子读书愈发普遍的基础上形成的。

对于旗人女子，我们可以以盛昱家族为例。盛昱，号伯熙，镶白旗满洲爱新觉罗氏，肃武亲王豪格的后代，光绪三年（1877年）进士，也是晚清知名的"清流派"之一。其家的女性大多颇有"文名"。其母名那逊兰保，姓博尔济

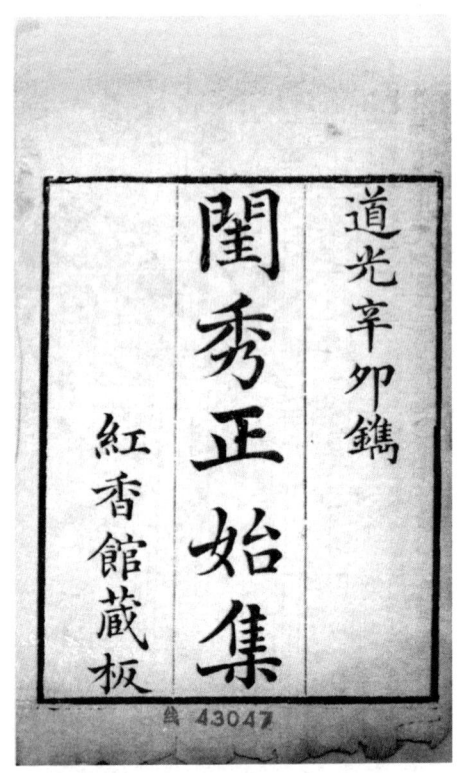

清代著名女诗人恽珠及其作品《国朝闺秀正始集》

吉特氏，自幼学习诗词、经史，有《芸香馆遗诗》存世。盛昱之妹爱新觉罗氏、盛昱之妻额尔德特氏也都能写诗。正如那逊兰保自己所描述的那样："余以随侍京师，生长外家，外祖母完颜太夫人教之读书。其时外家贵盛，亲党娣姒每相晤，辄不及米盐事，多以诗角……每当月朗风和，命笔吟诗，黏帖墙壁几遍。"[1] 从中可以看出其家内宅女眷皆通诗文，日常就以吟诗作对为乐。

而汉族民人女性读书的例子就更多。以"随园"之号闻名的清代著名诗人袁枚就曾明确地指出，"俗称女子不宜作诗，陋哉言乎"[2]。所以袁枚收过数位女弟子，在《随园诗话·补遗》中，他叙述道："余女弟子虽二十余人，而如蕊珠之博雅，金纤纤之领解，席佩兰之推尊本朝第一，皆闺中之三大知己也。"同

---

1 出自《绿芸轩诗集·序》。
2 出自《袁枚闺秀诗话》。

时，袁枚还集合她们的作品，出版了《随园女弟子诗选》，积极地为自己的女弟子宣传。在袁枚的女弟子之中，归懋仪更是知名。归懋仪，字佩珊，江苏常熟人。她出身书香门第，父亲浙江巡道归朝煦和母亲李心敬都善作诗。归懋仪也从小深受影响，有着相当高的文化水平，后来号称诗、书、画三绝，著有《绣余续草》《听雪词》。成年之后，她嫁给上海的李学璜。李学璜也是一位学问渊博、擅长诗词的俊秀，他们"夫妇俱工词，闺中唱和，为里闾所艳称"[1]。而且李学璜的母亲杨凤姝也是"工诗"[2]的。可见，无论是归懋仪自己家还是丈夫家，都是支持女性读书的。

需要注意的是，归懋仪的另外一个身份是"闺塾师"。"闺塾师"又叫"女塾师"，是教导女学生的女老师。清代名臣陶澍曾经称赞归懋仪，说她"间为人延请教闺秀，皆井井有法度"[3]。另外如清初的黄媛介、李是庵和清中叶的汪玉珍等，都是闻名一时的"女塾师"。清代"女塾师"的流行，也体现了当时女性读书的发展程度。

1　出自《瀛壖杂志》。
2　出自《松江府志》。
3　出自《绣余续草·序》。

"小试牛刀"

——考个生员当士人

通过前面的引导,您已经在清代的"塾"里读了不短时间的书,学到了四项"基本技术":其一,能写一手还算不错的小楷字;其二,能写一篇还算不错的八股文;其三,虽然水平一般,却也能够吟诗作对;其四,能够写一些基础的策问。有了这四项"基本技术",咱们就可以去体会一下清代的科举考试了。

您想要从一名普通的读书人一直考到进士,一共需要考好几次试,过好几道"关"。我们一步一步来讲。不过这里要跟您提前说明两点。第一,关于清代科举考试,清初也好,清末也罢,都有不小的变动。比如说康熙二年(1663年)曾一度废止了八股文,而考题里的试帖诗则是乾隆年间才加入的,所以我们这里主要把在乾隆中后期形成定例直到光绪朝科举改革之前这一时期的科举题目和形制作为常态讲解。另外,清代比较常见的科举有三种,即文科、武科和翻译科,其中最为常见的是文科,我们这里便先讲文科科举的情况。关于武科和翻译科,请参见后面的章节。

生员的进阶之路

作为一名普通的读书人,您在参加正式科举考试之前的身份叫作"童生",也被称为"儒童"。严格按照制度来讲的话,应该是考过了县试和府试才能被称为"童生",只不过在清代"童生"已经是一种比较广泛的概称。但是,无论您参加考试的时候年纪多大，只要没有考中生员，就算是七老八十，也一样要被称为"童生"。

清代内地的地方行政架构基本承自明代，为"省—府（州）—县"三级。您想要从"童生"考到"生员"，首先要经历的即是县里的"县试"和府里的"府试"。顺序是先考"县试"，"县试"高中之后，再考"府试"，"府试"高中之后，再去省里考"院试"。"院试"考中了，才是正式的生员。

县试与府试

清代的"县试"是三年两考。古代以干支纪年，科举考试每逢"丑""未""辰""戌"年称为"岁考"，每逢"寅""申""巳""亥"年称为"科考"。您可以提前计算好时间以准备考试。至于具体的时间，一般是在当年的一月公布，然后在二月里选择吉日开考。

让我们拿一份"考试须知"来说说吧。

欢迎参加××县童生考试

报名要求：由考生自行填写姓名、籍贯、年岁和三代履历，提交保结文书（五童互结和廪生认保）。无冒籍、匿丧、顶替、假捏姓名，身家清白，非优娼皂吏子孙

报名地点：本县衙门礼房

考试时间：本年二月×日至×日

考试地点：本县考棚

主考人：县令大人

考试内容：共五场

需携带考试用具：笔墨文具、食物

××年正月×日　某县衙门[1]

---

1 这个"考试须知"是本书作者虚构的，清代科举虽然也会有告示，但是不会将须知写得如此具体。

须知里有些内容您可能看不懂,我来帮您讲解一下。

所谓"三代履历",又简称"三代",指的是您曾祖父、祖父、父亲三代的姓名、官职或身份,以及您曾祖母、祖母、母亲的姓氏。

"保结",类似今日的"担保书"。考县试的"保结"有两个部分。第一个部分是"同考五童互结"。简单说,您既然在本地长大又在本地读书,一般都有一些一起读书的"小伙伴",这些人如果一起考试,可以互相作保。如果您这五位互保的人里有人作弊,那么其余四位都要"连坐"。第二个部分则是"认保",即请当地的廪生作为证人。廪生即是已经有了生员身份的人,这就相当于请"前辈"给自己作保。

除此之外,"冒籍"指的是并非本地人口,假称户口在此地的。"匿丧"是说如果考生的父母等尊亲去世了,就需要守孝,守孝期间不能参加考试,隐瞒自己正在守丧的事实叫作"匿丧"。"家世清白"指的是家中没有现行犯人。至于要证明您非"优娼皂吏"子孙,则是要证明您出身"良民"。这是因为在清代时有九类人被社会所贱视,这九类分别为"娼、优、皂、作、批、捶、奴、疍、剃",俗称"下九流"。其中娼指娼妓,优指戏子,皂指衙役,作指仵作,批指修趾甲匠,捶指按摩师,奴指户下奴仆,疍指南方疍户[1],剃指理发师。一般来讲,他们需要脱离贱籍三代之后,才能够获得参加科举的资格。

您看完须知,按照须知写明的方法报完名之后,就好好准备复习吧。一般须知张贴在一月,考试时间是二月,所以距离考试也没几天时间了。

到了考试当天,您带着一个小篮子,里面装上笔墨文具以及当天的食物,就可以去考试了。考场的情形跟我们现在的有些类似,考生都有自己的"座位号"。根据惯例,每场考试都是黎明入场,先进行搜身,防止考生偷偷夹带"小抄"入内。入场之后,所有给考生作保的本地廪生也都集合到场。接着,

---

[1] 疍户,指的是一种南方的特殊户口,他们没有自己的住房,以舟船为家落户,捕鱼为生。据说他们之中不少是南方的少数民族,故而被称为"蜑户"(蜑是一种对南方少数民族的称呼),也写作"蛋户"。明代以来,疍户被列为贱籍之一,清雍正朝的时候曾经下令让疍户恢复良民身份。

壹·读书仕途

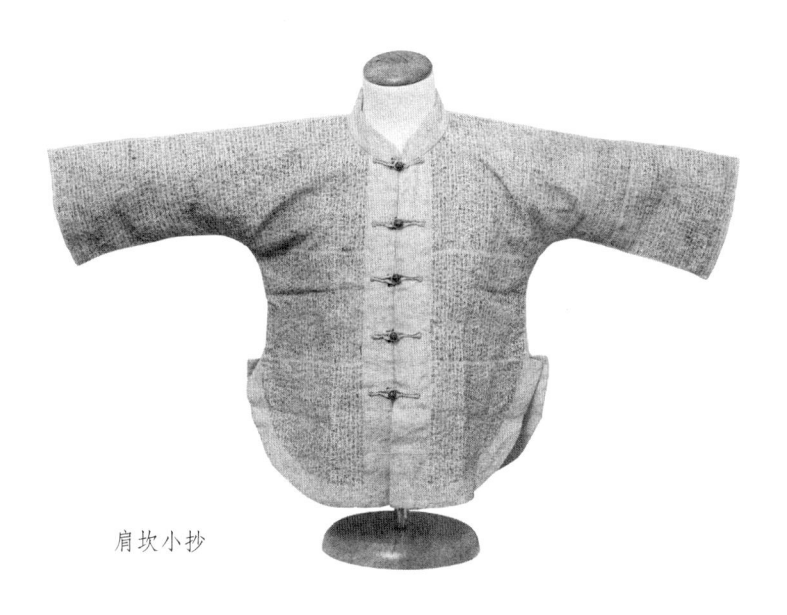

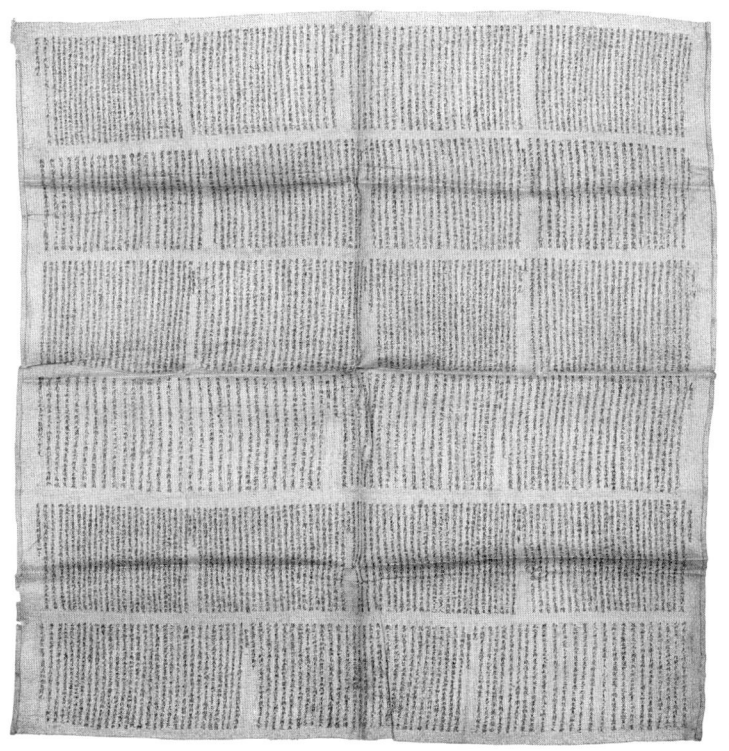

肩坎小抄

《论语》小抄

考官那边开始点名,一个一个地喊。喊到谁,谁就走上前去领自己的试卷。同时,给这个考生作保的廪生要核对这个人是否真的是自己作保的考生。核对无误表示认可,要抑扬顿挫地唱出"廪生某保"这句话,故而这个环节也被称为"唱保"。点名、领卷无误之后,便按照座位号入座,准备开始考试了。

清代考生入场的这种流程,其实针对的是清代科举作弊最常见的两种方法——夹带小抄、冒名考试。与之相对的,一旦被发现作弊,处罚是很严厉的。按照规定,携带小抄的要被罚"枷号"[1],主动雇佣枪手的人以及被雇佣的枪手,都要"发烟瘴地方充军",枪手还要加"枷号三月",作保廪生以及互保的考生也都要受到惩罚。所以各位考生还是光明正大地考试好了。

您拿到试卷之后可以看到,这份试卷一共十几页,每页十四行,每行十八字,另有专门发下来的草稿纸数页。考生答卷时,正式的试卷和草稿都要写,文字也必须相符,叫作"真草俱全",这一点和现代很不同。每场考试当天下午交卷,考卷上的考生姓名要弥封起来。[2]

根据清代的规定,第一场考试的考题是"四书文"两篇,"五言六韵试帖诗"一首。"四书文"即是以"四书"为出题范围的八股文。无论是四书文,还是五言六韵试帖诗,都有固定的格式。其中特别需要注意的是,四书文必须由考生自己点句、勾股,[3]字数不能超过七百字。另外就是写字请一定要写标准的小楷字,不要过多地涂改。因为无论是字迹潦草还是涂改过多,都有可能被作为"污卷"而直接落选。不过既然您在塾里已经练习了那么久,这些应该是不成问题的。

县试虽然一共有五场,但其实只有第一场最为重要。第一场如果您中选了,就直接有了考府试的资格,如果您不想太耽误时间,那么只考取第一场也是可以的。而且清代县试的第一场一般比较宽松,毕竟考生的年纪一般都是比较小,所以只要八股文格式正确,文章通顺,通常是尽可能地选中。当然,如

---

1 枷号为清代刑罚的一种,犯人戴上一种木制的"枷"以为惩罚。
2 弥封,相当于今天考试的姓名密封。
3 古文中原无现代汉语的标点符号,所以需要点句,也就是断句。勾股则是注明八股的一种格式。二者都是方便考官阅读文章的。

果您连县试这第一场都考不中的话，还是回塾里继续努力，或者干脆再考虑一下是否要考科举这件事吧……

第一场考完之后，一两天内便会出一个是否中选的榜，叫作"圈榜"。所谓"圈榜"，是将考中的考生的座位号按照每五十人一组，每组写成一个大圆圈，故而叫作"圈榜"。其中第一个"圈"的第一位即是当场的第一名，惯例要在这个圈的十二点方向，而且还要抬高一行书写，第二名、第三名等要从十二点位置开始按照逆时针方向依序书写。第一场中选的人，可以回家复习，之后直接参加府试，也可以继续参加县试的后面几场，全凭自愿。其中，在第一场中选的人里，排名在前二十或者前三十的人，如果要继续参加下一场，则要改为"堂号"。就是说，他们作为"重点培育对象"，要更改自己的座位，坐到大堂去考试。又因为主考官坐在大堂里，这些考生坐在大堂考试其实就是坐在主考官跟前考试，这样的监考更加严格，[1]并且还可能会被主考官加试面试。当时认为这实际上是主考官对重点培育对象的一种"提携"，是值得夸耀的"垂青"。

第一场出榜再过一两天，即开始考第二场。第二场的考题是"四书文"一篇，"性理论"[2]或"孝经论"一篇，然后默写《圣谕广训》[3]百字左右。第二场出榜后，再考第三场。第三场的考题是"四书文"或者"五经文"一篇，"律赋"一篇，"五言八韵诗"一首，其中"律赋"可以不作。至于第四场和第五场，各地情况不一。有的地方会考"策论"，有的地方会改为面试，比较自由。每一场考完，都会有新的中选名次排序，"堂号"的人也在不断地变化。理论上，只要第一场中选，便可以根据自己的情况选择是否参加之后几场考试。无论是否参加后面几场考试，只要是第一场中选，就可以参加府试。不过也有不少童生想要锻炼自己，参加齐了五场考试。

---

1 县试是科举系统中最初级的考试，考生有成百上千人，监考人数则相对少一些，所以积弊很多。"堂号"也是为了防止作弊。
2 "性理论"是关于理学思想的小论文。
3 《圣谕广训》是雍正朝由官方发行的上谕读本，本身有着推广训谕的作用。不过在科举考试中默写经常只是走一个形式而已。另外，各地的县试，除了第一场，剩余的几场考试内容也可以有很大差异，比如有的地方第二场只考"四书文""五经文"和"五言六韵试帖诗"。

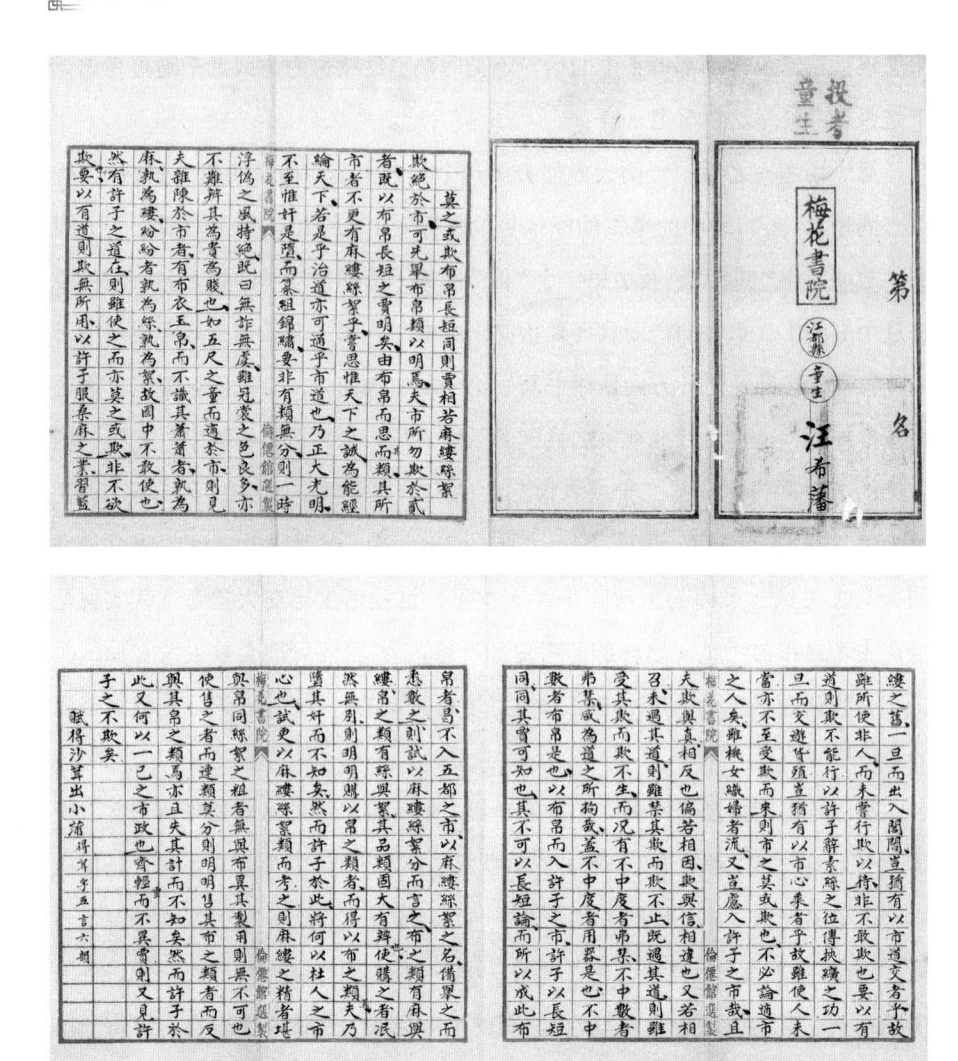

梅花书院的童生试卷

最终五场考完，撤掉考卷的弥封，再用真实姓名发一个正式的横榜，叫作"长案"。"长案"之中排第一名的，叫作"县案首"。按照清代的惯例，这位"县案首"不用参加府试、院试，可以直接获得生员身份。另外，"长案"里前十名童生，在参加府试的时候直接在大堂内考试，称之为"提堂"，也就是对"堂号"的另一种继承。总之，无论是"县案首"还是"提堂"，都是一种荣誉，只有考满五场并且成绩优秀的童生才有这种资格。

这里需要说一下，如果您因故没有能够参加县试，根据规定，您可以补考一次，再参加府试。毕竟县试也好、府试也罢，都是为了考生员而进行的比较基础的考试，所以相对宽松一些。

考试考完了，榜也发完了，县里就要将考中的考生编成名册，上交给本地的儒学署，高中的您也回家准备准备，进一步去考府试吧。

府试的时间一般是在四月，紧接着县试来考。同样，让我们拿一份"考试须知"来看看吧。

欢迎参加××府童生考试

报名要求：由考生自行填写姓名、籍贯、年岁和三代履历，并提交保结文书（五童互结和廪生认保）。无冒籍、匿丧、顶替、假捏姓名，身家清白，非优娼皂吏子孙。且于县试之中至少通过了第一场。

报名地点：本府衙门礼房

考试时间：本年四月×日至×日

考试地点：本府考棚

主考人：知府大人

考试内容：共五场

需携带考试用具：笔墨文具、食物

××年正月×日　某府衙门

之后的入场方法、考试方法、考试内容，乃至于每一场的前几十名要被列为"堂号"等，都和您刚刚经历过的县试差不多。和县试相同的，府试也是只有第一场是"必考"的，只要第一场被选中，便可以继续参加院试，后面的几场是否参加全凭自愿。发榜的方法也与县试相同，先发几次"圈榜"，都考完后发"长案"，"长案"的第一名被称为"府案首"，他与"县案首"一样，惯例也是可以直接获得生员身份的。

府试也考完了，您请自行回家休息，衙门内则要开具童生们的"名册"呈递学政，这些童生可以参加院试了。

院试

院试是继县试、府试之后的第三等级的考试，是省级的考试，同时也是您是否能够成为"生员"的最重要的一关。正因为其极为重要，这次的主考官是由朝廷派遣的专门负责科举事务的"学政"[1]担任，民间也俗称其为"大宗师"。学政官员三年为一任，其中在任的第一年和第二年都要进行院试考试。

考试之前的报名工作，填写三代、五童互结等，都与县试、府试一样。正式考试之前，有一场特殊考试——"经古"，是否参加全凭自愿。考试内容是从经解、史论、诗赋等中自选一门，考中之后经过复试，便可直接录取为生员。这实际上是对有特殊才能的童生的一种照顾，不过经常流于形式。

正式考试的当天，点名、搜身、唱保等，都与县试、府试一样，只不过监督过程会严格许多。第一天为初试，其题目惯例是"四书文"两篇，"五言六韵试帖诗"一首，要求依然是"真草俱全"、点句勾股、当天交卷。次日，考试的结果名次就已经发布，这个考试结果叫作"出号"或者"草案"，如果您列名其上，就继续进去参加"招复"，也叫"提复"。招复的内容由学政自己决定，有的学政直接面试考生，有的学政则让考生写一篇短小的文章。在清中后期的院试中，这个招复最为重要，直接关系到您能否成为生员。"招复"之后，还有一场正式的复试，又叫"大复"，题目为"四书文"一篇、"五经文"一篇、"五言六韵试帖诗"一首，以及默写《圣谕广训》一二百字，其中"五经文"可以不作。原本，制度上的院试只有初试和复试两部分，"招复"只不过是个别学政偶尔为之，而到了清中后期，"招复"上升为不成文的定例，真正的复试反而成了走过场的形式。总之，如果您过了初试，并且在"招复"之中表现得不错，那么复试是没有什么问题的。

---

1 学政是一个差事，全称叫"提督某省学政"。一般是从京城翰林院官员里选任的，主管一省的教育事务，一任三年。正因为这些学政都有翰林院官员的职衔，所以省里的生员考试叫作"院试"。

整体而言，与县试和府试相比，院试的考试流程更为简单，但是考试的严肃性提高了不少。复试之后，"出号"的最初名次就有了不小的改变，再拿出来，拆掉弥封，用真名发榜，即是"正榜""正案"。需要注意的是，各个省每年所取生员是有定额的，即所谓"学额"。如顺治十五年（1658年）定大府学额二十名，大州县学额十五名，小州县学额四名或五名，具体到每一个县，都有相关规定，所以说这里面也是有一定的竞争因素。请您仔细看看榜单，看看有没有自己的名字吧。如果有您的名字的话，恭喜您，您就是秀才啦。

生员的生活

生员在清代俗称"秀才""茂才"，已经成了有低级功名的人，跻身"士人"的阶级。不过您也别开心太早，成为生员之后，您面临的最重要的事情还是读书和考试。

之前我们讲过，清代官办的府学、州学和县学都是为有了低级功名的士人深造用的。所谓的"低级功名士人"，就是您这种"生员"。所以您成为生员之后，最重要的任务是"进学"。清代的"进学"基本上只是一种形式，并没有多少真正的知识传授，而是在制度上默认生员们要准备进一步考举人、进士的，所以会不断地督促生员们加强学习，并且定期考试，尤其是以定期考试——岁考最为紧要，清人有"秀才好作岁考难"的民谚，可见岁考之难。

岁考是三年举行一次，由当地学政主持，考试内容是"四书文"一篇、"五经文"一篇、"五言八韵试帖诗"一首，以及默写《圣谕广训》一则，当地所有生员都要参加考试。考试完毕之后，按成绩分为六个等级，生员根据自己的成绩等级来升降身份。

所谓的升降身份，是说虽然统称为"生员"，但是生员的内部还有五种不同的身份。其中身份最高的叫"廪生"，由朝廷每月发给粮食，可以理解为"有奖学金的生员"。第二等级的叫"增生"，没有"奖学金"。每个地区，"廪生"和"增生"都是有固定缺额的，可以视为是当地的"优秀生员"。第三等级的叫"附生"，是最为普通的生员。第四等级的叫"青生"。清代规定，生员可以穿蓝色的袍服，而有一些生员因为成绩太差而被剥夺了穿这种袍服权利，改为穿青色的袍子，就叫作"青生"。还有最差的一种，叫作"社生"，这些生员因为成绩太差，被逐出县学，发往乡社读书。

生员身份的升降有很详细的奖惩条例。考得成绩好，可以升为廪生、增生；考得不好，轻则降级，重则扑责[1]，最严重的甚至可以罢黜其生员身份。所以说，考到了生员并不就等于高枕无忧，如果不保持文化水平，很有可能会被剥夺生员身份。而且岁考是无法逃避的，根据清代制度，岁考缺考必须补考，如果缺考未补达到三次，就直接剥夺生员身份。

关于不同身份的生员考了不同成绩的奖惩，您可以看一下这个表格：

生员岁考奖惩制度

原身份	一等	二等	三等	四等	五等	六等
廪生	不变	不变	不变	停饩	停廪	十年以上降为社生 六年以上充吏 其余黜为民
停廪廪生	复为廪生	复为廪生	候廪	禁科考	降为增生	
增生	补为廪生	补为廪生	不变	扑责 禁科考[2]	降为附生	十年以上充吏 其余黜为民
附生	补为廪生	补为增生	不变	扑责 禁科考	降为青生	入学未及六年降为社生 其余黜为民
青生	补为廪生	补为增生	复为附生	扑责 禁科考	降为社生	黜为民
社生	补为廪生	补为增生	复为附生	扑责 禁科考	黜为民	黜为民

反之，如果您在岁考中考得很好，取得了很好的成绩，那么会被鼓励继续参加科举考试。在岁考的第二年，学政会主持"科考"，这个科考一般只有前一年岁考成绩在一等至三等的生员才能参加。考试内容是"四书文"一篇、"策问"一道、"五言八韵诗"一首以及默"五经"一段。科考之后，同样依照成绩

---

1 即俗称的"打板子"。
2 这里禁的只是第二年的科考。

分成六等，其中一二等的直接被准许参加乡试，三等的则要选前几名参加乡试，此举被称为"录课"，而四五六等的一般不允许参加乡试，需要继续努力学习。这种科考，实际上既是为乡试所做的"模拟测试"，也是再一次考查准备参加乡试的生员的能力。[1]

作为生员，一方面需要隔三岔五地参加考试和练习以维持自己的生员身份，另一方面您也要为自己的未来考虑一下。现在您作为生员，已经属于"绅士"阶级，在您面前有许多条道路可选。

第一条路，继续往上考。清代生员是很难直接出仕的，如果您想要作为正式官员走正途出仕，那么您就需要继续努力攻读，考取举人乃至于进士的身份，最终达到出仕的目的。

第二条路，通过别的门路发达。清代还有很多非科举的正途途径，比如说您可以以生员的身份投奔某位大官，作为幕僚为其效力，也有发达的可能。特别是晚清时期，如果投奔封疆大吏做幕僚，很有可能在出名之后被封疆大吏推荐到朝廷仕官。

第三条路，即是选择一生作为"绅士""乡绅"生活。您已经是生员的身份，进入了士大夫的阶级，有了见官不跪等特权，而且是乡间少有的"有文化"之人。一般来讲，地方上的"绅士"都和当地的地主、富户有交集，有着相当的势力。当然，您是做个包揽词讼、横行霸道的"恶绅"，还是做个行善济贫、与地方官员一起造福一方的"良绅"，就看您自己的选择了。如果您实在是生计无着，那么去当私塾先生吧，也会一笔不错的收入，足以养家糊口。[2]

---

[1] 另外还有一种制度叫作"录遗"，指的是您如果因故没有参加科考，或者没有被"录科"，但是您又坚持要参加乡试，那么可以在乡试之前参加当地的"录遗"考试，如果这次考试您名次靠前，也可以获得参加乡试的资格。

[2] 关于绅士的生活，可参见蒋纯焦的《晚清士子的生活与教育：以塾师王锡彤为例》。此文中讨论的王锡彤就是秀才，七次参加乡试均不中，于是改做私塾教师。作为青年塾师的王锡彤，一年的收入是30两银子。文中另引张仲礼的《中国绅士的收入》，则认为有生员以上功名的塾师人均年收入大概是100两银子，而没有功名的塾师的人均年收入不足50两银子。无论如何，这种收入水平虽然在读书人中属于低水平，但是从社会整体收入来说，绝对高于一般百姓的收入。

总之，未来的路把握在您的手中，由您自己来决定。

监生

在生员之上还有一种特殊的身份，叫作监生。所谓"监生"，指的是在朝廷最高学府国子监读书的人。与生员不同的是，监生不仅可以进一步参加乡试、考取举人，还可以在国子监内读书达到一定时间之后申请参加考试，考试合格者，根据成绩直接授予官职，这样就可以正式走向仕途了。很多官宦世家，其子弟都是通过成为监生的方法走入仕途，他们不需要参加举人、进士等科举考试。另有一些世家，因为不屑于让子弟去和绅士们争夺生员的身份，就让他们直接获得监生的身份，进而直接参加乡试考取举人。

清代监生一共可以分成五大类，每一个大类都有不同的来源，称呼也不大相同。[1]

第一种，叫作"荫监"，也叫"荫生"，指的是父亲或者祖父是朝廷高官，或者父亲、祖父虽是朝廷普通官员却因公殉职，又或者父亲、祖父官位虽不高却和皇帝关系很好，蒙皇帝特旨"入监读书"等。简单说，荫监都是"有后台有背景"的。

第二种，叫作"贡监"，也叫"贡生"。清代贡生一共有五种，被称为"五贡"，即岁、恩、拔、优、副。另外还有一种叫例贡，经常不被算在五贡之列。岁贡，指的是挑选当地得廪十年以上的廪生，按照资历次序补缺，补上缺之后可以入监读书，一个地方每年或每数年才有一个缺额。恩贡，指的是在国家大庆下达恩诏的时候，有可能会在当年额外增加地方岁贡的次数，其中多出来的一次，称之为恩贡。这种恩诏可遇不可求，很少见到。拔贡，所谓"拔"是选拔、拔萃的意思。一般十二年选一次，从各类生员中考试选拔，一共考两场，第一场是"四书文"两篇、"经解"一篇，第二场是"论"一篇、"策"一道、"判"一条以及"五言八韵试帖诗"一首。一般各地名额只有一个或者两个，是名副其实的"看能力"。这些拔贡到了京城还要进行进一步的考试。优贡，指

---

[1] 还有一种"举监"，是以举人的身份入国子监读书的，主要出现在晚清，故文中不细讲。

的是清代学政三年到期离任时，要推荐当地成绩优秀的生员。于是从当地生员中选出日常成绩优异的进行考试，也是两场，第一场是"四书文"两篇，第二场是"经解"一篇、"策"一道和"五言八韵试帖诗"一首。各地的名额也不多，一般也就数名而已。这些优贡到了京城也要再进行进一步的考试。副贡，跟上面几种都不大一样，是生员乡试考举人的副榜。在乡试出成绩的时候，没有考中举人的，还有一部分会被挑选为"副榜"，即认为他们可以继续深造，还是很有希望的，这些"副榜"即是副贡。例贡，简单说就是花钱捐纳的贡生。[1]

第三种，叫作恩监，指的是一些被皇帝特许进入国子监读书的。这种恩监不同于荫监，一般是特殊出身[2]的，或者出身某种官学被皇帝特许转入监内的，人数也并不多。

第四种，叫作优监，是各地附生通过考试选拔进入国子监读书的。[3]

第五种，叫作例监，简单说，就是花钱捐纳的监生。

到了清代中后期，监生的数量特别多，很多都是花钱纳捐获得身份的，而且不少人只是为了买一个士人身份，并不一定真的要考科举或者走仕途，所以监生之名很多都流于形式。但是无论如何，这依然是出仕或者科举的捷径之一，如果您只以出仕到朝廷为目的，并且有相当的门路或者资财，那么成为监生就是一个不错的捷径。

---

1 清代规定，原为白身，纳捐监生，称之为例监。原为廪生、增生、附生，纳捐贡生，称之为例贡。
2 如孔门先贤后裔等。
3 优监不称为优贡，是因为贡生一般都是廪生为多。

"越战越勇"

——举人进士为出仕

如果您思考了半天人生，还是决定继续参加科举。那么让我们继续加油吧。毕竟我们已经考上了生员，为什么不继续努力一下呢？

乡试

乡试是在省城里举办的选拔举人的考试，惯例三年考一次，一般是在干支里"子""卯""午""酉"年进行。另外如果国家有重大喜事，可以额外在非惯例之年加考，这种加考称之为"恩科"，惯例三年一考的则称之为"正科"。因为《周礼》之中有"三年大比"[1]的说法，所以乡试也被称为"大比"，另外因为清代文科的乡试一般在秋季举行，所以也称之为"秋闱"。

之前我们讲过，在乡试正科的前一年，各地学政官会组织"科考"。在"科考"中通过的生员、监生、贡生等，能够获得参加第二年乡试的资格，就等同于乡试报了名。乡试的考试地点在各省省城的贡院，考官分为正主考、副主考、同考官等名目，其中正主考和副主考一般都是从京城派出来的中高级官员。

各省省城的贡院考场，现在不少地方还有遗存，您如果有兴趣的话可以在旅游的时候去看一下。这种考场是一排一排的小房子，每一个"单间"叫作一个"号"，一个"号"内一个考生，在考试期间，答卷和吃住都在里面，十分窄

---

[1] 《周礼·地官司徒》："三年则大比，考其德行、道艺，而兴贤能者。"

江南乡试汪铨准考证

小。根据清人记录，这种贡院的号房内蚊蝇很多，漏风漏雨，考场的环境比较艰苦。与考生员相比，乡试考场自然更加严格，乾隆朝规定，入场的时候要严格搜身，禁止携带木柜木盒、双层板凳、装棉被褥、卷袋装里，砚台不许过厚，笔管必须镂空，用瓷必须水注，蜡台单盘必须空心通底，带进去的糕饼饽饽都要切开检查，毡毯无里，皮衣无面，只能带格眼竹柳考篮，篮内只准带笔、墨、食物、食具、油帘（号房门帘）。

乡试考试惯例是三场，考试的时间是八月初九日第一场，十二日第二场，十五日第三场。具体的流程是，八月初五日，各级考官以及监考的执事等人员入场，称为"入闱"。八月初八日辰时，考生们入场，点名之后，领了自己的空白答卷进入自己的号房，之后挂起门帘，吃饭休息。八月初九日凌晨，考题发下，睡醒后即开始答卷，之后在初十日下午之前出场。十一日辰时入场，依然是领空白答卷休息，十二日凌晨发题答卷，十三日下午之前出场。最后一场也一样，所以考生们要在十六日下午之前全都出场。

乡试考试的内容，清初有过许多变化，乾隆后期开始形成定例。第一场是"四书文"三篇和"五言八韵试帖诗"一首。乡试的"四书文"三道题，惯例是

《论语》和《孟子》各一题，《大学》或《中庸》一题。第二场是"经文"五篇，乡试的"经文"惯例是每经各出一题。其中《春秋》之题下会写明某公几年，而经文解释，《易经》主要用程颐的《传》和朱熹的《本义》，《书经》用蔡沈的《集传》，《诗经》用朱熹的《集传》，《春秋》以"三传"特别是《春秋左氏传》为主，《礼记》则用陈澔的《集说》。第三场是"策问"五道，内容从经史、时务、政治、农事等中挑选。无论是八股文还是应制诗还是策问，都是有专门的格式的，八股文不能超过七百字，策问不能少于三百字。您在塾里学里都进修了那么久，对于这些规章自然是了然于胸的，但还是请您小心，一旦在乡试考卷中出现了违式、真草不全、题目写错、污损涂抹、未避讳、有特殊标记特殊行文、格式错误、多韵少韵失韵、字数不满等状况，都要作为特殊的榜"蓝榜"贴出的，这丢人可就丢得有点大了。

第三场考完之后，您十六日下午交卷出场了，但考官们还被关在考场内，为的是要封闭判卷。乡试因为是重要考试，为了防止认出笔迹，所以所有的卷子都要由专门的抄手用红笔重新抄写一遍，考官只能通过抄写的卷子来评价考生。因为原卷是用墨笔写的，而抄写的卷子是用朱笔写成的，所以原卷也叫"墨卷"，而抄写的卷子也叫"朱卷"。考官判卷的时候，跟生员等考试一样，都是以头场的三篇"四书文"为第一录取标准，基本上确定了录取的大致名单之后，才会进一步地调二场、三场的试卷来看，这也是清代考生最重视"四书文"的原因。

考官们以"房"为单位，每"房"的考官如果看到了好的卷子，交给主考来看，这种卷子称之为"荐卷"，没被推荐的则称之为"落卷"。主考看完"荐卷"之后，会再浏览一遍"落卷"。不排除您一开始是"落卷"，但是后被主考赏识，从而自"落卷"中选出来的情况发生。最终主考官和考官们决定好取中的对象，再调来"墨卷"核对，拆开弥封的姓名，这才知道取中的考生到底是谁。至于是否能考中，乡试考举人与考取生员一样，跟当地"中额"数量有直接关系。清代各省每次乡试的"中额"都有规定，如乾隆年间规定福建一省，乡试中额为八十五人，您考到前八十五名，自然就是"取中"了。

判完卷子，一般是九月放榜。乡试的第一名叫作"解元"，第二名叫"亚元"，第三到第五名叫"经魁"，第六名叫"亚魁"，第六名之后的统称为"文魁"。所以您记住，"文魁"是对普通文举人的尊称，而不是"状元"的意思呦。

放榜之后，一方面大家看到了榜单，几家欢喜几家愁；一方面当地人就开始搜集这一科取中的举人的卷子，去印成《新科闱墨》。这种《新科闱墨》小册子本身有考察并监督当地文风的意义，如果当届解元的"闱墨"不能得到士人们普遍的认可，就会对考官和当届中考的考生的名誉有相当大的损害。同时，凡是考中的举人，也要经常印自己的考卷送给师友亲属，以夸耀自己的成功，还要制作《同科录》，即是同一年考中的举人，做一个类似今天同学录的小册子，以便于今后互相沟通。清代官场上重视"同年"，在这种小事上也可见一斑。

您现在中了乡试，成了一位举人，可以继续努力参加会试考取进士，同时也可以直接走向仕途，这是举人跟生员不一样的地方，也是生员只被视作"低级功名"而举人已经属于"高级功名"的原因。

清代规定，如果一位举人参加过三次会试都没有考中，就准其拣选为知县。这种"拣选"任官在清初还比较好用，但是到了雍正朝的时候，拥有高级功名的人数越来越多，一个知县的缺额，往往有数十个进士、举人在"排队"。据说当时有的进士都"十余年而不能得官"，就不要提"拣选"的举人了。

正是考虑到这种情况，乾隆年间开始了针对举人名为"大挑"的任官方法。所谓"大挑"，其实是"拣选"的一种升级版，它规定，如果一位举人参加过三次会试都没有考中，可以参加"大挑"，主要考察的是举人的外观样貌和应对能力。各省皆有自己的"挑额"，一般以二十人为一组，每组挑出十二人，落选八人。从中挑出来的这十二位里，前三名为"一等"，其余九名为"二等"。"一等"的可以任知县，如果缺满，可以借补经历、州同、县丞等官职。"二等"的可以任学正、教谕，如果缺满，可以借补训导。[1]另外还有一种类似的任官方式，叫作"截取"，也是如此，如果一位举人参加过三次会试都没有考中，而且年力精壮、克胜吏治，可由本省督抚推荐到京城候选当官。不过一般来讲，

---

1 学正、教谕、训导均是学官的一种，一般为文八品。

相对于进士，清代举人出仕要困难得多，所以如果您想要出仕更加顺利的话，考个进士还是很有必要的。

会试与殿试

您之前参加过的乡试是在"子""卯""午""酉"年进行的，当年秋天乡试考中举人，转过年来的春天就可以参加会试，也就是在"丑""辰""未""戌"年进行。与乡试一样，会试里正常的三年一次的叫作"正科"，特殊情况额外增加的叫作"恩科"。会试的考场在当时的京师，也就是今天的北京。根据传统，举人上京赶考，其旅费由国家发给，以显示国家"爱才"之意，所以赶考的举人以及上京赶考的举动都有"公车"的俗称。另外因为文科乡试是在秋季考试，被称为"秋闱"，而文科会试是在春季考试，则被称为"春闱"。

各省的举人，首先需要向本省官员递交考试申请，取得本省长官的咨部文书之后，就算有了"考生"身份，领取了官方所发的路费上京赶考。考试地点在北京城内城东南角的贡院，其考场的环境，和您乡试时没有什么太大区别，都是环境堪忧的。

考试的具体时间，清初定在二月，雍正五年（1727年）时，因为雍正皇帝认为二月天气还比较寒冷，所以挪到三月考试，后来从乾隆十年（1745年）开始形成三月考试的定例。一般情况下，会试的考官是在三月初六日由朝廷派出的，同样分成主考、副主考和同考官等名目。其中主考称为"总裁"，副主考称为"副总裁"，都是一二品的朝廷大员，同考官则是中级官员。

与乡试一样，会试考试也是三场，第一场是三月初九日，第二场是三月十二日，第三场是三月十五日。至于入场如何搜查，入场之后点名、领卷、发题，每场之后出场等步骤，会试与乡试基本一致。

会试考试的内容也与乡试基本一致。第一场是"四书文"三篇和"五言八韵试帖诗"一首，第二场是"经文"五篇，第三场是"策问"五道，格式要求之类的也与乡试相同。考官们判卷的情况也与乡试基本一致，唯一的区别就在于各省乡试取中人数多少是有统一规定的，要按照各省"中额"来录取，而会试没有这个定额，取中多少要看当届参加会试的考生人数，由皇帝临时决定。有清一代，会试取中人数最多的是雍正八年（1730年），有四百零六名，最少的则是乾隆三十年（1765年），只有九十六名。不过一般来讲，录取比例大概是每二十名考生录取一名。

会试发榜一般是在四月十五日之前，录取者称为"贡士"，其中第一名叫作"会元"。如果您作为举人第一次参加会试就考中了，那就可以被称为"联捷"了，是很值得夸耀的事情。另外，考乡试的时候有"副榜"之说，会试的"副榜"则被称为"挑选誊录"，每科定额四十人，可以直接入仕，也可以继续参加下一届的会试。

您看看榜上，自己竟然榜上有名，自然是欣喜万分。但是您也别松心，因为还有复试等着您。清代会试复试的设立其实与康熙年间的一个案子有关。康熙五十年（1711年）的顺天乡试中，一个名叫查为仁的考生被选为"解元"，但是后来查出他的答案实际上是他的父亲查日昌请一个名叫邵坡的举人代笔，并且买通了考场人员传递进去的。最终，查为仁被剥夺了"解元"身份，判绞监候，相关人等也受到了处罚。[1]自这个案子之后，康熙帝便对科举之事特别小心，恐怕会试也有这种情况，所以增设了复试。到了嘉庆朝，会试复试才正式成为制度。一般情况下，复试是在会试发榜的数日之后举行，考场设在保和殿。复试当天，新晋贡士穿朝服，从东华门入，至中左门，点名、领卷，然后到保和殿考试。题目为"四书文"一篇、"五言八韵试帖诗"一首，当天交卷。从根本上来讲，复试只是为了审核一下考生是否有舞弊行为，所以一般不会有"未通过"一说。

考完了复试，您依然不能松心，休息几天，还要再考殿试。清代会试是三月十五日考完，最迟四月十五日发榜，一般在四月二十一日就要进行殿试了。殿试的考场在保和殿，也就是您之前参加会试复试的地方，正因为是在保和殿考试，所以才称为"殿试"。殿试只有一场，题目一般只有"策问"四道，当天

---

[1] 在清代官方的口径中，查为仁案证据确凿，无可翻案。但是当时乃至后世的文人，出于各种立场，对查氏一案颇为同情，也有人认为查为仁并未舞弊，是被考官迫害或者因为主考被人攻击而受到连带。本书对此不详究。

交卷。殿试的策问有专门的格式，开头要写"臣对臣闻"，末用"臣末学新进，罔识忌讳，干冒宸严，不胜战栗陨越之至。臣谨对"来结尾。策问中不需点句勾股，禁止填注涂改，不限字数，但不能少于千字。在殿试之前的考试中，基本上都是以四书为主题的八股文为第一选取标准，策问一般只能沦为"附加项"，而殿试则只考策问，从这里可以看出殿试更加偏向于了解考生们的具体事务能力。不过一般策问都是政治方面的问题，参加殿试的考生们经常会在考前提前准备好数十个常见问题，之后根据当天的题目来增补修改，这和我们现在考试的作文腹稿也差不多。还有一点，您需要注意，殿试是没有抄写朱卷这个步骤的，考官会直接看您的原卷，所以书法尤其重要。清代曾出现过贡士参加殿试，文章虽然相当好但书法却极差，结果排名特别靠后的情况。

殿试的主考官是皇帝本人，所以其余的考官不称为"考官"，而称"读卷官"，一般有八位。虽然没有"考官"之名，但这八位也都是从一二品大员中选出来的，身份都不一般。殿试当天交卷，第二天读卷官们集中到文华殿进行判卷。每位考生的卷子最末或背面，由下属官员写上八位读卷官的姓氏，每人一行。之后八位读卷官判卷时，各自在自己的姓氏下面通过符号进行表态。表态的符号共五种，从优到劣依次为"○△、｜×"，也被称为"圈、尖、点、直、叉"。如果您的答卷得到了八个"圈"，自然是第一等了，如果是八个"叉"，那就要悲剧了……

根据惯例，读卷官有二十二日、二十三日两天时间进行判卷。四月二十四日这天清晨，读卷官们会将成绩最好的十份答卷呈递给皇帝，皇帝会在养心殿西暖阁看这十份最佳答卷，亲自决定其中的三份为"一甲"，也就是前三名，七份为"二甲"，也就是第四至第十名。接下来，皇帝便让官员们揭开弥封的姓名，传这十份优秀答卷的考生入宫召见，称之为"小传胪"。虽然是被引见，其实也只是入宫去，在皇帝面前背一遍自己的履历，让皇帝认认长相而已。

一般参加完殿试的考生，从四月二十四这天清晨开始，就都候在乾清门门口，以便第一时间入宫。当然，根据清代记录，也有一些考生因为某些原因在当天没有做任何准备，以至于"传呼不到"，无法入宫，处罚就是其名次直接从前十名变为最后几名。[1]

通过了会试的贡士们,经过了殿试的重新排名,有了新的名次,统称为"进士"。严格来讲,第一名到第三名为一甲,称为"赐进士及第",第一名俗称"状元",第二名俗称"榜眼",第三名俗称"探花"。第四名到第四十名或五十名为二甲,称为"赐进士出身"。四十名或五十名之后的则为三甲,称为"同进士出身"。其中二甲和三甲的第一名,都俗称为"传胪"。

四月二十五日,太和殿举行正式的传胪仪式,即"大传胪",是十分重大的典礼。当天设丹陛大乐在太和门内,王公大臣等朝服序列,新晋进士们穿朝服、戴三枝九叶顶冠序列。皇帝也穿礼服,入太和殿升座。中和韶乐奏"隆平之章",太和殿阶梯之下鸣鞭三下,再奏庆平之章,读卷执事向北三跪九叩,大学士进殿取出黄榜,走出来交给礼部尚书,放在丹陛正中的黄案上,之后开始宣读黄榜,其内容惯例是:

> 某年月日,策试天下贡士,第一甲赐进士及第,第二甲赐进士出身,第三甲赐同进士出身。第一甲第一名,某。第一甲第二名,某。第一甲第三名,某。第二甲第一名,某。……

传胪官唱名时,一甲都要唱三次,唱到他们的时候,他们就要从新晋进士班列中走出,跪于御道左右。从第二甲开始,就只唱一次,当事人按照顺序到丹墀之下,故而称之为"传胪"。

名次宣布完毕,丹陛大乐再作,与会官员与新晋进士皆三跪九叩,中和韶乐奏"显平之章",之后皇帝还宫,典礼结束。礼部尚书将黄榜放到专用的彩亭之内,校尉们抬起彩亭,送出太和中门,到东长安门外,将黄榜张贴在长安街上。同时,一甲的三位进士要随着黄榜彩亭一起由午门正中而出,这是连亲王、宰相都没有的特权,其余的二甲、三甲进士则分别从昭德门、贞度门出宫。

---

[1] 目前已知有过这种情况的,有乾隆三十四年(1769年)殿试的第八卷潘弈隽、第十卷季学锦,以及咸丰九年(1859年)殿试的第四卷邵子彝。处罚均是降为三甲之末。

根据晚清的传统，顺天府尹会在传胪之后，在东长安门内结彩棚，迎一甲三名进士递法酒，并且让这三位簪花披红，骑上高头大马，从人执事鼓乐彩旗相随，到顺天府尹衙门赴宴。这个酒宴"举酒即起"[1]，一甲三位由府尹送出衙门，依然簪花披红骑马，由鼓乐彩旗送到各自的住所，称之为"归第"。

转过来二十六日这一天，惯例是朝廷的"恩荣宴"，宴席设在礼部，以内大臣一位为主席，读卷、执事等大臣每一位一席，中下级官员每二位一席，状元独自一席，榜眼、探花二位一席，其余新科进士四位一席。清中叶的时候，这种恩荣宴十分正式，也十分奢华。到了晚清则只是走一个过场，简陋得很。

二十七日这天，您可以好好休息一下，相信您多少有些累了，但是之后还有很多事情要做呢。

二十八日，新科进士要集体到午门之前受赏。惯例上，状元得赏六品朝冠、金质簪花一枝、朝衣、补服、带靴。其余进士得赏彩花，并依照甲次赏赐牌坊银。[2]一甲惯例是八十两，二甲和三甲是三十两。二十九日，状元率领新科进士上表谢恩。不过到了晚清，除了状元的冠服、金花以及其他进士们的彩花还照常赏赐之外，其余都省略掉了。等到五月一日，新科进士惯例要到孔庙行释褐礼，这个到了晚清也简略掉了，只有一甲的三位去行礼。

另外，还有一个最重要的，就是新科二甲和三甲的进士要在四月二十八日受赏之后进行"朝考"。"朝考"的目的是要选出"庶吉士"，简单说就是在新科进士之中挑选有才能之人送进翰林院继续深造。[3]考试地点是在保和殿，清朝中后期，多以论、奏疏、诗三项命题，当日交卷。考完之后，皇帝钦派阅卷大臣初判，分成一等、二等、三等，其中一等的前十名呈给皇帝阅览，排定名次。第一名称为"朝元"，"朝元"和名次比较靠前的进士会被选为"庶吉士"，也称

1　即入座之后，不多交谈，大家纷纷举起酒杯庆祝，放下酒杯之后宴席便视为结束，实际上只是走一个宴席的过场，并不真的吃喝。这其实也是因为一甲的三位这几天会特别忙碌，完全没有时间停留。

2　清代人认为考中进士是"光宗耀祖"，要经常建牌坊以夸耀后世，所以赏赐牌坊银。

3　一甲的三位，即状元、榜眼和探花，惯例不需要参加朝考，直接进入翰林院进修，状元例授职翰林院修撰，榜眼和探花例授职翰林院编修。

为"入选""馆选"[1]，即是入翰林院进修三年。其余没有被选中的，则以主事、中书、知县任官。

如果您入选了庶吉士，要在三年后下一批进士入馆考试之前进行"散馆"考试，也就是"庶吉士毕业考试"，成绩优秀的，留在翰林院任翰林院编修或者翰林院检讨，称为"留馆"，成绩一般的就改任主事或者知县。另外，清代这种"馆选"以及入馆进修的制度，在同治、光绪之后也流于形式，很多进士就算入选了庶吉士，也不在京师常驻，三年之内报到几次，就回原籍休息了。

这里您可能会问，选没选中庶吉士，是不是翰林，对进士有什么影响呢？实际上，进士虽然可以出仕，但是因为清中后期"官途淤塞"，也就是人多官少，所以进士当官也要"候缺"。等当上官之后，升官也要"候缺"。反之，翰林院的官员有自己的升转体系，非翰林院人士基本无法参与，所以如果选中庶吉士并且最终进入翰林院的话，就能够在翰林院体系内任职、升转，比非翰林的进士要便利得多。假设A和B为同一科的进士，A考中了庶吉士，B只是普通的进士；三年之后，A参加散馆考试，最终"留馆"，任翰林院编修或者检讨，B可能还在等知县的额缺，这种情况并不罕见。

到这里，您漫长的考试之路，才基本告一段落。是不是感觉有很多考不完的试呢？但是无论如何，只要能坚持下来，获得进士身份，基本上就能够出仕，并且被视为"正途"，前途会光明得多呦。

---

1 这里的"馆"也被称为"庶常馆"。

童生 → 县试

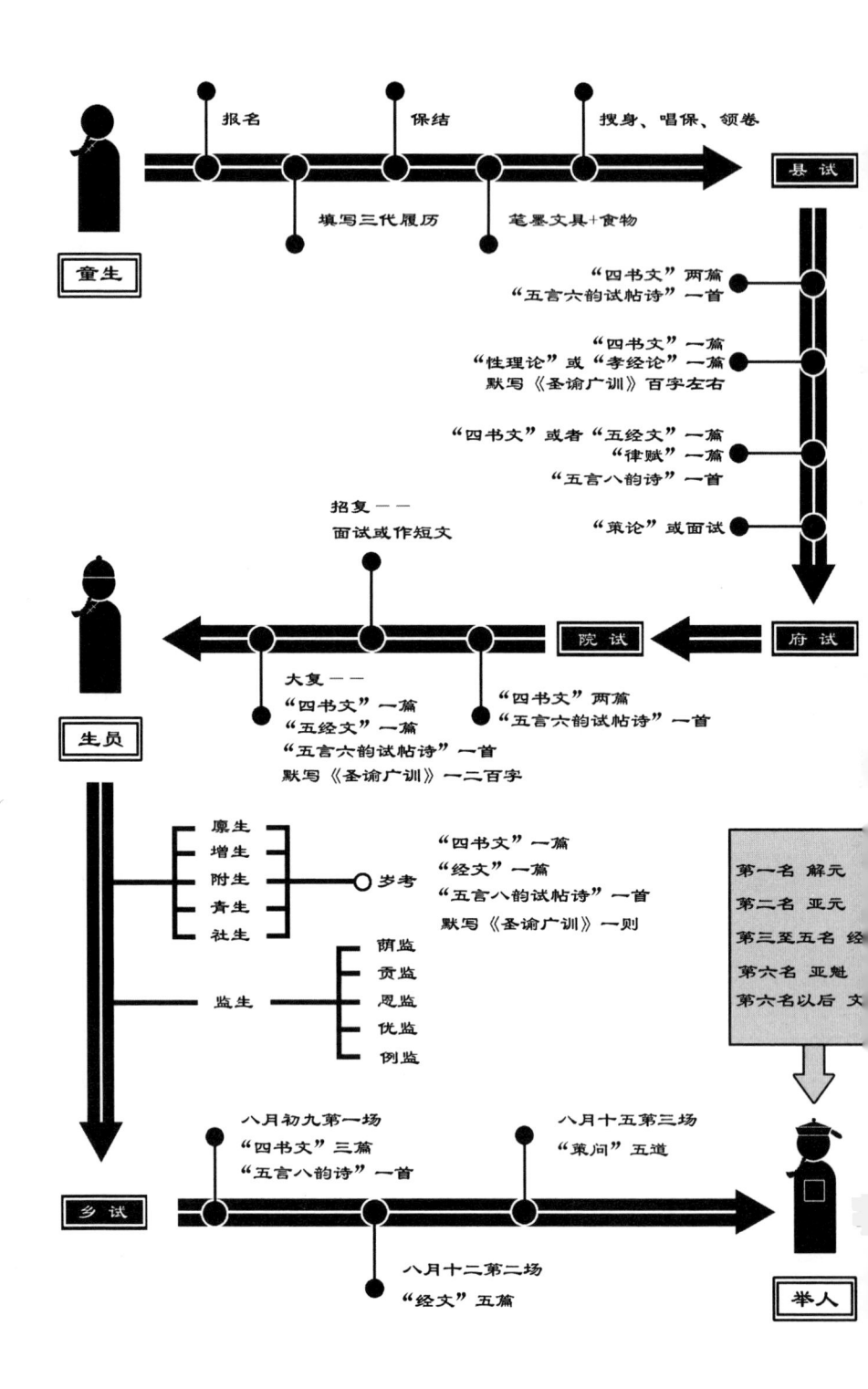

- 报名
- 填写三代履历
- 保结
- 笔墨文具 + 食物
- 搜身、唱保、领卷

县试
- "四书文"两篇
- "五言六韵试帖诗"一首

（第二场）
- "四书文"一篇
- "性理论"或"孝经论"一篇
- 默写《圣谕广训》百字左右

（第三场）
- "四书文"或者"五经文"一篇
- "律赋"一篇
- "五言八韵诗"一首

（第四场）
- "策论"或面试

府试 → 院试 → 生员

- 招复——面试或作短文
- 大复——
  - "四书文"一篇
  - "五经文"一篇
  - "五言六韵试帖诗"一首
  - 默写《圣谕广训》一二百字
- 院试：
  - "四书文"两篇
  - "五言六韵试帖诗"一首

生员

- 廪生
- 增生
- 附生
- 青生
- 社生

→ 岁考：
- "四书文"一篇
- "经文"一篇
- "五言八韵试帖诗"一首
- 默写《圣谕广训》一则

监生：
- 荫监
- 贡监
- 恩监
- 优监
- 例监

乡试 → 举人

- 八月初九第一场："四书文"三篇，"五言八韵诗"一首
- 八月十二第二场："经文"五篇
- 八月十五第三场："策问"五道

举人名次
- 第一名 解元
- 第二名 亚元
- 第三至五名 经[魁]
- 第六名 亚魁
- 第六名以后 文[魁]

壹·读书仕途

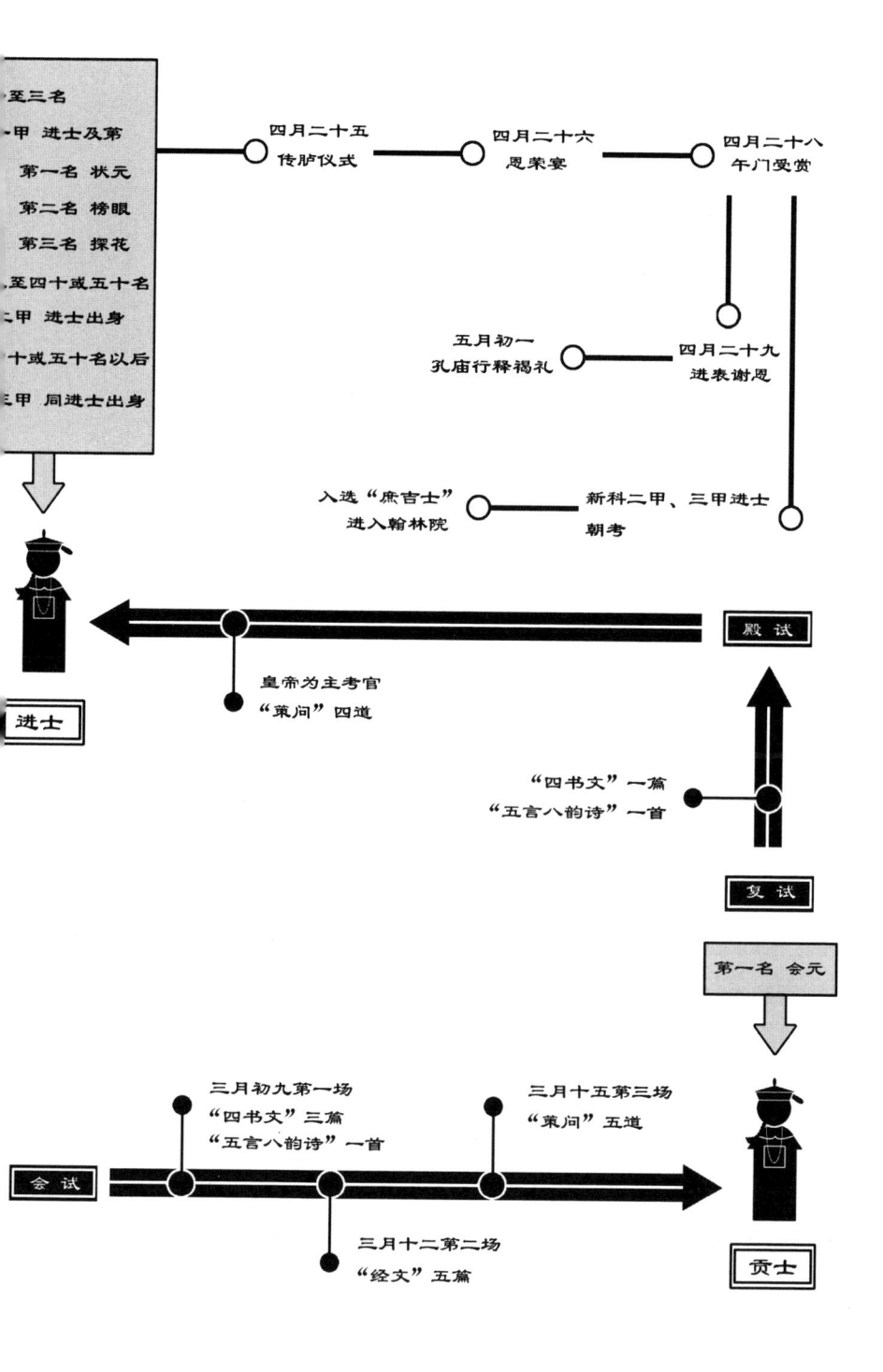

一至三名
一甲 进士及第
　第一名 状元
　第二名 榜眼
　第三名 探花
至四十或五十名
二甲 进士出身
十或五十名以后
三甲 同进士出身

四月二十五 传胪仪式 — 四月二十六 恩荣宴 — 四月二十八 午门受赏

五月初一 孔庙行释褐礼 — 四月二十九 进表谢恩

入选"庶吉士"进入翰林院 — 新科二甲、三甲进士朝考

进士 ← 殿试

皇帝为主考官 "策问"四道

"四书文"一篇 "五言八韵诗"一首

复试

第一名 会元

三月初九第一场 "四书文"三篇 "五言八韵诗"一首

三月十五第三场 "策问"五道

会试 →

三月十二第二场 "经文"五篇

贡士

47

"条条大路通罗马"
——武科与翻译科

我们曾经在前文提到过,清代科举分成三种"科",其中最为普遍的是"文科"。之前给您讲解的就是文科的相关考试过程。除了文科之外,清代还有"武科"和"翻译科",针对的是不同的人才。您可以根据自己的兴趣特长选择适合自己的科目考试。接下来我们就给您简单介绍一下清代的武科和翻译科。

武科

清代武科体系与文科体系基本相同。文科考试大致是"生员—举人—进士"三级,武科也是如此,只不过文科的生员全称为"文生员",武科则称为"武生员",其余名号也有类似的区别。

习武之人在未取得武生员身份之前称为"武童"。文生员三年两考,分为"丑""未""辰""戌"年的"岁考"和"寅""申""巳""亥"年的"科考"。武生员则三年一考,即"岁考"。每逢"岁考"之年,先考文童,后考武童。

考场报名、保结、搜身等规则与文科一致,一共考三场。第一场为马射,即是骑着马朝目标射三箭,只要有一箭射中目标即算通过。第二场先考步射,即站立着朝目标射五箭,只要射中目标两箭及以上即算通过;然后考试"弓刀石",弓指的是拉硬弓,刀指的是舞刀,石指的是举石。这两场因为是在室外进行的,也被称为"外场",一共五个项目,就是俗称的"弓刀石,马步箭"。

第三场则是在室内考试的"内场",内容一般为默写"武经七书"[1]中的一段文字。三场考完,即按照名额录取武生员。文生员有廪生、增生,并且可以考取监生、贡生,名目繁杂。但是武生员没有廪生、增生的说法,所以也没有贡生之说,只有"武生员"和"武监生"两种。武监生,三年一次,由当地学政推荐给朝廷,也可以通过捐纳获得身份。

成为武生员之后,再往上考,就是武乡试、武会试。武乡试三年一次,与文乡试一样,都是在"子""卯""午""酉"年进行,惯例是先考文乡试,后考武乡试,所以武乡试的时间一般是在十月。通常是十月初五日开考,连考三场,十一日出榜。与文乡试一样,各省均有中额,取中者为武举人,俗称"武魁"。

武会试也与文会试一样,是在"子""卯""午""酉"年进行,也是先文后武,所以一般是九月考。这里我们具体地说一下考试内容。

武乡试和武会试的考试内容是一致的,都脱胎于武生员考试,但是要求细致得多。考试分三场。

第一场是马射。在考场马道旁,设三个目标,每个目标之间距离三十五步。要求考生纵马二次,持三力或以上弓[2],射六箭,一般以射中目标三箭及以上为通过。

第二场较为复杂,有"步射""马球"和"弓刀石"三项。先考步射,考生距离目标三十步,持五力或以上弓,一共射六箭,一般以射中目标二箭以上为通过。之后考试马射地球,即"马球"。在考场马道旁设一个墩子,墩子上放有一球。要求考生骑马经过,只射一箭。如果球中箭后从墩子上落下即为通过,未射中球或虽然射中但球没有从墩子上落下都不算通过。马射地球与马射有些类似,都是骑在马上射向目标,但是马射地球的难度更大,所以在乡试和会试中,马射地球项目的成绩最受考官重视。最后为弓刀石,也称"技勇"。

---

[1] "武经七书",为宋代确立起来的兵法丛书,即《孙子兵法》《尉缭子》《吴子》《司马法》《六韬》《三略》《李卫公问对》,普遍认为这是武将必须阅读的书目。
[2] "力"为弓的硬度,清代一"力"为十斤。"力"越高,弓越难开。

乡试和会试的弓刀石的规制有严格的等级要求，各分为三号。弓以八力为三号，十力为二号，十二力为头号，超过十二力的称为"出号"。刀以八十斤为三号，一百斤为二号，一百二十斤为头号。石以二百斤为三号，二百五十斤为二号，三百斤为头号。开弓时，必须三次开满；舞刀时，必须前后胸舞花；掇石时，必须离地一尺。弓、刀、石这三项，如果考生都只能达到"三号"则不算通过，也就是说三项中至少要有一项达到二号或以上水平才算通过。

第三场是内场，内场的考题因时期不同，差异较大。清初考"策问"两篇、"论"一篇，乾隆二十四年（1759年）改考"武经论"一篇、"策问"一篇。但是后来因为考虑到武生员的文化素养一般都不高，所以改考默写"武经七书"百余字，内场也因此逐渐流于形式。

与文会试一样，武会试也有复试，即按照会试报上来的弓刀石等级再让考生操演一遍。复试之后也有殿试，殿试分为三场，第一天先考内场，试题为默写"武经七书"；第二天皇帝在紫光阁御试第二场，内容为马步箭；第三天皇帝在景运门外箭亭御试第三场，内容为弓刀石。

等到殿试考完，武进士也有传胪，其方式和文进士基本一致，只不过武进士的黄榜是由兵部递送，并且贴在西长安门内，进士宴席是在兵部召开，赏赐武进士的不是冠服而是盔甲。另外，武进士没有"考庶吉士"一说，一般考完殿试，传胪结束之后，便直接等待授官走入仕途。清中期之后，惯例一甲一名的"武状元"授一等侍卫，一甲二名的"武榜眼"和一甲三名的"武探花"授二等侍卫。在二甲武进士之中选十名授三等侍卫，从三甲武进士之中选十六名为蓝翎侍卫，其余武进士以营卫守备在兵部注册备选。

文科与武科，一文一武，并不能说谁强于谁，也不能说哪个就比另外一个多好考。不过清代社会整体上重文轻武，同是举人，文举人在社会上受到的尊重就要比武举人多一些。另外，清代人已经有"穷文富武"的说法，即是习武者，特别是参加武举的人，至少是家境殷实的。究其原因，首先，习武需要好身体，需要营养滋补，家境贫寒则无法供给。其次，习武要勤练，马匹、硬弓、刀石，都需要相当的费用，一般人家难以负担。再次，学文者如果家境贫寒，还可以开馆收徒，赚取收入，但习武的武馆少得多，所以习武者更依赖家庭长期供养。当然，这些也都只是相对而言，无论是文科还是武科，只要能够考中都是相当不容易的。

旗人科举与翻译科

一些网络文章曾经说"清代旗人不能科举"，实际上是不正确的。清代旗人不仅可以科举，还有很多有名的科举世家，在举业上尤其强势。但是清代旗人能参加科举，与时代、旗分、科名有关联，其中有着复杂的变化，这里简单梳理一下。

文科方面，清军刚入关的时候，并不允许八旗旗人参加文科科举。顺治八年（1651年），开始允许八旗旗人考试，之后断断续续进行乡试、会试，一开始并不与汉人同榜，而是有专门的"满蒙榜"。到了康熙二十六年（1687年），才规定八旗旗人与汉人一同应试，同榜竞争。而且还规定，旗人如果参加文科科举，"乡、会场先试马步箭，骑射合格，乃应制举"[1]。也就是要求八旗旗人就算考文科，也不能忘记骑射这个八旗根本。而皇族参加文科考试则是嘉庆六年（1801年）才开始的，后来清代皇族之中也有不少文科进士。

武科方面，清军刚入关的时候，也不允许八旗旗人参加武科科举。雍正元年（1723年），允许八旗旗人参加武科科举，雍正十二年（1734年）旗人的武举考试又停止了。直到嘉庆十八年（1813年），八旗旗人才再次被允许参加武科科举。[2] 究其原因，这其实也从侧面凸显了清代八旗武备下降的事实。

您如果看过了《清朝穿越指南》，肯定知道八旗旗人多数要补兵缺。清代旗人挑缺时，弓力要求是六力，这就已经超过武举人、武进士的标准了。雍正五年（1727年），雍正帝在瀛台考验武举人骑射之后，让八旗兵丁等人当着武举人的面较射，"伊等所用之弓，自十八个力以至十三个力不等，举重若轻，

---

1 出自《清史稿·选举三》。
2 这里需要注意的是，清代只禁满洲八旗和蒙古八旗参加武科科举。顺治年间到嘉庆年间，汉军八旗一直都是可以参加武科科举的。雍正元年到雍正十二年"开禁"也只是开了满蒙八旗而已，汉军八旗一直能考。

从容合度。众武举等咸惊异，以为从来罕睹"[1]。而到了清中后期，八旗武备已进一步下降，这才彻底开禁。

清代八旗旗人参加科举，与汉人相比，其实并没有太多优势，唯一不同的是，在考生员和举人的时候，八旗有自己的中额。前文我们说过，考取生员也好，考取举人也好，各省均有自己的中额，一般是按照省的人口分为几等。八旗整体的中额大致相当于一个中小省份的名额。但会试不按中额来算，不论出身，公平竞争。但是，清代也有一种特殊的科举，只允许八旗旗人参加，那就是与文科、武科科举并列的翻译科考试。

翻译科是清代特设的一个科目。因为清代统治者是满洲出身，朝廷还有专门处理少数民族事务的理藩院，所以清代大量文书都需要有满文本、蒙文本，故而就需要相当的翻译人才。翻译科内部还分两种，一种叫满洲翻译，满洲八旗、蒙古八旗、汉军八旗的人都可以报考；另一种叫蒙古翻译，只有蒙古八旗的可以考。至于体系，与文科和武科一样，翻译科也分"生员—举人—进士"三级。若考中生员，则称为"翻译生员""蒙古翻译生员"。

翻译生员与文科生员一样，三年两考，考生先在本旗报名，本旗都统集中考试考生的马步箭，并且初试一下考生的满汉文，认为没有问题，才会批准其参加考试。满洲翻译的题目是从汉文《性理》《小学》内选取文字，由考生自行翻译为满文，或者由考生自行写两篇满文的文章。蒙古翻译的题目，是由满文《性理》《小学》内选取文字，由考生翻译成蒙古文。满洲翻译和蒙古翻译都是只考一场，当天交卷。中额是满洲翻译十余人取一，蒙古翻译十人取一。

至于翻译科的乡试与会试，时间和流程方面都与文科考试相同。题目方面，翻译乡试与翻译生员考试相同；翻译会试则分为两场，第一场是满文的"四书文"一篇，满文的《孝经》《性理》文章一篇，第二场是将一篇汉文文段翻译为满文。蒙古翻译会试第一场是满文的"四书文"一篇、满文的奏事一篇，第二场将是满文文段翻译为蒙文。

翻译科会试只有复试，没有殿试，故而也没有钦定名次以及"状元"名号，

---

[1] 出自《清世宗实录》雍正五年十一月丁丑条。

这是它不同于文科和武科的地方。清代翻译科虽然本身是为了培养翻译人才，但是翻译举人和翻译进士入仕之后，也可以正常在文武职官体系中升迁，所以清代旗人名臣里也有不少是翻译科出身，比如说穆宗同治帝的孝哲毅皇后阿鲁特氏的祖父赛尚阿，是嘉庆二十一年（1816年）的翻译举人，后来仕至文华殿大学士、户部尚书。

科举与命运

据说清代南方有民谚，称"进学是文章，中举是命"[1]。其本意指的是院试判卷仔细严格，文章好一般都能中，而乡试、会试判卷急迫，所以运气成分较大。具体来说，清代不同人物的科举之路也都有各自的特点，既有顺利的，也有一生为之所困的。这里从几个方面举一些例子，让您体会一下科举和命运的微妙关系。

一般来讲，科举顺利的大多是官宦世家或者科举世家，这是因为在经济、文化上，他们有得天独厚的优势。我们可以以麟庆、英和以及史贻直为例。

麟庆，镶黄旗包衣完颜氏，乾隆五十六年（1791年）生人，荫生出身。嘉庆十三年（1808年）参加乡试，考中文举人。次年参加会试，联捷考中三甲文进士，时年十九岁。虽然他没有考中庶吉士，但是在同科进士中他的年纪最小，一时风光无二。

英和，正白旗包衣索绰罗氏，乾隆三十六年（1771年）生人。乾隆三十九年（1774年），其父德保为他捐纳监生，为的就是让他专心准备乡试、会试，而不用在生员考试上浪费时间。乾隆五十七年（1792年），二十二岁的英和第一次参加乡试，考中文举人。第二年参加会试，联捷考中二甲第二十五名文进士，并且考中庶吉士入馆，时年二十三岁。

史贻直，江苏人，康熙二十一年（1682年）生人。康熙三十八年（1699年）参加乡试，考中文举人。次年参加会试，联捷考中文进士，并且考中庶吉士，时年十九岁，是有名的"少年进士"。

1　出自何刚德：《春明梦录》。

至于不顺利的例子就比较多了，我们可以以李慈铭为例。

李慈铭，浙江人，道光十年（1830年）生人。他在道光三十年（1850年）考中生员，时年二十一岁。咸丰十年（1860年）选为贡生，参加了十一次乡试均失败。于同治九年（1870年）第十二次参加乡试，考中文举人，时年四十一岁。之后参加了五次会试，也都失败了。最终在光绪六年（1880年）第六次参加会试时，考中文进士，这一年他已经五十一岁了。不过李慈铭对科举这个事情也算看得开，他还以此自嘲，称自己是"道光庚戌茂才，咸丰庚申明经，同治庚午举人，光绪庚辰进士"。

像李慈铭这种，还只是"中试较晚"。还有更多的读书人，一生都没能考中举人，比如说蒲松龄。

蒲松龄，山东人，崇祯十三年（1640年）生人。他在顺治十五年（1658年）应试，县试、府试、院试皆列头名，时年十九岁。本以为其科考会相当顺利，结果自顺治十七年（1660年）参加乡试，一直未中。康熙二十四年（1685年），补为廪生，当时他已经四十六岁了。康熙五十年（1711年），考为岁贡，这时他已经七十二岁了，最终也没有考中举人。

话说回来，我们所熟知的清代汉臣，基本上都是科举出身。试举几例：

纪昀，直隶人，雍正二年（1724年）生人。初为生员。乾隆九年（1744年）第一次参加乡试，失败。乾隆十二年（1747年）第二次乡试，考中第一名解元，时年二十四岁。乾隆十三年（1748年）参加会试，失败。乾隆十六年（1751年）的会试和乾隆十七年（1752年）的恩科会试，纪昀因在家服母丧，没有参加。乾隆十九年（1754年），参加会试、殿试，考中二甲第四名进士，并且考中庶吉士入馆，这一年他三十一岁。

曾国藩，湖南人，嘉庆十六年（1811年）生人。道光十二年（1832年）考中生员，时年二十二岁。道光十四年（1834年）参加乡试，考中第三十六名举人。之后参加道光十五年（1835年）会试和道光十六年（1836年）恩科会试，均失败。道光十八年（1838年）再次参加会试，经殿试中三甲第四十二名进士，并且考中庶吉士入馆。这一年他二十八岁。

李鸿章，安徽人，道光三年（1823年）生人。道光二十年（1840年）考中生员，时年十八岁。道光二十三年（1843年）被选为优贡。道光二十四年（1844年）参加乡试，考中第八十四名举人。道光二十五年（1845年）参加恩科会试，失败。道光二十七年（1847年）再次参加会试，经殿试中二甲第十三名进士，并且考中庶吉士入馆，这一年他二十五岁。

　　左宗棠，湖南人，嘉庆十七年（1812年）生人。初为生员。道光十二年（1832年）参加乡试，考中举人，时年二十一岁。道光十三年（1833年）参加会试，失败。道光十五年（1835年）又参加会试，只考中了誊录（副榜）。道光十八年（1838年）再次参加会试，又失败，这一年他二十七岁。之后左宗棠选择回乡教书，在咸丰二年（1852年）入张亮基幕府，这也成就了他后来的功业。左宗棠是"中兴四臣"中唯一一个没有考中进士的。据他人记载，左宗棠一直对自己没有考中进士这事儿耿耿于怀。

　　从这里可以看出，对于大部分人来说，想要在仕途上顺利，科举基本上是必经之路。这也再次提醒您，科举很重要。

　　好了，您考试考得也差不多了，让我们准备一下，进入官场看一看吧。

凭文而取，按格而官

——古代的高考试卷是什么样的

许多读者对于清代科举考试的题目比较好奇。八股文的题目一般是什么样的？应制诗的题目怎么出？策问又是什么类型的内容呢？这里我们便以同治十年（1871年）文科会试的题目作为例子，让大家看一看古人的科举题目是什么样的。

本题目见于《同治十年辛未科会试录》[1]。原题目文字均为繁体，格式亦秉持清代旧式。为便于阅读，作者将其整理为现代常用格式，加上了标点。若有疏误，烦请见谅。

第一场（四书题三道，五言八韵诗题一道）

四书题

有子曰："信近于义，言可复也。恭近于礼，远耻辱也。因不失其亲，亦可宗也。"[2]

人一能之，己百之。人十能之，己千之。果能此道矣。[3]

天下之善士斯友天下之善士。[4]

---

1 现藏中国国家图书馆。
2 此题典出"四书"里的《论语·学而》。
3 此题典出"四书"里的《中庸》。
4 此题典出"四书"里的《孟子·万章下》。

诗题

赋得移花便得莺【得移字五言八韵】[1]

第二场（五经题五道）

五经题

日月丽乎天，百谷草木丽乎土。[2]

曰肃，时雨若。[3]

骏发尔私，终三十里。亦服尔耕，十千维耦。[4]

春，城小谷【庄公三十有二年】。[5]

大夫以鱼须文竹。士竹本，象可也。[6]

第三场（策问五道）

第五道

问：《周易》郑康成注散佚已久，今之郑注辑于何人？李鼎祚《集解》所采三十五家，能缕述否？鼎祚自序谓"刊甫嗣之野文，补康成之逸象"，果足存汉易之一线欤？《书》以道政事，儒者不能异说，然诸家聚讼犹有四端：曰今文古文，曰错简，曰《禹贡》山水，曰《洪范》畴数，其异同得失安在？孔颖达以前为《正义》者六家，孰为详雅？郑笺说豳雅豳颂与朱子异，能引伸之否？《草木鸟兽虫鱼疏》，吴陆玑撰，后误玑为机，复改吴为唐，当以何书为正？春秋三传并行于世，自中唐以前则《左氏》胜，自啖助赵匡以逮北宋，则《公羊》《穀梁》胜，能详其源流欤？杜预《释例》厥旨安在？《陆氏集传纂例》谓左氏多采杂书，序事虽多，释经殊少，犹不若《公》《穀》之于经为密，其说当否？《汉志》无《周礼》，谓之《周官经》，《周礼》之名始何时？《仪礼》孔壁古

1　题目内【　】中内容为题目原注。
2　此题典出"五经"里的《易经·离》。
3　此题典出"五经"里的《尚书·洪范》。
4　此题典出"五经"里的《诗经·噫嘻》。
5　此题典出"五经"里的《春秋》。
6　此题典出"五经"里的《礼记·玉藻》。

文多三十九篇，今散见诸书者尚可考证欤？《大戴礼》为小戴所删篇目凡几？《小戴礼》为后人所增者三篇，能悉数欤？圣朝经学昌明，多士诵习有年，其各以所知对。

问：《史记索隐》末二卷为述赞百三十篇及补《史记》条例，欲更正原书次第，其说若何？周密谓《史记》为后人所乱，多窜入迁以后事，王懋竑谓《史记》字句有为后人所增，能摘其一二否？《汉书》断代为史，而《天文志》中多非汉事而隶入《汉书》，寻篇考限，得无乖越否？《后汉书》自谓比方班氏，而讥其丛陋者何人？陈寿《三国志》以魏为正统，习凿齿排之，能论其得失欤？《晋书》所采何法盛等十八家，而刘知几讥其美事遗略甚多，其说若何？《宋书》八《志》义例，何者为善？《南齐》独缺《文学传》叙，其故安在？《梁》《陈》二书父子相承，体例有足取否？《魏书》为世诟病，而李延寿则谓"婉而有章，繁而不芜"，其言当否？《齐书》《周书》各有所失，《南》《北》二史以何为优？《隋书》十《志》原题《五代志》，故兼载前代，后人专称《隋志》，岂其旧欤？《旧唐书》本诸何人？《新唐书》何以有刘安世之讥？《新五代史》笔削谨严，何以《涑水通鉴》皆据薛史？《宋》《辽》《金》三史何以《金史》独优？《元史》何以不免蹐驳？能通悉其故欤？国家以古为鉴，史学有资考证，盍著于篇。

问：神禹浚浍距川，肇开水利，《禹贡》诸水在今畿辅者，可悉数欤？畿内巨川如滏阳、滹沱、清河、白沟、桑乾、潞河、滦河，支流如沱、洺、徐、白，加之以淀泊，千流万脉，皆有水利可兴。唐代于河间开长丰渠，宋引滹沱于霸州，皆能收灌溉之利，能实指其人欤？临津令黄懋屯田雄莫等州，置斗门引淀水，其法奚若？元立都水监、设河渠司以兴举水利，而武清、平滦、真定等处无患，其疏导之法能详言之欤？泰定中，虞集建京东屯田诸议，后人多是其说，厥旨安在？至正间，托克托复建言水利，其说若何？明邱濬《大学衍义补》，其讲求水利者何术？徐贞明著《潞水客谈》，胪陈十四利，能撮其大旨欤？其后贞明亲至永平一带，设法开垦，一岁中已得熟田三万九千余亩，而事辄中止，何欤？我皇上俯念民依，勤求良法。多士见闻所及，其悉陈勿隐。

壹·读书仕途

问：用兵之道，训练为先，三代之制尚矣，汉有"讲肄"之名，则教试于京师也，有"都试"之名，则教试于乡国也，而会以何时，课以何人，能详言之欤？府兵之制起于西魏、后周而备于隋，至唐因之析关中为十二道，皆置府兵，论者谓得古者，三时劝农，一时讲武，遗意其法安在？厥后府兵废而募𬭚骑，𬭚骑废而恃方镇，其废之者何人？抑在何时？宋太祖加意军政，定四时讲武之仪，而或大阅西郊，或习战昆明池，或阅兵讲武殿，教练之法甚备，乃卒成内强外弱之势，其故何欤？明有十二团营之目，又有三大营之目，统之者何人？戚继光《练兵实纪》有六练之法，与王骥之五练异同若何？何良臣《阵纪》四卷载有车战、骑战、步战、水战、火战、夜战、山林谷泽之战、风雨雪雾之战，侯继国《两浙兵制》载有制造战船及营操、甲操、哨操、伍操诸法，能一一述其详欤？我朝以骑射威天下，近复练兵近畿，以备藩卫。多士其各抒所闻以对。

问：《周礼》有"任土任民"之法，西汉重农贵粟，治为近古，而一时循吏如龚遂之守渤海，召信臣之守南阳，杜诗之修治陂池，任延之开垦田畴，皆以劝课为本，能胪举其事欤？大农令及大司农之名起于何时？厥后有力田常员、搜粟内史、屯田都尉，又或置农师，或设劝农使，或立司农司，能考其设官之年代欤？唐令百官进农书，其书有无传本？元至正七年所颁农桑之制一十四条，其可法者安在？又尝颁《农桑辑要》一书，诏天下崇本抑末，所分耕垦播种诸类，论者谓于农书中最为善本，然欤？其后有《农桑衣食撮要》一书，复补《辑要》所未备，其所作果何人欤？他若宋陈旉著有《农书》，元王桢亦著有《农书》，其详略若何？明徐光启《农政全书》，史称其负经济才于此书略见一斑，其目能悉数欤？要之务农之道，不在催课之具文，而在督劝之实政。农事兴而民食裕，固经国之要务也。我皇上惠爱黎元，首重农政。多士来自田间，其各详言之。

从这里的题目可以看出，清代是如何用"四书五经"出题，以及诗题是如何展现的。另外，也可以看得出科举考试中的策问具有相当的深度。一些抨击

59

科举制度的表述，经常将参加科举的人形容为只会写八股的书呆子。而实际上，科举考试的等级越高，对于策问的重视程度也越高，考查的知识也越实际。固然，策问的内容也有专门的辅导书，考试之前也会有腹稿，但是像殿试一级的策问，只靠背诵显然是无法取得好成绩的。这也是清代科举制度的另外一面。

长年备考，为何却做不好命题作文

——八股文的真容

八股文，又称"制义""制艺""时文""时艺""八比文"，是清代科举之中最重要的一种文体。我们前面讲过，清代科举一般最重第一场，而第一场惯例是考以"四书"为题的八股文，所以清代民间甚至直接以"四书文"来概称"八股文"。八股文全文首先通过"破题""承题""起讲"等"帽儿"部分入手，接下来则是"起比""中比""后比""束比"，每一"比"由两段对偶的句子构成，每句称为一"股"，加起来一共八股，故而称作"八股文"。实际上，清代八股文里，只写六"股"的"六股文"最为常见，也有写十"股"的，不一定非要八"股"，将其统一称为"八股文"只是因循旧例。最后则是写一个小结尾。根据要求，以"四书"为题的八股文必须使用朱熹注解的立意，并且以圣贤口气展开议论，清人将这种方式称为"入口气"。

其实从明朝末期开始，士人们对于八股文就颇有争议。顾炎武就认为"八股之害，甚于焚书"[1]。清代名臣舒赫德、名士徐灵胎等，均主张废八股文。而拥护八股文的也不乏其人，如清代名臣张廷玉、名士王士禛等。在此背景之下，清代统治者对于是否继续用八股文取士，其实也颇有反复，康熙朝就曾经短暂地停止了八股文取士，但是后来又恢复了。清末以来，在新文化运动的影响之下，八股文受到了几乎口径一边倒的抨击，以至于在现代大众认知中，一旦提起"八股文"，就会惯常地联想到"封建腐朽""阻碍进步"，认为是"无一

---

[1] 出自顾炎武：《日知录》。

可取的垃圾"。而在近几十年，学术界开始重新研究八股文，对于八股文"是什么""怎么样"，有了更多元的视角和评价。[1]

不少学者认为，八股文的弊端主要是限定了读书内容，规定只能取用"四书"以及朱熹的注，并且必须"入口气"，即仿照圣贤的语气，接着他们的语气往下谈，可以说是把内容和思想都束缚住了。而另一方面，八股文本身是一种标准化考试的命题作文，也是议论文的一种形式，可以训练写作者的思维逻辑，而且说理性质较强，甚至有学者认为"就耳目所睹记，语言文章之工，合于逻辑者，无有逾于八股文者也"[2]。

对于八股文，本书不做过多的评价。只因许多读者对于八股文"只闻其名"，所以我们挑选了一篇清代的八股文，以此为例，讲解一下八股文的格式，以便让大家对于八股文有个大致的了解。[3]

为政以德

这是题目。此题出自《论语·为政》："为政以德，譬如北辰。居其所而众星共之。"朱熹的注是："为政以德，则无为而天下归之，其象如此。程子曰：'为政以德，然后无为。'范氏曰：'为政以德，则不动而化、不言而信、无为而成。所守者至简而能御烦，所处者至静而能制动，所务者至寡而能服众。'"

正本于德，正人者先自正也。

这是破题部分。清代八股文的破题惯例只用两句话，要旨在于精确地剖析题目。作者是以原题"为政以德"为基调，分析"德"与"政"的关系。

夫天下未有己不正而能正人者。执是以论为政，岂不贵本德以出之哉？

这是承题部分。清代八股文的承题一般四五句即可，用以进一步解释破

---

[1] 关于八股文的评价，可以参见启功、张中行、金克木：《说八股》。
[2] 出自钱基博：《现代中国文学史》。
[3] 此篇八股文选自赵基耀、李旭等编：《清代八股文译注》。个别标点有改动。八股文各段的解析为本书作者所加。

题，确立论点。格式上，则惯例以"夫""盖"等虚词起首，以"矣""焉"等虚词结束。作者通过承题部分，重申了"正本于德，正人者先自正也"的论点。

尝思一人制治，精神贯薄海以遥，而乾惕不出宫庭以外。故三代以下之治功，皆骛乎其迹。惟操厥本者，乃能起化于神明，事与万物相周，心先与万物相见。夫是以主术不流于虚无，治功大远乎综核也。

这是起讲部分。清代八股文的起讲部分需要作者开始模拟圣人的口吻说话，即所谓的"入口气"。格式上，则惯例以"且夫""若曰"等词汇起首，并且崇尚"宜虚不宜实"，即起讲的内容要言简意赅，为后文留出余地。作者这里是以孔子的口吻开始论述，抽象地论述了上古帝王之为政骛乎其迹的情况。

何则？

这是一个连接部分，清代人习称这种"起讲"之后、"起比"之前的部分为"入手""入题"，即通过一两个词或一两句话来引发进一步的讨论。作者通过一个设问，准备展开下面的讨论。

水火工虞，帝世讵乏专司。而深宫斧藻，要必有臣邻所不能赞、子孙所不及窥者，乃克树表端型，默操敷治之本计。

食货宾师，王治讵无厘定。而皇躬懋勉，要必有明堂所不及议、月吉所不及布者，而后悬书象魏，群歌惟后之绥猷。

这是第一比的两股，即"起比"。清代八股文的起比讲究"宜短不宜长"。作者的"起比"只用了两个小段，指出虽然朝廷有各种僚属辅助，但是君王的品德和施政依然重要。从文中我们也可以看出，八股文每比的两股均要对仗，就像一副超长的对联一样，这正是八股文考验语言文字功底的地方。

而不见夫古圣王之为政者耶。德运于政，政本于德，而又非政自政，而德自德也。其为政以德者乎？

这又是一个连接部分。清代人习称这种"起比"之后,"中比"之前的部分叫"出题""点题",即通过一段或长或短的文字来重申文章的论点。作者在这段"出题"中,再次重申了为政以德的论点。

岂无言传号涣,示天下于更新。乃观治者以为典之敷,而识微者祗以为修之永。则谓之政,皆其德可也。安汝止于几康,静声色于不大。举所为东之渐、西之被、南之暨者,皆此德之默运而成周。盖至衣冠瞻视,呼吁潜通,肃庙雍宫,大和翔洽,则诚民不关木铎矣。至德无名而天平乎有象,夫何分于以道之自己而置法之以民哉。

岂无默夺潜移,妙鼓舞于不倦,乃考征者以为神之存,而观治者只见为舞之迪,则谓之德即其政,奕无不可也。声聪明而作后,锡福极以宜民。举所为正朝廷、正百官、以正万民者,皆此德之四达而不悖。盖至有夏秋修和,咏歌不逾乎管龠;方隅正域,颂祷不过乎盘盂,则诏诰皆为末迹矣。清明在躬而群黎遍德,更何疑于建极之惟皇而归极之为氓哉。

这是第二比的两股,即"中比"。清代八股文最重视中比,讲究"凤头、猪肚、豹尾",即是说"中比"的部分要丰满。作者的"中比"用了两大段文字,具体地说明了施政不过是细枝末节,究其本质都是德行在起作用。"默运"等描述,也吻合朱熹注中"无为"的观点。

近王每高言清静,辄谓垂裳端拱,遂奠海宇于晏安。讵知政府以外,多不可问。则官礼未昭成模,纵睢麟亦为徒善也。善为政者,不敢托言元渺,騡宵旰之精勤,而府修事和,自为操存,而并求故谟训所垂,悉本皇躬之祓濯。休咸兼至,无非宥密之敷施。

世主每专尚刑名,则谓整饬纪纲,遂毕明廷之事业。讵知政本之地,已多难言。则澡浴之体有愧旦明,即徒法之行亦属陈迹也。善为政者,不敢喜事纷更,争治术于繁剧,而澄源正本,恒偕谟烈以俱昭,故神明广运,无俟侯刑威庆赏之劳。措正施行,更捷于置邮传命之速。

这是第三比的两股，即"后比"，也叫"束比"。清代八股文的"后比"是专为"讲尽文意"的，即要将自己的论点讲解得更加透彻一些，以补充"中比"。经常从反面进行论述，以另一个角度申明论点。"后比"也是两大段文字，其中作者站在"孔子"的视角上，第一段讲述了道家中一些"垂拱而治"的清静无为方法，第二段讲述了法家中一些注重刑名的方法，文中的立意同时也是对朱熹注中"无为"的进一步阐释。从这里可以明显看出作者肚子里的墨水不仅仅局限于应试书籍，对于子书、史书也颇有涉猎，[1]这也是本篇八股文出彩的地方之一。

谓予不信，则何不取北辰而观之也。

这是收结部分，也就是文章的结尾。清代八股文的收结有"实结""虚结"等多种形式，因题目、作者风格、临场发挥等原因，结法也各不相同。本文作者所采用的是一种名为"落下"的结法。此篇八股文题目为"为政以德"，按照《论语》原文，后文即为"譬如北辰"。作者便将文章结尾落在这个后文上，这样不仅让文章十分切合题目，又格外符合"入口气"的要求。

---

[1] 据张一南老师推测，作者这段以道家、法家末流入手阐明儒家立场的文字，明显受到《汉书·艺文志》的启发。

科举考场工具

贰·清代职官

除、补、转、改、升、调
——看懂复杂的清代职官

您在阅读关于清代的历史书籍时，经常可以看到各种各样的官职名号。比如说"某人出任户部尚书"，我们多数都知道尚书是个很大的官，户部尚书则是户部的"一把手"。但是读到史料中的官衔，特别是当一个人的官衔被写得比较完整时，就很容易看不懂了。比如说下面这三条：

> 经筵讲官太保保和殿大学士议政大臣兼管吏部尚书翰林院掌院事务世袭三等伯加十二级臣张廷玉

> 太子太傅都统三等公议政大臣吏部尚书中和殿大学士佐领赠少保仍兼太子太傅谥文襄图海

> 皇清通奉大夫太子少保礼部左侍郎兼内翰林国史院学士加二级致仕黻庵李公

怎么样，是不是有点儿晕？

在这一章中，我们就给您具体讲解一下清代职官系统的各种名目，好让您有一个整体的认识。

官品制与官缺制之下的清代职官体系

谈到清代职官的基础，一般认为其主要是由两个并行不悖的系统确立起来的，这两个系统，一个是官品制，一个是官缺制。

所谓官品制，即是通过"官品"这种量化的品级来区分官员地位的高低。您肯定知道，在我国古代相当一个时期官员们是有"品级"的。比如像"一品大员""七品芝麻官"等词，说的就是官员的品级。具体到清代，其官品制的最大特点就是"一维性"。

什么叫"一维性"呢？这个可能有点绕。我国古代有一些朝代，官员虽然也都有品级，但是其职官的品级系统是好几套一起计算的。比如说，唐代职官的核心是由两套品级组成的，一套是散官，一套是职事官，两套品级并行不悖，独立升转。以白居易为例，元和十五年（820年）夏天时，他的散官是从九品下将仕郎，职事官是从六品上的司门员外郎，二者差了不少等级。宋代也是好几套品级，以苏轼为例，元祐八年（1093年）苏轼被外放定州之前，其寄禄官为正七品的左朝散郎，职事官为从二品的礼部尚书，二者品级相差很大，这些都是典型的非一维的职官系统。到了清代，经过官方的简化，差事并不带有品级，职官品级则与散官基本对应，几个系统都被同一套官品整合了起来，不会有差距特别大的情况，这也是清代职官比较"简单""亲民"的一面。

在这种制度之下，清代官员的品级被分二十个等级。二十等级的基础为"九品十八级"，即正一品、从一品、正二品、从二品、正三品、从三品、正四品、从四品、正五品、从五品、正六品、从六品、正七品、从七品、正八品、从八品、正九品、从九品这十八级，其中以正一品为最高，从九品为最低。另外有些爵位的品级超过正一品，则统称为"超品"；有些小官的品级比从九品还低，则称之为"未入流"。所以"九品十八级"加上"超品"和"未入流"，一共二十个等级[1]。一般情况下，清代职官体系内的尊卑均是通过这二十级来彰显的。

至于官缺制，则是指清代的职官和差事多是以"设缺待补"的形式产生的。而且清代官缺有相当详细的标准，有数种划缺方式。其中比较常见的，是以出

---

[1] 因"超品"是泛指超过正一品的所有等级，所以有的书也将之称为"十九级"，即是不将"超品"作为一个独立的品级。

身（民族）划分和以选官方式划分的两种分缺方式。

以出身（民族）划分，一般分为六种，即宗室缺、满洲缺、蒙古缺、汉军缺、包衣缺和汉缺。宗室指的是皇族里的宗室，满洲一般指满洲八旗，蒙古一般指蒙古八旗，汉军指的是汉军八旗，包衣一般指上三旗包衣旗人，汉一般指的是汉人（民人）。官员们通过自己的出身（民族）来补对应的缺。[1]

比如说，清代正五品的户部郎中一职一共有"缺"三十三员，其中满洲缺十七员、蒙古缺一员、汉缺十四员、宗室缺一员。也就是说按照规定，户部衙门一共有三十三位郎中，其中十七位要求出身满洲八旗，一位要求出身蒙古八旗，十四位要求出身汉人（民人），一位要求出身皇族宗室。

以选官方式划分，则可以根据选官的具体方法，分为七类，即请旨缺、开列缺、拣授缺、留授缺、调补缺、题补缺、选授缺等。请旨和开列，指的是一些重要的中央官员或者地方官员要由皇帝亲自选定，一般由军机处或者吏部开列符合要求的候选人名单，请皇帝之旨定夺。调补缺、题补缺与留授缺指的是由吏部开列出符合条件的官员，拟出"正""陪"各一人以及"备选"数人，实际上即是第一候选人、第二候选人以及其他候选人，但最终还是由皇帝来决定。其中调补缺主要是同品级补官，题补缺可以是低品级的升高品级的，留授缺则主要是在本衙门内升转。至于拣授，与调补缺、题补缺及留授缺类似，只是取用的范围更广。根据选官的方法不同而官缺的称谓也不同，这也显示出了清代职官选官制度的复杂。除了这两种划缺方式，还有按照地方特点划分地方官缺[2]等方式，这里我们不多讲了。

如上面所描述的，清代的官员是以官品制和官缺制进行任官和升迁的。其具体的术语，主要有"除、补、转、改、升、调"。其中"除"指的是初次授官；"补"指的是原有的职官因故失去后重新补缺；"转"指的是同一衙门之内同

---

1 主要注意的是，清代有的官职只设有"满洲缺"和"汉缺"两种缺，这时皇族宗室、蒙古八旗旗人和包衣旗人出身的官员想要补这个官缺，惯例要补满洲缺，而汉军旗人出身的则要补汉缺。
2 这种按照地方特点划分地方官缺，指的是将全国各地以"冲"（地理位置重要）、"繁"（指政务繁多）、"疲"（指赋税积欠严重）、"难"（指民风凶悍难以治理）四字为评判标准，兼四字者为"最要缺"，三字为"要缺"，二字为"中缺"，一字或无字为"简缺"。

品级的调动[1]；"改"指的是不同衙门之间同品级的调动；"升"指的是由官品低的职位升为官品高的；"调"则泛指平级调动。

清代职官体系下的名目划分

讲完了官品制和官缺制，再来讲各种体系的名目。首先我们对一开始的三个例子做一下分析。

经筵讲官太保保和殿大学士议政大臣兼管吏部尚书翰林院掌院事务世袭三等伯加十二级臣张廷玉

这一条中，"太保""保和殿大学士""吏部尚书""翰林院掌院"属于职官，其中"太保"也可以算作职官体系内的恩荣。"经筵讲官"和"议政大臣"属于差事。"世袭三等伯"属于爵位。"加十二级"属于议叙。

太子太傅都统三等公议政大臣吏部尚书中和殿大学士佐领赠少保仍兼太子太傅谥文襄图海

这一条中，"太子太傅""少保""都统""吏部尚书""中和殿大学士""佐领"属于职官，其中"太子太傅"和"少保"也可以算作职官体内的恩荣。"议政大臣"属于差事。"三等公"属于爵位。"文襄"属于谥号恩荣。

皇清通奉大夫太子少保礼部左侍郎兼内翰林国史院学士加二级致仕敝庵李公

这一条中，"通奉大夫"属于散官。"太子少保""礼部左侍郎""内翰林国史院学士"属于职官。"加二级"属于议叙。"致仕"属于恩荣。

您可以看出，每一条都是由数个体系拼凑而成的，大体来说即是散官、职

---

[1] 同一衙门之内同品级的官职也有重要、普通之分，"转"一般特指从普通的缺改为重要的缺。

官、差事、爵位、议叙、恩荣六大类。[1]接下来我会逐一给您讲解。

职官与差事

对于职官和差事，清代之前的某些朝代划分特别严格，是各成体统的。到了明清，虽然官员体系已经均齐在官品制之下，但职官和差事还是有一些混淆。所以清代无论官方还是民间，一般都以"官职"或者"当差"统称职官或差事。不过严格来讲，清代职官和差事还是可以区分的，主要依据有两点：

第一，职官有明确品级，而差事没有。

清代的职官均有明确的品级规定，比如说各部的尚书、侍郎、主事，这些都是职官，其中刑部尚书是文从一品，刑部侍郎是文从二品，刑部堂主事是文正六品。一官一品，十分清晰。

差事则不同，它本身是没有品级的。像大家都知道的军机大臣，就是一个典型的差事。按照规定，军机大臣是在大学士、尚书、侍郎、京堂中钦选，而钦选的军机大臣所用的品级还是自己原本职官的品级。比如说嘉庆三年（1798年）先后出任军机大臣的有六位：文华殿大学士兼步军统领和珅、户部尚书福长安、户部尚书沈初、户部右侍郎傅森、礼部右侍郎戴衢亨、工部右侍郎那彦成。这六位都是军机大臣，但是和珅为正一品，福长安、沈初为从一品，傅森、戴衢亨和那彦成则只是从二品。

所以说，清代的差事本身没有品级规定，一般是由本就拥有职官的人来兼任。另一方面，虽然没有一官一品的品级规定，但是因为选取的范围不同，差事也有自己的"范围品级"。还是以军机大臣为例，军机大臣惯例是从大学士、尚书、侍郎、京堂中选出，大学士为正一品，尚书为从一品，侍郎为从二品，京堂为三品或者四品，所以军机大臣这个差事有"一品至四品"这个"范围品级"。

---

[1] 根据学者研究定名的不同，这些名类的称呼也不同。比如说有的学者即将本文的"职官"称为"官"，而将本文的"差事"称为"职"，具体要看各个书籍如何定义这些词。

第二，一般情况下，差事必须依附于职官，无法独立存在。

如上面所说的，军机大臣是一个差事，要从大学士、尚书、侍郎、京堂中选出。大学士、尚书、侍郎、京堂都是职官，所以想要当军机大臣，那您得先拥有一个符合要求的职官才行。一个没品级的白丁，不可能直接当军机大臣；即使成了军机大臣，那我们自己原有的大学士、尚书等职官也不能就不要了。一句话，差事一般不能独立存在，都是要依附于职官本身。

散官与诰敕封赠

散官又叫阶官，是与具体职事官相对应的，用来表现官员品级的一套官阶系统。清代的散官制度直接继承自明朝，并且更加简化。在这种背景之下，清代散官虽然依然是用来表达官员品级的，但是与唐宋时期散官和职事官的双轨制度相比已经简单多了。

清代规定，凡属文武官员，自正一品到从九品，皆有相对应的散官名称。下面我们就将这些散官名称开列出来：

清代散官品阶

品级	文官	武官
正一品	光禄大夫	建威将军
从一品	荣禄大夫	振威将军
正二品	资政大夫	武显将军
从二品	通奉大夫	武功将军
正三品	通议大夫	武义都尉
从三品	中议大夫	武翼都尉
正四品	中宪大夫	昭武都尉
从四品	朝议大夫	宣武都尉
正五品	奉政大夫	武德骑尉
从五品	奉直大夫	武德佐骑尉
正六品	承德郎	武略骑尉
从六品	儒林郎（士） 宣德郎（吏）	武略佐骑尉

续表

品级	文官	武官
正七品	文林郎（士） 宣义郎（吏）	武信骑尉
从七品	征仕郎	武信佐骑尉
正八品	修职郎	奋武校尉
从八品	修职佐郎	奋武佐校尉
正九品	登仕郎	修武校尉
从九品	登仕佐郎	修武佐校尉

这里有两点需要说明：

第一点，清代散官制度有过数次修改。对于什么品级才有散官，以及各个品级的散官名号，都有很大变动。比如说在顺治、康熙两朝的时候，文官自正一品到从九品均有散官头衔，而武官只是自正一品到从六品有散官头衔。又比如说，乾隆三十二年（1767年）之前，文官正一品和从一品的散官均称"光禄大夫"，武官正一品和从一品的散官则称"荣禄大夫"等。我们现在看到的这套散官系统，文官散官制度是在乾隆三十二年之后定型的，武官散官制度是在乾隆五十一年（1786年）之后定型的。

第二点，文官的从六品和正七品有两种散官头衔，要根据官员是"士人出身"还是"吏员出身"进行区别。实际上这是因为吏员并非科举正途出身，按照当时的社会习惯，不被尊称为"儒"所导致的。

既然职官本身有品级，那这套散官制度还有什么意义呢？

清代散官最重要的作用，其实是用来诰敕封赠。

诰敕封赠，俗称"封赠""诰封""诰敕"，是清代的一种恩荣制度，即是朝廷给予一位官员的祖先和妻室品级。

清代规定，一位官员只要经过考满[1]，就可以获得诰敕封赠。其中，八品、九品官员的称为"敕"，范围仅限于官员的妻室。六品、七品官员的也称为

---

1 考满是清代的一种官员考核制度，一般三年一次，可以简单地理解为"一任"，也就是一个时期。清代中后期的考满制度执行程度不一，所以散官也就更加普遍了。

"敕"，范围扩大到官员父辈及其妻室。四品、五品官员的称为"诰"，范围与六品、七品相同。二品、三品官员的也称为"诰"，范围扩大到官员祖辈及其妻室。一品和超品官员的依然称为"诰"，范围最大，可恩赐至官员的曾祖辈及其妻室。获得诰敕封赠的具体名目也尤其重要，有"授""封""赠"三种名目。授，指官员因为自己本身当官而得到了散官的诰敕。封，是指官员在世的亲属，如父祖或妻室，因为官员而得到诰敕。赠，指的是对官员已经去世的父祖及其妻室进行的追封。

官员妻室所获诰敕封赠

品级	妻室称号
超品	按照超品之爵位称呼，如贝子夫人、公夫人、伯夫人
一品	一品夫人
二品	夫人
三品	淑人
四品	恭人
五品	宜人
六品	安人
七品	孺人
八品	八品孺人
九品	九品孺人

光看描述可能有点晕，给您举个例子就明白了。

假设 A 君是一位文从二品的礼部侍郎，A 君的父亲是一位已经退休的文从五品的刑部员外郎，A 君的祖父是一位已经故去的文正七品通政司经历。现在，A 君通过考满获得了诰敕的资格，根据他的品级，授予从二品的诰命，封赠 A 君本人及其父祖二代。于是，A 君自己是"诰授通奉大夫"，A 君的父亲是"诰封通奉大夫原任刑部员外郎"，A 君的祖父则是"诰赠通奉大夫原任通政司经历"，都变成了文从二品的品级。A 君的嫡妻、嫡母、嫡祖母，也都有了"夫人"的诰命。

这个不大懂……只给个诰封有什么用？给钱吗？

清代诰赠是没有任何"物质"奖励的，无论是已经退休的 A 君的父亲，还是新封为"夫人"的 A 君的嫡妻，都无法以此从朝廷获得俸禄。因此，很多现代人并不理解这种只给予品级的封赠的意义。[1]但古人却是十分重视封赠。以 A 君自己而言，有了"通奉大夫"的诰授，等到年老辞职之后，按照惯例，会依然保留文从二品的品级，他可以穿戴文从二品的冠服，出门用二品官员的排场。以 A 君的父亲而言，虽然他自己当官只做到从五品，但是因为儿子当了大官，自己有了文从二品的诰封，所以 A 君的父亲也可以在平时穿戴文从二品的冠服，容像乃至于丧礼都可以按照从二品的品阶执行。而A君的妻室以及嫡母、嫡祖母也因此获得了品级，能够穿着相应品级的服饰，而且要被社会上尊称为"夫人"，当时这被认为是十分光荣的事情。我们在看一些清代人的奉承话时，常看到有"您生儿子，个个点状元；生闺女，个个封诰命"的说法，可以看出清代人是以"封妻荫子"作为成功标准的。

议叙与恩荣

议叙是清代的一种官员奖励制度，与之相对的惩罚制度则叫"议处"。清代有十分繁密的制度来规定行政奖励或行政处罚，比如说官员当差迟到如何议处，官员办差出了差错如何议处等，均有详细的制度规定。所以在清代官方的档案中，我们经常可以见到官员因为功绩或者疏误，而被皇帝下令"议叙"或"议处"。随举两例：

第一条　直隶总督李卫奏，天津私贩盐枭，骚扰不法，现饬严究，立规晓谕。咨会盐臣料理安顿。得旨：向因各省盐务，办理未妥，往往纵放大枭……李卫此奏，具见实心办事，甚属可嘉。著交部议叙。

第二条　谕：前杨廷璋、德福奏拏获私造敕书假冒世职一案，查出邹

---

[1] 这里再次重申，清代诰赠是无关俸禄的。清代诰命夫人只有品级，没有任何俸禄。有不少网络小说都混淆了这一点。

文等先于乾隆九年即有捏造札付转卖之事，则该犯等玩法作奸已非一日，历任督抚岂竟漫无觉察……杨应琚莅任未久，且在陕甘任内办理诸务实心出力，并著从宽免其议处。吴士功，现已赎罪自效，亦著免其复行交议。所有失察之钟音、陈宏谋，俱著交部照例议处。[1]

这两条史料中，第一条是李卫因为办事得力而被嘉奖，即予以"议叙"，第二条是浙江巡抚杨廷璋发现本省的一个文书造假案，牵扯出前任官员失职的问题，所以他的前任官员有的被加恩免除处罚，有的则被按例予以"议处"。

清代议叙的方式有两种，一种叫作"记录"，按照数字进行区别，如"记录一次""记录二次"，相当于"受到过朝廷小表扬几次"。另一种叫作"加级"，也是按照数字进行区别，如"加一级""加二级"，相当于"受到过朝廷大表扬几次"。根据制度，"记录四次"等于"加一级"，所以议叙系统是从"记录一次""记录二次""记录三次""加一级""加一级记录一次"一直到"加三级"，一共有十二级。另外，如果官员的议叙是因为军功，则称为"因功记录一次""因功加一级"，一般有着普通"记录"和"加级"双倍的功能。

与之相对的是，清代议处的方式则有三种。第一种方式叫"罚俸"，一般是以月或年计算，如"罚俸三月""罚俸一年"，是比较轻的处罚方式。第二种方式叫"降级"，与"加级"相对应，名目有"降一级""降二级"等。"降级"本身指的是让犯错的官员降品级一级，但是根据处理方式不同，还分为"留用"或"调用"。如"降一级留用"，即某官员因犯错只能享受比原来品级低一级的待遇，但是还维持原本的官职。而"调用"则不仅待遇降低一级，所任职官也要降低一级，是彻底的"降官"[2]。第三种方式叫"革职"，也就是开除，是最重的一种。

根据清代规定，奖励的"议叙"和处罚的"议处"之间是可以互相抵消的。

---

[1] 此两条，均出自《清高宗实录》。
[2] 如原为正二品，"降一级留用"，则领从二品俸禄，职官仍为正二品。"降一级调用"，则不仅领从二品的俸禄，还要降为某个从二品的官职，彻底变成了从二品官员。

比如说遇到"罚俸半年"的处罚，可以用自己"记录一次"的议叙进行抵消。遇到"降一级留任"，也可以使用自己"加一级"的议叙进行抵消。这也是议叙和议处制度最主要的作用。不过清代的议叙系统在清初还算比较正规，到了清中期之后，一方面因为大小军功比较多，另一方面因为允许花钱捐纳议叙，致使清中后期议叙系统泛滥，远远超过了制度上规定的十二等，"加五级""加七级"者屡见不鲜，"加十级"甚至更多的官员也偶能见到。

至于"恩荣"，则指的是皇帝给予大臣的特殊待遇。清代的恩荣多种多样，有的是章服上的恩荣，有的是礼仪上的恩荣，有的是给予后代的恩荣，有的是品级上的恩荣，进士作为"天子门生"也是恩荣，严格说起来的话，皇帝赐给大臣一个扳指也都算是恩荣。我们这里，只说一下职官上的恩荣。

第一类，品级恩荣。

所谓品级恩荣，指的是皇帝赐予大臣一个高于大臣本身官职的品级。比如说，A大臣的职官是正五品的户部郎中，但是受皇帝重用，因为办差得力或者其他缘故，皇帝可以赐予A大臣"卿衔"甚至"侍郎衔"，前者一般三四品，后者则是二品。

第二类，章服恩荣。

章服即是服饰，所谓章服恩荣，指的是皇帝赐予某个大臣高于其本身品级服饰的穿用权。比如说，A大臣的职官是正五品的户部郎中，他应该穿戴文正五品的冠帽和官服。但是A大臣受到皇帝重用，皇帝便可以赐予"二品顶戴"之类的恩荣，于是A大臣就可以戴二品的冠帽了。另外，如民间津津乐道的"赏穿黄马褂"之类的，也属于章服恩荣。

第三类，礼仪恩荣与后代恩荣。

礼仪恩荣，指的是皇帝赐予某个大臣非同一般的礼仪待遇。比较常见的有"紫禁城骑马""紫禁城二人肩舆"等。后代恩荣，指的是皇帝赐予某个大臣的后代入仕的特殊待遇。比较常见的有恩赐某一后代为荫生，或恩赐某一后代为举人，恩赐某一后代为某官[1]，等等。这些恩荣都凸显了皇帝对这位大臣的重视。

第四类，"师保傅"系统。

清承明制，在职官上设有"师保傅"类职官，即太师、太傅、太保、少师、少傅、少保、太子太师、太子太傅、太子太保、太子少师、太子少傅、太子少保。这十二个职官中，太师、太傅、太保为正一品，尊称为"三公"；少师、少傅、少保为从一品，尊称为"三孤"，属于皇帝的僚属大臣。太子太师、太子太傅、太子太保为从一品，太子少师、太子少傅、太子少保则是正二品，属于太子的僚属大臣。这些师保傅的品级都很高，但是都没有什么具体的职务。《清史稿》中说："初沿明制，大臣有授公、孤者，嗣定为兼官、加官及赠官。"也就是说，在清初，还有大臣实授这些职官，后来这些就变成荣誉头衔了。这里我们简单说一下原因。

清初的时候，直接继承明代制度，官员品级是比较低的。比如说康熙朝初年的时候，内阁大学士是二品官，六部尚书是二品官，都察院左都御史还是二品官，而想要升到一品，只能通过师保傅系统的加衔才能实现，所以清初师保傅系统还是比较受重视的。而雍正朝之后，内阁大学士为正一品，各部尚书以及左都御史为从一品，品级已经达到目标，所以师保傅系统就沦为荣衔了。

1　实际上即是让其后代直接入仕，通常是主事、侍卫等官职。

世袭罔替、按次承袭

——弄清清代的世爵与世职

清代的世爵与世职，即是俗称的"爵位"，是与"流官"相对的，一种可以由子孙后代传承的职官系统。在称呼上，可以用"爵位""世爵世职"进行统称，但是严格来讲，清代官方将品级比较高的爵位称为"世爵"，品级比较低的爵位称为"世职"。

清代爵位根据给予范围不同，主要分为宗室爵位、蒙古爵位、功臣爵位三类，每类都有自己的爵位等级，也有各自的特点。下面我们分别给您讲解一下。

宗室爵位

清代皇族分为宗室和觉罗两部分，宗室爵位是专门赐予皇族之中的宗室（黄带子）的，觉罗（红带子）则不可以获得，故而称之为"宗室爵位"而不是"皇族爵位"。清代宗室爵位一共分为十二等，外加两个特殊爵位。

清代宗室爵位

爵位汉名	品级	附注
和硕亲王	超品　高于郡王	简称亲王
世子	超品　同于郡王	
多罗郡王	超品　高于贝勒	简称郡王
长子	超品　同于贝勒	
多罗贝勒	超品　高于贝子	简称贝勒
固山贝子	超品　高于奉恩镇国公	简称贝子
奉恩镇国公	超品　高于奉恩辅国公	简称镇国公

续表

爵位汉名	品级	附注
奉恩辅国公	超品　高于不入八分公	简称辅国公
不入八分镇国公	超品　高于民公[1]	
不入八分辅国公	超品　高于民公	
镇国将军	武一品	内分三等
辅国将军	武二品	内分三等
奉国将军	武三品	内分三等
奉恩将军	武四品	

其中世子和长子原本是赐予亲王和郡王的内定继承人的爵位，乾隆朝之后实际上被废除，所以只算作特殊爵位。镇国将军、辅国将军、奉国将军这三个爵位，其内部还各自分成三等，如镇国将军，内分为一等镇国将军、二等镇国将军和三等镇国将军。一个爵位内部的三个等级在品级上是相同的，只是俸禄上有一些差异。

在传承上，清代为了防止如明代一样宗室爵位泛滥，所以制定了降袭制度，也称为"世袭递降"。这种制度规定，每位宗室爵位拥有者去世后，其继任者惯例要将爵位降一等承袭。比如说亲王A去世后，应该由他的子辈继承人来继承亲王的爵位，但要降一等继承，也就是降袭为郡王。等到A的儿子郡王死后，A的孙子继承爵位，则进一步降为贝勒。不过，世袭递降也并不是无休止地递降，清代统治者在制定世袭递降制度的同时，还制定了世袭递降的底限。当一个爵位降袭到底限的时候，便以底限的爵位进行"世袭罔替"的承袭，不再降等。比如说某家族始封的爵位是亲王，那么在其家族没有犯罪的前提之下，他们的大宗（嫡流）最低只会降到奉恩镇国公。

---

[1] 清代宗室爵位里有奉恩镇国公、奉恩辅国公、不入八分镇国公和不入八分辅国公，简称为"公"。功臣爵位里有公爵、伯爵和子爵，其中公爵简称也是"公"。但二者并不是一回事，所以前者被称为"宗室公"，后者被称为"民公"。

降袭制度

始封爵位	降袭底限
和硕亲王	奉恩镇国公
多罗郡王	奉恩辅国公
多罗贝勒	不入八分镇国公
固山贝子	不入八分辅国公
奉恩镇国公	一等镇国将军
奉恩辅国公	一等辅国将军
不入八分镇国公	奉恩将军
不入八分辅国公	奉恩将军
镇国将军	奉恩将军
辅国将军	奉恩将军
奉国将军	奉恩将军
奉恩将军	奉恩将军[1]

在清代宗室中，极个别的爵位由于爵位的始封人立有重大功劳，被赐予"世袭罔替"的特权，也就是说其爵位继承永远不用递降。这种不用递降的宗室爵位，被民间俗称为"铁帽子"。清代宗室内一共有十家世袭罔替的亲王，两家世袭罔替的郡王，还有几家世袭罔替的镇国公、将军。其余都是要世袭递降的。

因为一个爵位只可以由一位继承人继承，对于未能继承爵位的宗室后代，清代设立了考封制度，即让他们通过考试来获得不入八分的低级爵位。根据父亲爵位的不同、母亲出身的不同，制度上详细规定了考封时的"目标爵位"。考试内容为满汉翻译、马箭、步箭三项。每项考试有优、平、劣三个等级。其考封成绩，如果三项皆为优，则封给他典制上的"目标爵位"。两优一平，降一等；一优二平者、二优一劣者，降二等；三平、一优一平一劣者，降三等；一优二劣、二平一劣、一平二劣及全劣者不予爵位。

假设有这么一位宗室少年A，他的父亲是一位贝勒，母亲是贝勒的侧室，那么他考封的目标爵位即是"一等辅国将军"。少年A文笔甚好，满汉文都精通，考了优。但是身体羸弱，马箭和步箭都极差，考了劣。按照制度，一优二

---

[1] 一旦降袭到奉恩将军，则承袭三次奉恩将军后自动取消爵位，成为闲散宗室。

劣不予爵位，所以 A 虽然贵为贝勒的儿子，也只能作为无爵的闲散宗室度过一生，而且因为他没能获得爵位，所以其后代自然也无法继承爵位了。

考封与目标爵位

父爵位	嫡室所生余子	侧室所生余子	别室所居妾媵所生余子
和硕亲王	不入八分辅国公	二等镇国将军	三等辅国将军
世子	一等镇国将军	三等镇国将军	三等奉国将军
多罗郡王	一等镇国将军	三等镇国将军	三等奉国将军
长子	二等镇国将军	一等辅国将军	奉恩将军
多罗贝勒	二等镇国将军	一等辅国将军	奉恩将军
固山贝子	三等镇国将军	二等辅国将军	奉恩将军
奉恩镇国公	一等辅国将军	三等辅国将军	无爵

续表

父爵位	嫡室所生余子	侧室所生余子	别室所居妾媵所生余子
奉恩辅国公	二等辅国将军	一等奉国将军	无爵
不入八分镇国公	三等辅国将军	无爵	无爵
不入八分辅国公	三等辅国将军	无爵	无爵
镇国将军	三等辅国将军	无爵	无爵
辅国将军	三等奉国将军	无爵	无爵
奉国将军	奉恩将军	无爵	无爵
奉恩将军	无爵	无爵	无爵

在这种制度之下，清代宗室内有爵位者一直保持着比较低的数量。根据有关学者的统计，清代宗室男丁一共有37241人，其中有爵位的共2343人，仅占6.3%，这也基本实现了设立制度是为了杜绝爵位过多的初衷。[1]

宗室爵位里还有一类特殊的，即由宗女爵位产生的额驸爵位。

清代皇帝一家以及宗室里的高爵位者，其女儿都能够获得属于自己的宗女爵位。清代宗女爵位一共分七等：

宗女爵位	别称
固伦公主	
和硕公主	
郡主	和硕格格、亲王格格
县主	多罗格格、郡王格格
郡君	多罗格格、贝勒格格
县君	固山格格、贝子格格
乡君	公格格

这七等爵位一般是根据父亲的爵位和母亲的身份获取的。其中皇帝之女，即固伦公主与和硕公主。固伦公主一般是皇后所生或者由皇后抚育的皇女，和硕公主则是其他后宫主位生育的皇女，其余的爵位见下表：

---

[1] 此数据，出自赖惠敏：《天潢贵胄：清皇族的阶层结构与经济生活》。正因为有这样的比例，所以清代北京城里不会像某些穿越小说所形容的那样"王爷贝勒满街走"。

皇女品级

父爵位	嫡室所生女	侧室所生女	别室所居妾媵所生女
和硕亲王	郡主	郡君	宗女
多罗郡王	县主	县君	宗女
多罗贝勒	郡君	乡君	宗女
固山贝子	县君	五品俸宗女	宗女
奉恩镇国公	乡君	六品俸宗女	宗女
奉恩辅国公	乡君	六品俸宗女	宗女
不入八分镇国公	宗女	宗女	宗女
不入八分辅国公	宗女	宗女	宗女
镇国将军	宗女	宗女	宗女
辅国将军	宗女	宗女	宗女
奉国将军	宗女	宗女	宗女
奉恩将军	宗女	宗女	宗女

表中的宗女指的是无爵宗女，是完全没有品级的。五品俸宗女和六品俸宗女也仅可以领一份钱粮而已，本身也没有品级。其余的都是有爵宗女，她们的品级也映射在她们的丈夫——额驸身上。

根据清代规定，一旦与拥有爵位的宗女成婚，其额驸即拥有了对应的品级。在有爵位宗女去世之后，若其额驸继娶嫡妻，则额驸的品级自动取消；若额驸不再继娶嫡妻，则额驸的品级可以一直保留。[1]

清代额驸品阶

额驸称号	品级	附注
固伦额驸	超品 同贝子	固伦公主之夫
和硕额驸	超品 同宗室公	和硕公主之夫
郡主额驸	武一品	郡主之夫
县主额驸	武二品	县主之夫
郡君额驸	武三品	郡君之夫
县君额驸	武四品	县君之夫
乡君额驸	武五品	乡君之夫

---

1 纳妾不属于继娶，故而丧妻后的额驸普遍用纳妾代替继娶，为的即是保留额驸品级和身份。

蒙古爵位

蒙古爵位，是在蒙古盟旗里授予蒙古贵族的爵位。这里首先要说一下蒙古八旗和蒙古盟旗的区别。

蒙古八旗一般以"蒙古正/镶某旗人"为称呼。他们是在入关之前就归入了后金政权，后来被编入八旗之中的蒙古人。蒙古八旗入旗之后，就与满洲八旗、汉军八旗一样驻扎在京师，或者被派到各地成为驻防八旗，而不是驻在内外蒙古。清中叶之后，蒙古八旗也渐渐淡化了蒙语和蒙俗，生活上渐渐被满俗化。

而蒙古盟旗一般以"某盟某旗人"为称呼。盟旗制度是参考八旗制度而建立的一种蒙古的行政制度，蒙古自古就有很多部落，清代统治者将这些部落拆成若干个"旗"，然后在数个旗上设立"盟"，就构成了盟旗制度，被内蒙、外蒙的蒙古人沿用。盟旗的旗不是根据颜色来命名的，而是根据部落和所在地命名的一种行政单位。

我们在看关于清末历史的一些网络文章时，偶尔能看到"僧格林沁带领蒙古兵奋战"的描述，有的文章会写成"僧格林沁率领自己的蒙古八旗奋战"，其实就是没能分清蒙古八旗和蒙古盟旗。僧格林沁是哲里木盟科尔沁左翼后旗的札萨克郡王，属于蒙古盟旗，并非蒙古八旗。清代蒙古爵位授予的是蒙古盟旗之人，而蒙古八旗授予的是功臣爵位。

蒙古的旗盟制度大致可以分为"总管旗"和"札萨克旗"，札萨克旗又分成"内札萨克"和"外札萨克"。内札萨克是漠南蒙古，也就是我们现在说的内蒙古，共有二十四个部，被组成六个盟，分为四十九个旗；外札萨克则指的是外蒙古四部：土谢图汗部、赛音诺颜汗部、车臣汗部、札萨克图汗部，下辖旗八十六个。除此之外，还有青海蒙古的一盟二十九旗、土尔扈特部的六盟十五旗和西套蒙古的二盟六旗。我们就不进一步介绍了。

其爵位制度，与清宗室的相似，也分为亲王、贝勒、镇国公等，但比清宗室爵位多出一个"汗"，也就是"汗王"，主要是在外蒙古实行。至于宗室爵位里的将军，在蒙古爵位中对应的是"台吉"，其中土默特左翼旗以及喀喇沁三旗的台吉改称"塔布囊"。

蒙古爵位品阶

爵位	品级
汗王	超品　高于亲王
和硕亲王	超品　高于郡王
多罗郡王	超品　高于贝勒
多罗贝勒	超品　高于贝子
固山贝子	超品　高于奉恩镇国公
奉恩镇国公	超品　高于奉恩辅国公
奉恩辅国公	超品　高于民公
札萨克台吉或塔布囊	武一品
一等台吉或塔布囊	武一品
二等台吉或塔布囊	武二品
三等台吉或塔布囊	武三品
四等台吉或塔布囊	武四品

这里所谓的"札萨克",有执政之意。蒙古盟旗里,每一个旗中可能有数位亲王、郡王、贝勒、贝子、公和台吉,但其中只有一位有执政权,即"札萨克"。如本身是亲王又是札萨克,则被称为"札萨克亲王",与之相对的,非札萨克的亲王则被称为"闲散亲王"。蒙古爵位以札萨克为贵,象征着实权。

蒙古爵位虽然和宗室爵位在名目和品级上相似,但是待遇上要差很多。以俸禄而言,清代宗室亲王年俸一万两,蒙古亲王年俸只有两千两。这也跟宗室爵位和蒙古爵位的数量有关。清代宗室爵位授予比例小,蒙古爵位则相对多一些,每个盟都有不少爵位拥有者。以清末为例,当时宗室的高级爵位只有亲王九位、郡王二位、贝勒五位、贝子三位、奉恩镇国公十一位、奉恩辅国公十位、不入八分镇国公四位、不入八分辅国公八位,一共五十二位。而同一时期,蒙古盟旗仅哲里木盟十旗,就至少有亲王四位、郡王九位、贝勒七位、贝子九位、镇国公六位、辅国公八位,一共四十三位,台吉就更多了。一旦放到整个蒙古盟旗之中,其数量之庞大,可想而知。

功臣爵位

在清太祖努尔哈赤起兵之后，其所设立的职官如总兵官、副将、参将、游击等，基本都是参考明代军官系统设立的。虽然当时还没有"世职"的概念，但是清太祖的这套职官已经具有世袭性质了。天聪八年（1634年），清太宗认为满洲应该有自己的一套官职体系，于是就以太祖时期的这套系统为基础进行了修改，并明确地以"世职"称呼，这是清代最初的世职体系。等到入关之后的顺治四年（1647年），清代统治者参考了明代爵位体系，设立公、侯、伯三个传统的"世爵"作为"高级世职"，同时又把天聪八年的世职名称再次进行了修改。接着雍正八年（1730年），世宗雍正帝认为"公爵但分等，未有封号"，所以在每个世爵之前"锡以嘉名"，如"弘毅公"的"弘毅"，即是其封号嘉名。之后在乾隆元年（1736年），高宗乾隆帝又进行了一次世爵世职的更名，并因循中原王朝的传统，将子、男两个爵位从世职升为世爵。于是清代"五世爵四世职"的世爵世职体系正式确立。

下面，我们通过下表给您展示一下最终形成的这套"五世爵四世职"世爵世职体系。

五世爵四世职

爵位汉名	爵位满名	满文直译	品级	分类	附注
公	gung	公	超品	世爵	内分三等
侯	heo	侯	超品	世爵	内分三等
伯	be	伯	超品	世爵	内分三等
子	jingkini hafan	正官	武一品	世爵	内分三等
男	ashani hafan	侧官	武二品	世爵	内分三等
轻车都尉	adaha hafan	侍官	武三品	世职	内分三等
骑都尉	baitalabure hafan	办事官	武四品	世职	
云骑尉	tuwaš ara hafan	护理官	武五品	世职	
恩骑尉	kesingge hafan	恩官	武七品	世职	

清代规定，官员或是因为立有重大功劳，或是因为特殊理由，获封爵位，

89

不过清代的爵位大多是因军功而获封的。

对于这个表格，有两点需要说明：

第一点，清初曾经有过异姓王存在，如追封入关前战功显赫、以身殉国的满洲正黄旗扬古利为武勋王，另外还有大家都十分熟悉的平西王吴三桂、定南王孔有德、平南王尚可喜、靖南王耿仲明和义王孙可望。三藩之乱之后，清代制度上就没有异姓王了。极个别的情况下，依然还有追封为郡王的个例，即福康安。福康安本身爵位已是功臣最高的一等公，在功臣体系内无可再封，结果又立有军功，所以乾隆把他转入宗室爵位体系，晋封贝子，死后还追封其为郡王。乾隆帝自己明确指出："此乃逾格施恩，俾异姓荩臣，得邀殊宠。将来我八旗大臣，有似此超众宣劳者，均可援以为例，岂非国家世臣之福。"[1]不过后来再也没有这样的例子了。

第二点，爵位里最低的一等"恩骑尉"一般不能直接授予，因为清代功臣的爵位是限次承袭的，袭次达到额度之后爵位便会被取消。乾隆帝认为，有些爵位本来是臣子用性命换来的，虽然其功劳还不足以授予世袭罔替的世职，但是仅仅传承数次就被取消了，有些不近人情。所以清代规定，凡是因阵亡而获得爵位但又没有获得世袭罔替世职的功臣后裔，在袭次完结后，改袭恩骑尉并且世袭罔替。

在封爵时，有一个隐性的"爵位等级"。各爵位均有自己的"爵位等级"。根据清代制度，世爵世职之间可以互相拆合，即数个爵位可以合为一个爵位，一个爵位也可以分解为数个爵位，这种拆合，即是通过"爵位等级"来进行加减的。我们举一个例子来看看这种加减法是如何操作的。

正红旗满洲佟佳氏岱嵩阿，国初入旗，天聪八年（1634年）以军功封骑都尉，爵位等级是2，后来又立了一次军功，按其军功应封为云骑尉，爵位等级是1，2+1=3，所以合并为"骑都尉又一云骑尉"[2]。岱嵩阿死后，其子阿纳海承

---

[1] 出自《清高宗纯皇帝实录》。
[2] 清代世爵世职里的"兼"也惯用"又"表达。所以"骑都尉又一云骑尉"与"骑都尉兼一云骑尉"相同。

袭骑都尉又一云骑尉，爵位等级是3；他参加入关战争，因军功晋封为一等轻车都尉，爵位等级是6；后来在讨伐张献忠时阵亡，追赠骑都尉，爵位等级是2，6+2=8，所以追晋为三等男。阿纳海死后，其三等男爵位被分给他的儿子艾音布和阿纳海的弟弟巴罕承袭。这时便将爵位等级为8的三等男做减法，分出一个爵位等级是5的二等轻车都尉让艾音布承袭，剩下爵位等级3的骑都尉又一云骑尉让巴罕承袭。后来艾音布去世，身后绝嗣，其二等轻车都尉的爵位便又合并到巴罕身上，再次合为一个三等男。

世爵世职与爵位等级

世爵世职名称	爵位等级
一等公	26
二等公	25
三等公	24
一等侯兼一云骑尉	23
一等侯	22
二等侯	21
三等侯	20
一等伯兼一云骑尉	19
一等伯	18
二等伯	17
三等伯	16
一等子兼一云骑尉	15
一等子	14
二等子	13
三等子	12
一等男兼一云骑尉	11
一等男	10
二等男	9
三等男	8
一等轻车都尉兼一云骑尉	7
一等轻车都尉	6
二等轻车都尉	5
三等轻车都尉	4
骑都尉兼一云骑尉	3

续表

世爵世职名称	爵位等级
骑都尉	2
云骑尉	1
恩骑尉	无

这里您可能注意到了，岱嵩阿死后，其子阿纳海依然承袭了岱嵩阿的原爵位，并没有降等。这是因为清代的功臣爵位，并不像宗室爵位一样需要"世袭递降"。

清代功臣爵位在传承方式上分为两种，普通的称为"限次承袭"，特殊的称为"世袭罔替"。所谓"限次承袭"，指的是功臣爵位依照等级不同，有官方规定的"承袭次数"限制。如骑都尉，规定为"承袭二次"。假设A因军功封爵为骑都尉，A去世后，A之子依然承袭A的骑都尉，是为承袭一次。A之子去世后，A之孙依然可以承袭A之子的骑都尉，是为承袭二次。等到A之孙再去世，A之孙的后代因"袭次已完"，就没有爵位可以承袭了。如果A是因为阵亡而获得军功的，那么A之孙的后代可以承袭一个恩骑尉世袭罔替。而有的人因为立功的时候就是重大功劳，直接便赐予"世袭罔替"，简称为"世袭"。如"世袭一等伯"，即是以"一等伯"的爵位世袭罔替，不需要考虑次数的限制。所以说，功臣爵位里无论是"世袭罔替"还是"限次承袭"，都是不降等承袭的。

世职承袭次数

世职名称	承袭次数（次）
一等公	26
二等公	25
三等公	24
一等侯兼一云骑尉	23
一等侯	22
二等侯	21
三等侯	20
一等伯兼一云骑尉	19
一等伯	18
二等伯	17

续表

世职名称	承袭次数（次）
三等伯	16
一等子兼一云骑尉	15
一等子	14
二等子	13
三等子	12
一等男兼一云骑尉	11
一等男	10
二等男	9
三等男	8
一等轻车都尉兼一云骑尉	7
一等轻车都尉	6
二等轻车都尉	5
三等轻车都尉	4
骑都尉兼一云骑尉	3
骑都尉	2
云骑尉	1
恩骑尉	世袭罔替

清代功臣爵位的整体特点是清初封爵多、封爵易，清末封爵少、封爵难。

在清初的时候，女真部落或明朝军官率众投靠清廷，其部落首领或军队首领可直接封爵。参加入关前或入关后的各种战争，立军功较为容易，封爵也较为普遍。但是因为清初用旗人大臣较多，而且明朝军官来投，就算封有爵位，也多数要入旗的，所以自清初至清中叶，封爵是以旗人为主要对象的，民人封到公爵爵位的只有澄海公黄梧、威信公岳钟琪、谋勇公孙士毅[1]等人。

到了清中后期，虽然各种战争多了起来，封爵却比清初谨慎多了，这大概是与战争的重要性有关，而且跟财力也有联系。另外，清中后期功臣封爵，民人较多，但世职多、世爵少。世爵里比较著名的即是曾国藩封一等毅勇侯、李鸿章封一等肃毅侯、左宗棠封二等恪靖侯。

---

1 世宗雍正帝曾经想让岳钟琪入旗，岳钟琪未答应。孙士毅则是在病笃时上奏乾隆帝希望入旗，得到了乾隆帝的允许。

爵位与职官

一般来讲，清代的宗室爵位、蒙古爵位和功臣爵位，都拥有固定品级，可以领取固定俸禄，但是不执掌具体事务。

没错！小说里都说这些爵位都是没政治权力，白吃俸禄的！

嗯……您这种认知其实也是片面的。在清代，除了蒙古爵位之外，清代宗室和功臣一旦拥有了爵位，基本都要进入朝廷"当差"，并且有专门的制度规定了什么样的爵位要以何种职官进入朝廷当差。[1]

对于功臣爵位，我们用一个小表格来说明一下。

功臣爵位当差表

世爵世职	旗人出身[2]	民人出身[3]
公	都统、副都统、委散秩大臣	
侯	都统、副都统、委散秩大臣	
伯	都统、副都统、委散秩大臣	副将
子	都统、副都统 前锋参领、护军参领、参领、散骑郎	副将
男	副都统 前锋参领、护军参领、参领 郎中 散骑郎	副将
轻车都尉	前锋参领、护军参领、参领、公中佐领 步军总尉、信炮总管、守陵总管 郎中、科道 散骑郎	参将

---

[1] 蒙古爵位拥有者如果在京城居住，也要入宫当差。如僧格林沁在袭爵之后，便被安排在御前行走，后来担任过御前大臣、正蓝旗蒙古都统等职。

[2] 同时，旗人出身的勋旧还可以补侍卫。不过侍卫一般是挑取的，所以未放在表格内。

[3] 表格中这套制度建立的时候，民人出身的公侯只是个例，所以并未规定任职。

续表

世爵世职	旗人出身	民人出身
骑都尉	前锋参领、护军参领、参领、公中佐领 步军总尉、步军副尉、信炮总管、监守信炮官 城门尉、守陵总管、守陵副总管 员外郎 散骑郎	游击 都司
云骑尉	护军参领、参领 城门尉、监守信炮官、步军副尉、步军校、护军校 守陵副总管 防御 主事 散骑郎	守备
恩骑尉	骁骑校	

清代让爵位的拥有者当差，本身就是为了杜绝只领钱不当差的想法，同时，也是为了考查他们的能力。如果一个有爵位者能力不高，那么令其担任的差事也基本是闲差，从某种意义上讲，可以算得上是"太平王公"。若是稍有能力，就有可能转为同品级的更重要的差事。

比如说清宫戏里的熟面孔和珅，他生于乾隆十五年（1750年）。乾隆三十七年（1772年）前后，二十二岁的和珅以文生员的身份承袭了三等轻车都尉的世职，之后便获得了三等侍卫的职官直接入仕当差，其爵位品级为武三品，职官品级为武五品。如果单纯以其文生员的身份，直接选入侍卫的可能性极低，起步要低得多。后来和珅被乾隆帝赏识，升任御前侍卫、正蓝旗满洲副都统，一下子变为武正二品。之后直接转任户部右侍郎，二十七岁就跻身军机大臣之列。

宗室爵位也是一样。我们以郡王衔贝勒溥庄为例。溥庄是成哲亲王永瑆的玄孙，成恭郡王载锐的长子。道光十年（1830年）出生，咸丰四年（1854年）赏任二等侍卫，咸丰七年（1857年）考封三等镇国将军，咸丰九年（1859年）袭封多罗贝勒，赏三眼花翎，在御前大臣上学习行走，咸丰十年（1860年）加郡王衔，同治五年（1866年）授前引大臣，同治十一年（1872年）病故。可以看出，溥庄从二十五岁开始当差，当时还没袭爵，只是担任武四品的二等侍卫。承袭贝勒爵位之后，担任过御前大臣和前引大臣的差事，这两个官职都属于侍卫体系的高级职官，这就属于比较典型的闲差。

另外，清代官方严格规定了不同等级的爵位拥有者入仕的"初官"，实际上是在"官品制"的制衡下，杜绝了"高爵低官"的尴尬。否则若一位旗人公爵按照普通人的方法考取笔帖式[1]来出仕，以超品的爵位去担任末品的小官，其往上几级的上司都没有其品级高，势必会出现各种不方便。

清代世爵世职变化表

天命五年 （1620年）	天命八年 （1623年）	天聪四年 （1630年）	天聪八年 （1634年）	顺治四年 （1647年）	顺治六年 （1649年）	乾隆元年 （1736年）
		六备御总兵官	超品公			
		五备御总兵官	一等公	一等公	一等公	一等公
			二等公	二等公	二等公	二等公
			三等公	三等公	三等公	三等公
					一等侯	一等侯
					二等侯	二等侯
					三等侯	三等侯
					一等伯	一等伯
					二等伯	二等伯
					三等伯	三等伯
一等总兵官	一等总兵官	一等总兵官	一等昂邦章京	一等精奇尼哈番	一等精奇尼哈番	一等子
二等总兵官	二等总兵官	二等总兵官	二等昂邦章京	二等精奇尼哈番	二等精奇尼哈番	二等子
三等总兵官	三等总兵官	三等总兵官	三等昂邦章京	三等精奇尼哈番	三等精奇尼哈番	三等子
一等副将	一等副将	一等副将	一等梅勒章京	一等阿思哈尼哈番	一等阿思哈尼哈番	一等男

---

1 清代笔帖式是各部院衙门内的文书小官，情况不同，品级也不同，有七品、八品、九品和未入流等，所以各部的笔帖式并不是同一品级，表中便不注明品级了。另外，笔帖式作为文书，一般要在"堂上"以及各司、属工作，所以不能一概地列为堂官或者属官。

续表

天命五年（1620年）	天命八年（1623年）	天聪四年（1630年）	天聪八年（1634年）	顺治四年（1647年）	顺治六年（1649年）	乾隆元年（1736年）
二等副将	二等副将	二等副将	二等梅勒章京	二等阿思哈尼哈番	二等阿思哈尼哈番	二等男
三等副将	三等副将	三等副将	三等梅勒章京	三等阿思哈尼哈番	三等阿思哈尼哈番	三等男
一等参将	一等参将	一等参将	一等甲喇章京	一等阿达哈哈番	一等阿达哈哈番	一等轻车都尉
二等参将	二等参将	二等参将	二等甲喇章京	二等阿达哈哈番	二等阿达哈哈番	二等轻车都尉
三等参将	三等参将	三等参将				
一等游击	一等游击	一等游击				
二等游击	二等游击	二等游击				
三等游击	三等游击	三等游击	三等甲喇章京	三等阿达哈哈番	三等阿达哈哈番	三等轻车都尉
一等备御	一等备御	一等备御	牛录章京 一个半牛录章京	拜他喇布勒哈番	拜他喇布勒哈番	骑都尉
二等备御	二等备御	二等备御				
三等备御	三等备御	三等备御				
	半分备御	半分备御	半个牛录章京（半个前程）	拖沙喇哈番	拖沙喇哈番	云骑尉
						恩骑尉（阵亡恩赐七品官）

衙门深似海，老百姓不知道的官场重地

——京官上·中枢与行政衙门

接下来，我们给您具体讲解一下清代都有哪些重要的衙门，这些衙门都设有什么职官，以让您对清代职官设置有一个比较全面的了解。

不过，这里要先说明两点：其一，清代职官在清前期和清末期都有比较大的改变。比如说清初有议政五大臣、理事十大臣等设置，清末又有外务部、弼德院等新官制，我们这里主要是以清中叶的职官，也就是顺治到光绪时期的传统职官为主。其二，就算在传统职官系统里，同样的职官在不同时期的品级也有变化。比如说各部的侍郎，我们一般都把它认为是从二品的文官，其实它的品级经历过数次变化。清初时规定，满缺侍郎为文二品，汉缺侍郎为文三品。顺治十六年（1659年），满汉侍郎均改为文三品。康熙初年，短暂恢复满缺文二品汉缺文三品的旧例。到康熙九年（1670年），满汉侍郎均改为文正三品。最终在雍正八年（1730年），我们熟知的满汉侍郎文从二品才成为定例。限于篇幅，本文不可能把所有职官的品级沿革都仔细理清，一般均以乾隆朝制度定型后的品级来讲解。

对于穿越到清代的您来讲，职官可能是一个必须要了解但是了解起来又特别枯燥的事情。所以对于我们现在给您讲到的这些衙门和职官，您可以挑选着看，等具体遇到什么职官了，再回来查询就是。[1]

---

[1] 本节及之后几节均参考自《清史稿·职官》《清会典》《中国古代官僚政治制度研究》《清代国家机关考略》《杜家骥讲清代制度》等书籍。对于部门的分类有变动。如果读者想进一步了解官僚制度，可以阅读这些书籍。

中枢的决策、顾问与交接部门

决策部门

清代中枢的决策部门主要是议政王大臣会议、内阁和军机处,在不同时期,其职权也有所区别。

议政王大臣会议,也称"议政会议",有时也简称为"议政"。它直接继承自入关之前国中大事由诸贝勒会议的习惯。最开始的议政会议只允许一些重要的入八分的宗室王公参加,后来除宗室贵族之外,还允许一些八旗异姓大臣参加,也就是"议政王大臣"里面的"王"和"大臣"。具体在人选上,宗室内只允许拥有高级爵位的宗室参加,异姓大臣则多是满蒙八旗的大臣,汉军大臣相对较少,民人出身的大臣则基本无法参与。在入关之前和入关之初,国家重要事务多数都由议政王大臣会议决定,议政的王大臣地位之高无可置疑。从康熙朝开始,这个机构逐渐偏向于只决定重大军务,其日常政务则被交予内阁处理。到了雍正朝,军机处建立,重大军务多由军机处办理,议政王大臣会议越发流于形式,最终在乾隆五十六年(1791年)被完全裁撤掉。

议政王大臣会议的衙门是议政处,办公地点位于紫禁城太和门东侧昭德门东南廊内。其职官称"议政处行走"或"议政"。若由宗室王公出任,则称"议政王",若是异姓大臣,则称"议政大臣",均为差事,而并非职官。

清代内阁的前身叫作内三院。在入关前的天聪三年(1629年),太宗下令设立文馆,但是规模不大,只有备咨询的功能。天聪十年,文馆改为内三院,即内国史院、内秘书院和内弘文院。其中内国史院负责记注诏令、编纂史书、撰拟表章,内秘书院负责撰写外国往来书状、敕谕祭文,内弘文院则负责劝讲御前、侍讲皇子,等等。需要注意的是,这时内三院是没有内阁那样参与决策的职责。到了顺治十五年(1658年),在参考了明朝制度之后,内三院改称内阁,并且按照明代的格局改制,设置大学士等官职,其职掌也与明代相仿,开始正式参与国政。[1]

---

[1] 之后内阁在顺治十八年(1661年)改回内三院制度,又于康熙九年(1670年)再次实行内阁制度。

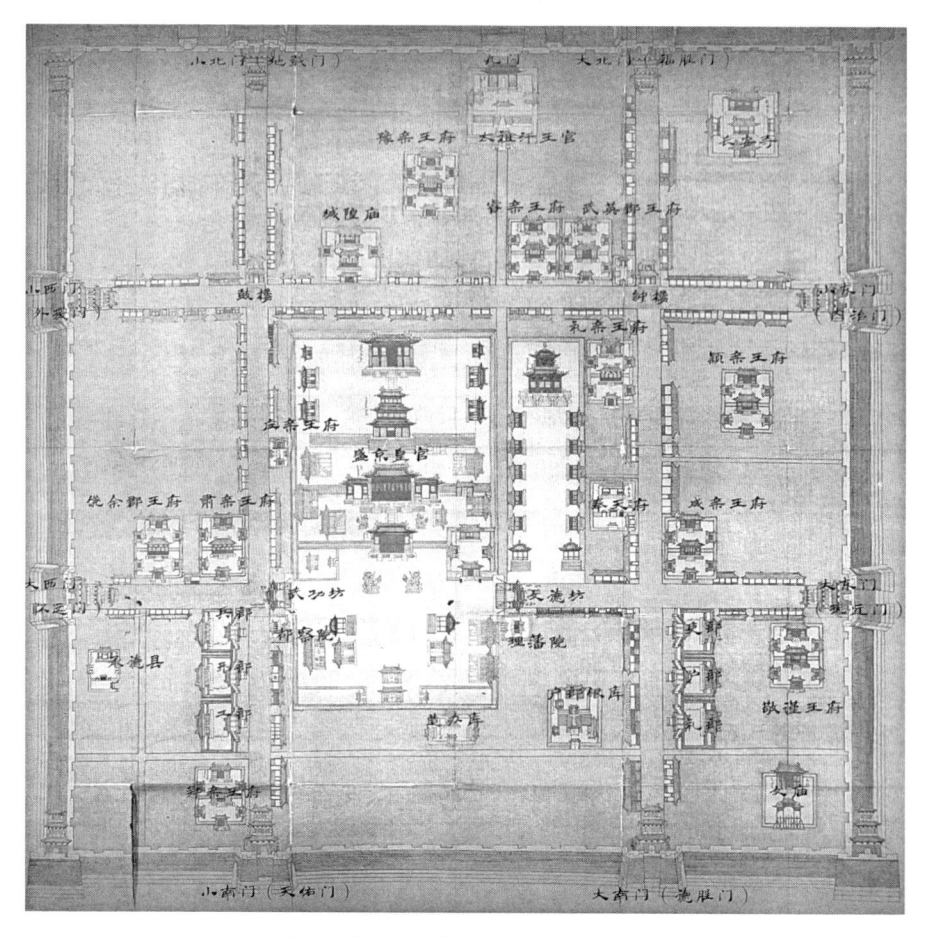

从《盛京城阙图》中可以看到六部的位置

到了雍正时期，设立了军机处，清代内阁的地位开始下降。根据《清史稿》的说法，由于雍正十年（1732年）用兵西北，为了方便军务，才设置了军机处。初期的军机处主要处理的是军事事务，以至于高宗乾隆帝继位初期认为当时军务不多，便撤销了军机处。乾隆二年（1737年），乾隆帝下令重设军机处，改为常设机构，其职责也扩大了不少，国家大事的章奏基本都下放到军机处，内阁反而逐渐成为走形式的机构。不过，军机处并没有完全取代内阁，一直是与内阁并存的。

内阁的衙门在紫禁城东南部，协和门外靠东南。其堂上职官，设有内阁大

军机处值房内景（光绪年间陈设）

学士、协办大学士等。另外，内阁属下有十二个小部门，其中五个是负责办理奏本的，分别是负责誊写核对满文的满本房，负责翻译满文的汉本房，负责翻译外藩奏章的蒙古本房，负责满票签记和撰文的满票签处，以及负责汉票签记和撰文的汉票签处。[1]另外七个部门则都是辅助部门，有负责收发、整理、收藏文稿的典籍厅，负责办理诰敕的诰敕房，负责每月催促各部交清文稿的稽查房，负责收纳朱批御旨的红本处，负责收发内阁官员饭银的饭银库，负责收纳题本副本的副本库，负责收发朱批御旨的批本处。这十二个小部门，除了诰敕

---

1 这里简单讲解一下清代题本交入的大概流程。清代题本分为京官的"部本"和地方官的"通本"。"部本"直接交到内阁的汉票签处，"通本"则由通政使司送往内阁汉本房记录，交给内阁满本房翻译之后，再交予汉票签处。汉票签处收到题本后，拟写票签（将数种供皇帝选择的处理意见写在票签上），交予满票签处翻译，再将题本以及满汉合璧的票签交予大学士们。大学士们确认检查无误，交予满汉票签处正式地写"票签"（之前是拟写），再送到内阁批本处进行登记，第二天由奏事处交予皇帝阅览。

101

房、稽查房、红本处、饭银库、副本库均为兼差外，其余的小部门都由不同的属官来办事。[1]比如说内阁一共有蒙缺侍读学士两位、侍读两位、中书十六位、帖写中书十六位，这些都是蒙古房的当差人员。

内阁大学士简称为"大学士"，尊称为"中堂""相国"，同期大学士中以一人居首，称"领班大学士"，尊称为"首揆"。其在不设"宰相"一职的清代，被认为是事实上的宰相。清代仿照明代，大学士俱加殿阁衔。清初有中和殿、保和殿、文华殿、武英殿、文渊阁、东阁六种，乾隆十三年（1748年）取消中和殿，换为体仁阁，自此"三殿三阁"形成定制，其中保和殿大学士地位最尊。协办大学士，尊称为"协揆"，名义上是大学士的副手，实际是因为大学士政务繁忙，且经常出差，所以设立协办大学士以辅助。

内阁职官

官职	品级	官缺	附注
内阁大学士	文正一品	满2，汉2	
协办大学士	文正一品	满1，汉1	
内阁学士	文从二品	满6，汉4	属官[2]
侍读学士	文从四品	满4，蒙2，汉2	属官
侍读	文正六品	满10，蒙2，汉军2，汉2	属官
典籍	文正七品	满2，汉军2，汉2	属官
中书	文正七品	满70，蒙16，汉军8，汉30	属官
帖写中书	文从七品	满40，蒙16	属官

军机处，全称"办理军机处"，其衙门位于紫禁城乾清门外西侧，隆宗门东北，军机章京值房则位于隆宗门东南。其官员只有军机大臣和军机章京两

---

[1] 清代部院官员可以大致分为堂官和属官两部分。堂官又叫"堂上"，是在本部院大堂工作的。属员根据情况也可以叫"司员"，是在本部院内部或兼辖的司或其他中、小部门里工作的。如内阁大学士，即是内阁的堂官，直接在内阁大堂工作。内阁学士有十缺，均在内阁属下的典籍厅工作。

[2] 清代不同官书对于官员的分类有所差别，有些衙门两分，有些衙门三分。两分即是在没有"司"的衙门内将官员分成主官和属官，三分即是在有"司"的衙门内将官员分成堂官、属官和首领官。也有的官书将官员三分为堂官、司官和属官。凡是有"司"的衙门，本书采用后一种名称，即将高级的堂上主官称为"堂官"，将部属各司的中级官员称为"司官"，将部属各小部门的低级文书杂务官称为"属官"。

兆惠为正黄旗满洲人，曾以笔帖式被选为军机章京

职，均为差事。军机大臣，也称为"军机大臣上行走"，俗称"大军机"，尊称"枢臣"，刚入职的时候还有"军机大臣上学习行走"之称。军机大臣无定额，少时三四人，多时十余人，他们内部有一个先后排序，一般是按照资历或者本官的大小来排列，其居首者称为"领班军机大臣"。在清代，原本仕至内阁大学士便被尊称为"相国"，有军机处之后，只有身兼军机大臣的内阁大学士，才是名副其实的"相国"，普通的内阁大学士则只称为"中堂"。军机章京，也称为"军机章京上行走"，俗称"小军机"，尊称"枢曹"，由内阁、六部、理藩院保送自己衙门内的中书、郎中、员外郎、主事、笔帖式等，由军机处考取，并引见皇帝，由皇帝任命。清代军机大臣的职责是讨论重大政务，商讨重大狱事，顾问重大军事。军机章京则负责满汉文本的事宜，略同于内阁中书。这些事项，原本均是内阁的职能，从这里也可以看出，为什么军机处有取代内阁的地方。

军机处职官

官职	品级	官缺	附注
军机大臣	原品	无定员	差事 满汉大学士、尚书、侍郎、京堂内钦选
军机章京	原品	无定额	差事 满以内阁中书、六部理藩院郎中、员外郎、主事、笔帖式充任 汉以中书、六部郎中、员外郎、主事等充任

顾问部门

清代中枢的顾问部门,主要有翰林院和詹事府。这两个部门均以"文事"作为名义上的职掌,事实上主要备皇帝咨询用。

清代翰林院也脱胎自清初的文馆、内三院,其中文馆、内三院议政的职能被内阁继承,文事顾问的职能则被翰林院继承。从制度上来说,翰林院的职能是负责撰写制诰、史册,同时"备天子顾问"。内阁虽然同样也要负责拟撰旨意,但是内阁主要起草旨意和敕命,翰林院则主要负责一些祭祀、封授的草拟,与内阁相比政治色彩弱一些。所以说到底,翰林院只能是"备天子顾问"而已。

清代翰林院的衙门位于天安门外靠东,兵部衙门的东侧。其职官分为翰林官和属官,经历过科举之路的您对这些职官应该都不陌生。至于属官,则是在翰林院属下的典簿厅和待诏厅当差的。点簿厅负责文件收发,管理吏员、差役以及保管图书,而待诏厅负责缮写、校勘事务。

翰林院职官

官职	品级	官缺	附注
掌院学士	文从二品	满1,汉1	从大学士、尚书、侍郎中钦选
侍读学士	文正四品	满2,汉3	
侍讲学士	文正四品	满2,汉3	
侍读	文从四品	满3,汉4	清中叶为文从五品
侍讲	文从四品	满3,汉4	清中叶为文从五品
修撰	文从五品	无定员	除清末外,均为文从六品
编修	文从五品	无定员	除清末外,均为文正七品

续表

官职	品级	官缺	附注
检讨	文从五品	无定员	除清末外，均为文从七品
庶吉士	视文七品	无定员	
主事	文从八品	满2，汉军1	属官
典簿	文从八品	满1，汉1	属官
孔目	满缺文从九品 汉缺未入流	满1，汉1	属官
待诏	文从九品	满2，汉2	属官
笔帖式		满40，汉军4	

另外，翰林在清初还与南书房有关。康熙十六年（1677年），康熙帝选调翰林进入乾清宫南书房当值，称"南书房行走"，这是一种差事。南书房行走本身是陪侍皇帝吟诗作画、谈论学问之臣，但是由于他们近于皇帝，故而能够参与决策，又因为其本是翰林的身份，故而可以直接拟旨。

与翰林职责相似的是詹事府。根据中原王朝的设官传统，詹事府是辅佐东宫的机构。但是自从康熙朝废太子之后，清代便在制度上不立太子，詹事府也就失去了自己原本的职能，只能偶尔与翰林院一起"备皇帝顾问"，实际上沦为给翰林官进行升转的场所。

清代詹事府的衙门位于天安门外靠东，翰林院衙门的东南侧。其职官分为詹事官和属官，詹事官只有詹事和少詹事两个，属官则是在詹事府属下的左、右春坊和司经局当差。原本按照制度，左、右春坊负责东宫讲读笺奏，司经局负责管理东宫图书，但是后来因为不设太子，所以职责就都没有意义了，成了专门供翰林官员升转的地方。

詹事府职官

官职	品级	官缺	附注
詹事	文正三品	满1，汉1	
少詹事	文正四品	满1，汉1	
左庶子	文正五品	满1，汉1	属官
右庶子	文正五品	满1，汉1	属官
左中允	文正六品	满1，汉1	属官

续表

官职	品级	官缺	附注
右中允	文正六品	满1，汉1	属官
左赞善	文从六品	满1，汉1	属官
右赞善	文从六品	满1，汉1	属官
司经局洗马	文从五品	满1，汉1	属官
主簿	文从七品	满1，汉1	属官
笔帖式		满6	

传递部门

清代中枢的交接部门主要有通政使司、奏事处、中书科和稽查钦奉上谕事件处。这四个部门都与中央决策过程中文件传递或督促执行有关。

清代规定，京官的题本通过奏事处、内阁交入，外官的题本则通过通政使司交入。所以通政使司负责接收外地各省的题本，初察其内容，并送往内阁，交入宫中。另外，清代通政使司还多了一条任务，即"洪疑大狱，偕部、院豫议"。这是由于清代"登闻鼓"由通政使司管理，故而"九卿会审"有通政使之席位。

通政使司衙门位于天安门外靠西，銮仪卫衙门的西侧。其职官为通政使、通政副使、参议等。其中通政使被尊称为"银台"。

通政使司职官

官职	品级	官缺	附注
通政使	文正三品	满1，汉1	
通政副使	文正四品	满1，汉1	
参议	文正五品	满1，汉1	
经历	文正七品	满1，汉1	属官
知事	文正七品	满1，汉1	属官
笔帖式		满6，汉军2	其中满汉各一掌刑狱

清代题本交入内阁之后，需要再由内阁交入宫中，而内阁并无经常出入内廷的权利，这里需要的就是奏事处。

奏事处，是负责内阁等处和宫中互相提交传送题本、奏本的。清代奏事处分内奏事处和外奏事处。内奏事处衙门在乾清门内西廊，月华门南，由太监负责。外奏事处衙门在乾清门外东侧，景运门西北，由大臣负责。其职官除了笔帖式外均为差事，以御前侍卫一名作为领班。

题本从通政使司或内阁由内外奏事处交入内廷，皇帝在内廷批示了处理办法，再由内外奏事处交出到军机处或内阁，下达各部院执行。之后来督促各部执行的是稽查钦奉上谕事件处。这个部门位于午门内靠东，协和门的南侧，负责稽查各部执行情况，每月记录未完成公务，并在年终汇奏。因为工作较少，所以除了笔帖式等文书工作之外，其余主官基本都是兼差。

奏事处职官

官职	品级	官缺	附注
管理大臣	原品	无定员	差事 从满汉大学士、各部堂官中钦选
委署主事	原品	满1	差事
行走司官	原品	汉4	差事 从吏、兵、刑、工四部司官中选补
笔帖式		40	
额外笔帖式		8	

最后则是中书科，它是专门负责缮写册、宝、诰和敕文的机构。清代册、宝、诰和敕属于最正式的公文，一般由内阁拟撰，交中书科缮写。其职官多称为"中书舍人"，惯例以两名内阁学士兼任。

中书科职官

官职	品级	官缺	附注
稽察科事内阁学士	原品	满1，汉1	差事 从内阁学士中选任
掌印中书	文从七品	满1	
掌科中书	文从七品	汉1	
中书	文从七品	满1，汉3	
笔帖式		10	

部院行政部门

清代的行政机构主要是各部院,其中"部"指六部。自隋代以来,六部就是主要的行政部门,清代也是如此。清代六部依次为吏、户、礼、兵、刑、工,分别管理人事、财政、礼仪、军事、刑名和工程。在六部中,从制度上来看,朝廷比较重视吏部、户部和兵部,经常各以一个大学士兼领,这是因为吏部掌管文官任用升迁,兵部掌管武官任用升迁,户部则是唯一的国家财政机关。不过,从整体来看,由于清代有军机处,吏部和兵部的权力已经逐渐削弱,户部反而成了最重要的部门,另外还有刑部,虽然权力很大,但是比较专业,所以不是很凸显。

清代人生动地"吐槽"六部的特点,说吏、户、礼、兵、刑、工六部可分别各给一字评语,即富、贵、贫、贱、威、武[1]。其中吏部对贵,因为吏部管理文官升迁,古人以选官为贵;户部对富,因为户部掌握财政大权;礼部对贫,因为礼部虽然文风最盛,福利待遇却是六部最差,官员最穷;兵部对武,因为兵部负责军事,同时掌管武官升迁;刑部对威,因为刑部掌天下刑名;工部对贱,是因为古人贱视工匠,认为匠人的职业猥琐[2],所以工部也被认为琐碎。

六部的职官比较相似,各部均设尚书满汉各一员,左、右侍郎满汉各一员,这六者被称为"堂官"。根据清代的制度,本部的奏章,六位堂官只要有一位不画押就不能递上,类似一种集体领导。另外,各部均设数个清吏司,简称为"司",负责具体的工作,其官员称为"司员",一般由"郎中""员外郎""主事"这三等职官组成。

清代另外还有一些其他的行政衙门,多称为"院",我们将这些"院"依照功能的不同,附在各部后面来讲。

吏部

吏部位于天安门外靠东,宗人府衙门的南侧,古称"天官",主要负责文

---

1 见何刚德:《春明梦录》。
2 这里的猥琐不是我们当代批评人形象庸俗的意思,而是指卑微,也指琐碎。

官的任免、升迁、审核和福利。其下设有四个清吏司：负责文官品级和选任升调工作的文选清吏司，负责文官奖励与处分工作的考功清吏司，负责文官档案以及守制[1]工作的稽勋清吏司，还有负责文官封爵、恤荫等工作的验封清吏司。除此之外，吏部属下还有清档房、汉本房、司务厅、督催所和当月处等机构，有的是兼差，有的则有自己的小职官。

吏部的主官是吏部尚书，尊称为"冢宰""太宰"，吏部侍郎则尊称为"少冢宰""小宰"。

吏部职官

官职	品级	官缺	附注
尚书	文从一品	满1，汉1	堂官
左侍郎	文从二品	满1，汉1	堂官
右侍郎	文从二品	满1，汉1	堂官
堂主事[1]	文正六品	满4，汉1	
郎中	文正五品	满9，蒙1，汉5	司官
员外郎	文从五品	宗室1，满8，蒙1，汉6	司官
主事	文正六品	宗室1，满4，蒙1，汉7	司官
司务	文正八品	满1，汉1	属官 司务厅当差
缮本笔帖式		12	
笔帖式		宗室1，满57，蒙4，汉军12	

户部

户部位于天安门外靠东，吏部衙门的南侧，古称"地官"，也称"农部"。主要负责全国的户籍、田亩和财政。户部职掌比较繁重，故而其下设有十四个清吏司，每个清吏司主要负责一个省或数个省的财政工作，同时还都负责一项其他方面的财政工作。这个其他方面的工作，是根据其省内工作的轻重来安排

---

1 守制，古人遇到尊亲的丧事需要回家守孝，称为守制。稽勋清吏司负责官员档案，实际上也负责官员户口变更等问题。
1 郎中、员外郎、主事，原本都是在各司工作的"司员"，但是各部院多数在堂官之下另设"堂郎中""堂主事"，作为尚书、侍郎的辅助人员，在"堂上"工作。有些类似今日的部长助理。

的，有的省本身地方上的财政工作不繁重，那么其他方面的工作就会重一些，反之亦然。除了十四个清吏司之外，户部属下还有井田科、八旗俸饷处、现审处、饭银处、捐纳房、内仓、南北档房、司务厅、督催所、当月处和监印处等机构，有的是兼差，有的则有自己的小职官。

户部十四清吏司

清吏司	负责地区	其他方面工作
江南清吏司	江南三布政司、江宁、苏州织造	处理各省平余、地丁未结者
浙江清吏司	浙江布政司、浙江织造	天下民数、谷数
江西清吏司	江西布政司	各省协饷
福建清吏司	直隶、福建两布政司	天津海税
湖广清吏司	湖北、湖南布政司	耗羡
山东清吏司	山东布政司、东北三省	八旗养廉、盐课
山西清吏司	山西布政司	各省岁入岁出之数
河南清吏司	河南布政司、察哈尔俸饷	贮藏户部朱批
陕西清吏司	陕西、甘肃布政司	茶法
四川清吏司	四川布政司	入官之款
广东清吏司	广东布政司	户差、本部汉官升任
广西清吏司	广西布政司	矿政、钱法
云南清吏司	云南布政司	漕政
贵州清吏司	贵州布政司	门关税、貂贡

因为户部的事务比较繁重，清吏司也比较多，所以官员数量自然也就多了不少。

户部清吏司职官

官职	品级	官缺	附注
尚书	文从一品	满1，汉1	堂官
左侍郎	文从二品	满1，汉1	堂官
右侍郎	文从二品	满1，汉1	堂官
堂主事	文正六品	满4，汉2	
郎中	文正五品	宗室1，满17，蒙1，汉14	司官
员外郎	文从五品	宗室2，满56，汉14	司官
主事	文正六品	宗室1，满14，蒙1，汉14	司官

续表

官职	品级	官缺	附注
司务	文正八品	满1，汉1	属官 司务厅当差
缮本笔帖式		满20	
笔帖式		宗室1，满100，蒙4，汉军16	

户部的主官是户部尚书，尊称为"大司徒""大司农"，户部侍郎则尊称为"少司农""小司徒"。

另外，户部名下还有几个重要的独立衙门，是钱法堂—宝泉局、三库和仓场。其中钱法堂是掌管铸造钱币的机构，户部的钱法堂下设有宝泉局，是铸造钱币的工厂，所铸的钱币是作为国家经费使用的。钱法堂和宝泉局的职官均由户部官员兼任。

三库，指的是户部的银库、缎匹库和颜料库，其下还设有档房，以记录库存。户部三库设有许多职官，基本都是满缺。清代中央部门管库的官员多是满缺，其中比较重要的一个原因就是官库基本都在北京城的内城里，根据旗民分治的生活居住习惯，任用旗人比较方便。

三库职官

官职	品级	官缺	附注
管理三库大臣	原品	满2，汉2	差事 由王大臣中钦派
郎中	文正五品	满3	各库当差
员外郎	文从五品	满6	各库当差
主事	文正六品	满1	档房当差
司库	文正七品	满5	各库当差
大使		满4	差事 各部司员兼任
笔帖式		满15	
库使	未入流	满26	各库当差

仓场，是负责漕粮储存和保管的，其长官为仓场侍郎，其余官员也都是兼差。

仓场职官

官职	品级	官缺	附注
仓场侍郎	原品	满2，汉2	差事 从王大臣中钦派

礼部及太常寺、光禄寺、鸿胪寺、国子监、钦天监

礼部位于天安门外靠东，户部衙门的南侧，古称"春官"，主要负责国家典礼、外交和教育。礼部设有四个清吏司：负责嘉礼、军礼和各省学校事务的仪制清吏司，又名典制清吏司；负责吉礼、凶礼和僧道事务的祠祭清吏司；负责宾礼、朝贡事务的主客清吏司；负责典礼宴席事务的精膳清吏司。除了四个清吏司之外，礼部还下设铸印局、会同四译馆、清档房、汉本房、司务厅、督催所、当月处、书籍库、板片库、南库、养廉处和地租处等机构，有的是兼差，有的则有自己的小职官。

礼部职官

官职	品级	官缺	附注
尚书	文从一品	满1，汉1	堂官
左侍郎	文从二品	满1，汉1	堂官
右侍郎	文从二品	满1，汉1	堂官
堂主事	文正六品	满3，汉军1	
郎中	文正五品	满6，蒙1，汉4	司官
员外郎	文从五品	宗室1，满9，蒙1，汉3	司官
主事	文正六品	宗室1，满3，蒙1，汉4	司官
大使		汉3	
司务		满1，汉1	属官 司务厅当差
缮本笔帖式		满20	
笔帖式		宗室1，满34，蒙2，汉军4	
堂子[1]尉	七品二人 八品六人	满8	

---

1 堂子是清代皇族进行萨满祭祀的场所。

礼部的主官是礼部尚书，尊称为"大宗伯"，礼部侍郎则尊称为"少宗伯""小宗伯"。

清代还有一些隶属礼部、与礼部的职能类似的部院，它们是太常寺、光禄寺、鸿胪寺、国子监和钦天监。

太常寺是中原王朝的传统职官机构之一。太常，在秦代称为"奉常"，属"九卿"之一，管理宗庙、祭礼。明代太常寺依然是"五寺"之一。清承明制，也设立太常寺，位于天安门外靠西，銮仪卫衙门的南侧，主要负责坛庙祭祀礼仪，是一个比较典型的闲曹。太常寺属下设有博士厅、典簿厅、工程处、寺库、祠祭署等机构，设有各种职官，都是辅助祭祀的，如赞礼郎是负责宣读祝文的，博士是考查制定祝文礼节的。

太常寺职官

官职	品级	官缺	附注
管理寺事大臣	原品	满1	差事 满礼部尚书兼
卿	文正三品	满1，汉1	
少卿	文正四品	满1，汉1	
寺丞	文正六品	满2，汉2	
赞礼郎	文正六品	宗室2，满26，汉28	
学习赞礼郎	文正九品	宗室6，满8	
读祝官	文正六品	宗室1，满10	
学习读祝官	文正九品	宗室3，满8	
博士	文正七品	满1，汉军1，汉1	属官 博士厅当差
典簿	文正七品	满1，汉1	属官 典簿厅当差
司库	文正七品	满1	属官 寺库当差
库使	文正九品	满2	属官 寺库当差
笔帖式		满9，汉军1	

光禄寺也是中原王朝的传统职官机构之一。光禄寺卿，在秦代称为"郎中

令",属"九卿"之一。光禄寺,管理宫殿门禁,属于侍卫体系,但是从南北朝开始,其职能就变成了掌管朝廷膳食,明代光禄寺依然是"五寺"之一。清承明制,也设立光禄寺,位于东华门外,主要负责典礼、祭祀中的宴席,也是一个比较典型的闲曹。光禄寺属下设有大官署、珍馐署、良酝署、掌醢署、典簿厅、督催所、当月处、银库和黄册房等机构。

光禄寺职官

官职	品级	官缺	附注
管理寺事大臣	原品	满1	差事 由大臣中特简
卿	文从三品	满1,汉1	
少卿	文正五品	满1,汉1	
典簿	文从七品	满1,汉1	属官 典簿厅当差
署正	文从六品	满4,汉4	属官 各署当差
署丞	文从七品	满8	属官 各署当差
司库	文正七品	满2	属官 银库当差
库使		满8	属官 银库当差
笔帖式		满18	

鸿胪寺,依然是中原王朝的传统职官机构之一。鸿胪寺卿,在秦代被称为"典客",属"九卿"之一。鸿胪寺管理四方少数民族,明代鸿胪寺依然是"五寺"之一。清承明制,也设立鸿胪寺,位于天安门外靠东,户部衙门的东侧,工部衙门的南侧。鸿胪寺,主要负责朝会礼节以及接待属国、外国官员,其中负责朝会礼节这个功能是明代增加的,朝会、祭祀上礼节的任何疏误,都由鸿胪寺来指出。清代鸿胪寺下设朝仪科、档房、启疏科、俸粮科等机构,并设有各种职官。其中鸣赞专门负责"赞唱",也就是在典礼仪式上充当司仪,序班专门负责排列百官朝班。

鸿胪寺职官

官职	品级	官缺	附注
管理寺事大臣	原品	满1	差事 满礼部尚书兼
卿	文正四品	满1，汉1	
少卿	文从五品	满1，汉1	
鸣赞	文从九品	满14，汉2	
学习鸣赞		满4	
序班	文从九品	汉4	
学习序班		汉8	
主簿	文从八品	满1，汉1	
笔帖式		满4	

国子监可以理解为是清代的最高学府，但是这个学府很少管理教学，主要负责考试事宜。国子监内有贡生和监生，在科举那一章中我们具体讲过。清代国子监位于内城东北成贤街北侧，属下设有负责制定学习计划的绳愆厅、负责考查课业的博士厅、负责文案的典簿厅、负责保存书籍版片的典籍厅、办理文书的档子房、给学生发放助学金的钱粮处，以及作为贡生、监生学习之所的六堂，另外还有类似六堂的南学、八旗官学和算学，均为某种特殊学生的学习之所。

国子监职官

官职	品级	官缺	附注
管理监事大臣	原品	1	差事 钦派大臣兼管
祭酒	文从四品	满1，汉1	
司业	文正六品	满1，蒙1，汉1	
监丞	文正七品	满1，汉1	属官 绳愆厅当差
博士	文从七品	满1，汉1	属官 博士厅当差
典簿	文从七品	满1，汉1	属官 典簿厅当差

115

续表

官职	品级	官缺	附注
典籍	文从八品	汉1	属官 典籍厅当差
笔帖式		满4，蒙2，汉军2	

钦天监，是负责观察天象、制定历法的机构。这也是一个相当有历史的部门，但是其职务太过于专业化，所以"出场率"不是很高。清代钦天监位于天安门外靠东，鸿胪寺衙门的南侧，属下设有负责编制时宪书、推测月食的时宪科，负责观察天象、流星的天文科，负责报时报更、选择吉时和勘测地势凶吉的漏刻科，以及主簿厅等机构。

钦天监职官

官职	品级	官缺	附注
管理监事王大臣	原品	1	差事 由诸王大臣中钦派
监正	文正五品	满1，汉1	
左监副	文正六品	满1，汉1	道光六年（1826年）之前可用西洋人
右监副	文正六品	满1，汉1	道光六年之前可用西洋人
五官正	文从六品	满2，蒙2，汉军1，汉6	属官 时宪科当差
五官司书	文正九品	汉1	属官 时宪科当差
博士	文从九品	满4，蒙2，汉军1，汉16	属官 时宪科当差
五官灵台郎	文从七品	满2，蒙1，汉军1，汉4	属官 天文科当差
五官监候	文正九品	汉1	属官 天文科当差
博士	文从九品	汉2	属官 天文科当差
挈壶正	文从八品	满1，蒙1，汉2	属官 漏刻科当差

续表

官职	品级	官缺	附注
司晨	文从九品	汉军1	属官 漏刻科当差
博士	文从九品	汉军1，汉7	属官 漏刻科当差
主簿	文正八品	满1，汉1	属官 主簿厅当差
笔帖式		满11，蒙4，汉2	

兵部及太仆寺

兵部位于天安门外靠东，宗人府衙门的东侧，古称"夏官"。主要负责武官的任免、升迁以及全国军事。兵部设有四个清吏司：负责武官品级升调的武选清吏司，负责武官奖励处罚考核的职方清吏司，负责全国马政及文书传递工作的车驾清吏司，负责全国军队户籍、军器以及武科举的武库清吏司。除此之外，兵部还下设会同馆、捷报处、满档房、汉本房、司务厅、督催所和当月处等机构，有的是兼差，有的则有自己的小职官。

兵部的主官是兵部尚书，尊称为"大司马"，兵部侍郎则尊称为"少司马""小司马"。

兵部职官

官职	品级	官缺	附注
尚书	文从一品	满1，汉1	堂官
左侍郎	文从二品	满1，汉1	堂官
右侍郎	文从二品	满1，汉1	堂官
堂主事	文正六品	满4，汉军1	
郎中	文正五品	宗室1，满11，蒙1，汉5	司官
员外郎	文从五品	宗室1，满9，蒙1，汉3	司官
主事	文正六品	满4，蒙1，汉5	司官
司务	文正八品	满1，汉1	属员 司务厅当差
缮本笔帖式		满15	

续表

官职	品级	官缺	附注
笔帖式		满62，蒙8，汉军8	

清代还有一个衙门与兵部的职能类似，这就是太仆寺。

太仆寺，是中原王朝的传统职官机构之一。太仆寺卿，在秦代称为"太仆"，属"九卿"之一。太仆寺，负责管理皇帝舆马和马政。明代太仆寺依然是"五寺"之一，清承明制，也设立太仆寺，位于天安门外靠东，詹事府衙门的东南侧。由于清代马政归属兵部管理，所以太仆寺就只剩下了管理皇帝舆马这个职能，被视为侍卫体系之一。根据清代制度，凡遇皇帝出巡的场合，太仆寺卿与少卿必须随扈，以管理车驾驼马。清代太仆寺属下设有左司、右司、主簿厅以及边外各处马场。除了在京的文官之外，在各个马场还设有牧长、牧副、牧丁等官职，配有官兵，有总管、翼长、协领、防御、骁骑校和护军校等军官。

太仆寺职官

官职	品级	官缺	附注
管理寺事大臣	原品	满1	差事 从大臣中钦派 嘉庆十三年（1808年）停派
卿	文从三品	满1，汉1	
少卿	文正五品	满1，汉1	
员外郎	文从五品	满2，汉2	司官
主事	文正六品	满2，汉2	司官
主簿	文从八品	满1	属官 主簿厅当差
笔帖式		满16	

刑部及大理寺、都察院

刑部位于天安门外靠西，都察院衙门南侧，古称"秋官"。主要负责全国的刑名工作。刑部和户部类似，职掌繁重，故而其下设十七个清吏司，每个清吏司主要负责一个省和一些特殊方面的刑罚工作，所以其职官也是六部里最多的。除此之外，刑部还下设秋审处、减等处、律例馆、提牢厅、赃罚库、赎罪处、饭银处、清档房、汉档房、司务厅、督催所和当月处等机构，有的是兼差，有的则有自己的小职官。

刑部十七清吏司

刑部清吏司	负责方面
江苏清吏司	江苏省、各省减免之案
浙江清吏司	浙江省、都察院
江西清吏司	江西省、正黄旗、西直门
福建清吏司	福建省、镶蓝旗、阜成门
湖广清吏司	湖北省、湖南省
山东清吏司	山东省、兵部、太仆寺
山西清吏司	山西省、察哈尔右翼、军机处、内阁、翰林院、詹事府、内务府、镶白旗、崇文门
河南清吏司	河南省、礼部、太常寺、光禄寺、国子监、鸿胪寺、钦天监、太医院、正红旗、德胜门
陕西清吏司	陕西省、甘肃省、大理寺
四川清吏司	四川省、工部
广东清吏司	广东省、銮舆卫、正白旗、安定门
广西清吏司	广西省、通政司
云南清吏司	云南省、镶黄旗、东直门
贵州清吏司	贵州省、吏部、正蓝旗、朝阳门
直隶清吏司	直隶省、察哈尔左翼
奉天清吏司	奉天省、吉林省、黑龙江省、宗人府、理藩院
安徽清吏司	安徽省、镶红旗、宣武门
督捕清吏司	八旗及各省逃亡

刑部清吏司职官

官职	品级	官缺	附注
尚书	文从一品	满1，汉1	堂官
左侍郎	文从二品	满1，汉1	堂官
右侍郎	文从二品	满1，汉1	堂官
堂主事	文正六品	满5，汉军1	
郎中	文正五品	宗室1，满16，蒙1，汉20	司官
员外郎	文从五品	宗室2，满24，蒙1，汉19	司官

续表

官职	品级	官缺	附注
主事	文正六品	宗室1，满16，蒙1，汉18	司官
司务	文正八品	满1 汉1	属官 司务厅当差
司狱		6	属官 刑部狱当差
司库		满1	属官 赃罚库当差
库使		满2	属官 赃罚库当差
缮本笔帖式		满40	
笔帖式		宗室1，满103，蒙4，汉军15	

刑部的主官是刑部尚书，尊称为"大司寇"，刑部侍郎则尊称为"少司寇""小司寇"。

清代还有两个衙门与刑部的职能类似，就是大理寺和都察院。清代死刑案件，要三法司会同审理，这三法司即是刑部、都察院以及大理寺。外省案件在每年八月间办理，称为"秋审"，霜降之后办理京城案件，称为"朝审"，都要会同九卿、詹事和科道集议，这里的九卿指的是六部尚书、都察院左都御史、通政使和大理寺卿。

大理寺，是中原王朝的传统职官机构之一。大理寺卿，在秦代称为"廷尉"，属"九卿"之一。大理寺，管理刑罚，本身有类似法院的功能。明代大理寺依然是"五寺"之一。当时的司法体系，刑部负责统管天下刑名，都察院负责纠察，大理寺负责驳正。不过后来这种驳正的权力逐渐减弱，明中后期已经不大凸显了。到了清代，清承明制，也设立大理寺，位于天安门外靠西，刑部衙门南侧。但是，清代审问完全由刑部处理，大理寺在司法体系之中只负责审核案牍，成了彻底的监察机构。清代大理寺下分左寺、右寺，两寺按照地方来划分职权，如右寺负责顺天府一部分州县、直隶省一部分州县、山西、河南、江西、福建、湖北、湖南、陕西、甘肃、广西和云南的刑名案件，以及宗人府、内阁、兵部、刑部、工部、通政使司、翰林院、詹事府、国子监、鸿胪寺和顺天府等衙门咨办事件。除此之外，大理寺还下设档房和司务厅。

大理寺职官

官职	品级	官缺	附注
卿	文正三品	满1，汉1	
少卿	文正四品	满1，汉1	
堂评事	文正七品	满1	
司务	文从八品	满1，汉1	属官 司务厅当差
左寺丞	文正六品	满1，汉军1，汉1	司官
右寺丞	文正六品	满1，汉军1，汉1	司官
左评事	文正七品	汉1	司官
右评事	文正七品	汉1	司官
笔帖式		满4，汉军2	

都察院位于天安门外靠西，太常寺衙门的南侧，刑部衙门的北侧，古称"御史台"。主要负责的是"整纲纪"，"凡政事得失，官方邪正，有关于国计民生之大利害者，皆得言之"，故而被称为"朝廷耳目"，也就是所谓的"言官"。清代都察院以"道"为单位来进行监察，共有十五个"道"，每一道负责数项监察内容。另外设有掌管文件出纳的经历厅和都事厅，还有值月处和督催所等机构。

都察院十五道

监察道	负责方面
京畿道	京畿、部院、直隶、盛京、刑名、内阁、顺天府、大兴、宛平
江西道	江西省、光禄寺
浙江道	浙江省、礼部、本院
福建道	福建省、太常寺
湖广道	湖北、湖南两省、通政使司、国子监
河南道	河南省、部院诸司、吏部、詹事府、步军统领、五城
山西道	山西省、兵部、翰林院、六科、中书科、仓场
陕西道	陕西省、工部、宝源局、在京工程
江南道	江南三省、户部、宝泉局、左右翼、京仓、漕运、三库
山东道	山东省、刑部、太医院、河道
四川道	四川省、銮仪卫
广东道	广东省、大理寺

续表

监察道	负责方面
广西道	广西省、太仆寺
云南道	云南省、理藩院、钦天监
贵州道	贵州省、鸿胪寺

清代都察院设有都御史，分左右。其中左官在京，为都察院的领导，左都御史尊称为"总宪""宪台"，左副都御使则尊称为"副宪"。至于右都御史、右副都御史则成为总督、巡抚的加衔，象征着他们拥有弹劾地方的权力。另外，其下属还有"科道"，"道"即是上面的十五个监察道，"科"则指的是六科给事中。

都察院六科

六科	负责方面
吏科	吏部、顺天府
户科	户部
礼科	礼部、宗人府、理藩院、太常寺、光禄寺、鸿胪寺、国子监、钦天监
兵科	兵部、銮舆卫、太仆寺
刑科	刑部
工科	工部

六科给事中的主要职责是"传达纶音"和"稽考庶政"，清代内阁将本章进呈御批之后，六科要前往内阁，各科将相对应部门的本章用满、汉文抄写，交给其部。如果内阁的奏本有错误，部院理事混乱，六科也有权力驳正。六科在明代和都察院并立，清代则在雍正元年（1723年）将六科归入都察院隶属，在午门外设有专门的值房。

六科职官

官职	品级	官缺	附注
左都御史	文从一品	满1，汉1	
左副都御史	文正三品	满1，汉1	
经历	文正六品	满1，汉1	属官 经历厅当差
都事	文正六品	满1，汉1	属官 都事厅当差

续表

官职	品级	官缺	附注
笔帖式		满42	两厅当差
掌印给事中	文正四品	满6，汉6	六科
给事中	文正五品	满6，汉6	六科
笔帖式		满80	六科当差
掌印监察御史	文正三品	满15，汉15	十五道
监察御史	文从五品	满13，汉13	十五道
笔帖式		满32	十五道当差

工部

工部位于天安门外靠东，兵部衙门的南侧，古称"冬官"。主要负责全国的工程事务。其下设有四个清吏司：负责营建工程的营缮清吏司，负责制造器物的虞衡清吏司，负责河渠水利和造船工程的都水清吏司，以及负责帝后陵寝的屯田清吏司。除此之外，工部属下还有制造库、节慎库、料估所、清档房、汉档房、黄档房、司务厅、督催所、当月处和饭银处等机构，有的是兼差，有的则有自己的小职官。

工部职官

官职	品级	官缺	附注
尚书	文从一品	满1，汉1	堂官
左侍郎	文从二品	满1，汉1	堂官
右侍郎	文从二品	满1，汉1	堂官
堂主事	文正六品	满3，汉军1	
郎中	文正五品	满18，蒙1，汉5	司官
员外郎	文从五品	宗室1，满19，蒙1，汉4	司官
主事	文正六品	宗室1，满11，蒙1，汉8	司官
司务	文正八品	满1，汉1	属官 司务厅当差
司库		满4	属官 各库当差
司匠		满2	属官

123

续表

官职	品级	官缺	附注
库使		满31	属官 各库当差
缮本笔帖式		满洲10	
笔帖式		宗室1，满85，蒙2，汉军10	

工部的主官是工部尚书，尊称为"大司空"，工部侍郎则尊称为"少司空""小司空"。

另外，工部属下还有工部自己的钱法堂，以及钱法堂之下的宝源局。其设置与户部的宝泉局相仿。户部宝泉局所铸钱币是为了用于国家政务，而工部宝源局铸造钱币是为了国家工程。

理藩院

在六部之外，清代还有一个特殊的部院——理藩院，与六部平级。

理藩院，位于天安门外靠东，翰林院衙门的东北侧，负责管理少数民族事务，主要是负责内外蒙古、回部和喇嘛事务，同时还掌管和俄罗斯交涉的事务。清代理藩院其下设有六个清吏司：负责内札萨克划地、封爵、袭爵、户口等事务的旗籍清吏司，负责内札萨克俸禄、朝贡等事务的王会清吏司，负责外札萨克划地、封爵、袭爵、户口并且兼管喇嘛等事务的典属清吏司，负责外札萨克以及喇嘛俸禄、朝贡等事务的柔远清吏司，负责新疆回部事务的徕远清吏司，以及负责蒙古人刑名的理刑清吏司。除此之外，理藩院属下还设有满档房、汉档房、蒙古房、司务厅、当月处、督催所、银库和饭银处等机构。

清代理藩院的职官基本仿照六部设立，但是选官只用旗人，不用民人。这是清代理藩院的特点之一。

清代理藩院职官

官职	品级	官缺	附注
管理院务大臣	原品	满1	堂官　差事 可由大学士兼

续表

官职	品级	官缺	附注
尚书	文从一品	满1	堂官
左侍郎	文从二品	满1	堂官
右侍郎	文从二品	满1	堂官
额外侍郎	文从二品	蒙1	堂官 可由蒙古贝勒、贝子兼
堂主事	文正六品	满1，汉军1	
郎中	文正五品	宗室1，满3，蒙8	司官
员外郎	文从五品	宗室1，满10，蒙24	司官
主事	文正六品	满2，蒙8	司官
司库		满1	属官 各库当差
库使		满2	属官 各库当差
司务	文正八品	满1，蒙1	属官 司务厅当差
笔帖式		满洲34，蒙55，汉军6	

盛京五部

清代仿照明代以南京为陪都并设立南京六部的制度，视故都盛京（沈阳）为陪都，在盛京设立了盛京五部，之所以未设吏部，是因为吏部事务由京城吏部统一管理。盛京五部各部都没有尚书，只有一个侍郎，属下也分司，但是司的建制和关内不同。如盛京户部，只有三个司，经会、粮储和农田。司员也用郎中、主事和员外郎，属员和文员也用笔帖式等。因为地处盛京，所以官缺基本上都是旗缺。一般来讲，盛京五部事务不重，权限也不大，被视为旗人官员升转的一种手段。下面我们简单介绍一下盛京五部。

盛京户部掌管盛京财赋，内有三个司：负责本省官员俸银的经会司，负责俸米口粮的粮储司和负责开垦收税的农田司，另外还有银库、内仓等部门。

盛京户部职官

官职	品级	官缺	附注
侍郎	文从二品	满1	堂官
堂主事	文正六品	满1	
郎中	文正五品	满3	司官
掌关防郎中	文正五品	满1	司官
员外郎	文从五品	满6	司官
主事	文正六品	满5	司官
副关防		满1	司官
司库		满2	属官 各库当差
笔帖式		满21,汉军2	

盛京礼部负责盛京地区的朝祭，内有两个司：左司和右司。

盛京礼部职官

官职	品级	官缺	附注
侍郎	文从二品	满1	堂官
堂主事	文正六品	满1	
郎中	文正五品	满2	司官
员外郎	文从五品	满4	司官
读祝官	文正六品	满8	
赞礼郎	文正六品	满16	
笔帖式		满10	

盛京兵部负责盛京一省军事、邮传、武职铨选、兵马器械，内有两个司：左司和右司。

盛京兵部职官

官职	品级	官缺	附注
侍郎	文从二品	满1	堂官
堂主事	文正六品	满2	
郎中	文正五品	满2	司官
员外郎	文从五品	满4	司官
主事	文正六品	满2	司官
笔帖式		满12	

盛京刑部负责审理盛京旗人和边外蒙古的刑名案件，内有四个司：肃纪前司、肃纪后司、肃纪左司和肃纪右司。另外还有银库等部门。

盛京刑部职官

官职	品级	官缺	附注
侍郎	文从二品	满1	堂官
堂主事	文正六品	满1，汉军1	
郎中	文正五品	满4	司官
员外郎	文从五品	满6	司官
主事	文正六品	满4，蒙2	司官
司狱		满1，汉军1	属官 盛京狱当差
司库		满1	属官 各库当差
库使		满2	属官 各库当差
笔帖式		满23，蒙2，汉军5	

盛京工部负责盛京地方的营建工程，内设两个司：左司和右司。另外还有银库、火药库和秫秸厂等部门。

盛京工部职官

官职	品级	官缺	附注
侍郎	文从二品	满1	堂官
堂主事	文正六品	满2	
郎中	文正五品	满2	司官
员外郎	文从五品	满5	司官
主事	文正六品	满2	司官
四品官	文四品	满2	司员 负责监造砖瓦
六品官	文六品	满2	司员 负责供应陵寝、大政殿
司库		满2	属官 各库当差
笔帖式		满16，汉军1	

好了，讲了这么多，您一定也累了。休息一下，我们再来了解皇室生活部门。

衙门深似海，老百姓不知道的官场重地

——京官下·皇室相关部门

在封建朝代的职官设置中，通常是"家国不分"的，也就是说皇室自己的家庭、家族事务以及护卫系统也都和国家公务人员一同算作职官，清代也直接继承了这种设置。而将皇室相关部门单独分列出来是近现代研究职官的做法，而且归纳得越来越细致。以前学术界笼统地把宗人府和内务府归纳为皇室部门，现在我们将侍卫体系、太医院等也归纳进来，将其细分为侍卫体系、医疗体系、皇族事务体系和内廷事务体系四个体系。

侍卫体系

所谓侍卫体系，即皇帝的随扈、护卫部门。清代侍卫体系的核心即是侍卫处，另外还有銮仪卫、尚虞备用处、虎枪营和善扑营等部门，也有类似的职能。

侍卫处，也称"领侍卫处""领侍卫府"，是清代侍卫体系的核心，继承自八旗侍卫体系，负责保卫宫廷、护卫皇帝。清代侍卫处没有具体的衙门，而是分散在各处。乾清门内外、太和门外，均有侍卫值房，而太和门外、昭德门东南方则有侍卫档房。

侍卫处职官

官职	品级	官缺	附注
御前大臣	原品	无定员	差事 由王公大臣内特选

续表

官职	品级	官缺	附注
领侍卫内大臣	武正一品	满6	分上三旗
内大臣	武从一品	满6	分上三旗
散秩大臣	武从二品衔 排一品班次 食三品俸	无定员	
协理事务侍卫班领	原品	满12	差事 档房当差由侍卫班领、委署班领、什长中选中
主事	文正六品	满1	档房当差
委署主事		满3	档房当差
笔帖式		满12	档房当差
贴写笔帖式		满15	档房当差
侍卫班领	原品	满12	差事 由侍卫中钦选
侍卫委署班领	原品	满24	差事 由侍卫中钦选
侍卫什长	原品	宗室9，满60	差事 由侍卫中钦选
一等侍卫	武正三品	宗室9，满60，汉无定员	
二等侍卫	武正四品	宗室18，满150，汉无定员	
三等侍卫	武正五品	宗室63，满270，汉无定员	
蓝翎侍卫	武正六品	满90，汉无定员	

侍卫处制度上最高的职官是领侍卫内大臣和内大臣，分别是正一品和从一品的武职，通常是由勋旧大臣[1]出任。因为清代侍卫本身由八旗侍卫发展而来，皇帝亲领的旗是上三旗，其侍卫自然也应该是上三旗旗人，所以传统上领侍

---

1 即世袭的世爵或宗室、蒙古王公，也就是"贵族"。

内大臣和内大臣都必须是上三旗旗人出身，如领侍卫内大臣有六缺，即是镶黄旗两缺、正黄旗两缺、正白旗两缺。不过从康熙朝以来，皇帝成了八旗事实上的共主，宗室王公都在下五旗，而且下五旗里也一样有勋旧世爵，后来便规定他们也可以出任领侍卫内大臣和内大臣，只不过名义上要算作在上三旗当差。比如说让一位正红旗满洲的公爵出任正黄旗的领侍卫内大臣，那么这位正红旗的公爵就要暂时算作正黄旗官员。御前大臣是个差事，负责御前、内廷各项事宜，所以基本是由宗室王公出任。散秩大臣又算是差事又算是职官，多数由勋旧大臣出任，所以它的品级多数没有什么用处。[1]至于普通侍卫，虽然侍卫这个工作听起来很普通，但是品级并不低，最差的蓝翎侍卫也是正六品，和部院主事是平级的。能够出任侍卫，一向被旗人视为光荣，一般只有出身好或者武艺出众者才有可能选上。至于汉侍卫，则大多是从武进士中挑选的。

　　清代侍卫除了等级之外，还有各种名目。如侍卫班领、侍卫委署班领、侍卫什长等名目，均是从侍卫内选出，用来管理侍卫的，有些类似"中队长"和"小队

蒙古将领阿玉锡，曾因立有战功，被特授为散秩大臣，列入平准五十功臣之中。

---

[1] 因为勋旧大臣的品级一般都高于他的武从二品衔。目前关于散秩大臣一职还存在不少疑问，有待进一步研究。

长"的概念。另外，侍卫还按照当差地点不同，分成御前侍卫、乾清门侍卫和大门侍卫等名目，御前侍卫就是在皇帝身边侍卫的，乾清门侍卫是在乾清门当差，大门侍卫则是在午门当差，以御前侍卫最为荣耀，多数都是勋旧贵戚出任。

另外，清代还有一个亲军营，附属于侍卫处，这个等我们讲到八旗职官时再讲。

銮仪卫，旧名"锦衣卫"，清末避讳宣统帝的"仪"字更名为銮舆卫，其衙门位于天安门外靠西，太常寺衙门的北侧，主要负责皇帝车驾仪仗，跟随皇帝出行。銮仪卫内部设有六个"所"和一个"卫"，为左所、右所、中所、前所、后所、驯象所和旗手卫，各有职责。具体的，左所负责舆、辇，右所负责伞盖以及刀戟等武器，中所负责麾氅、幡幢，前所负责扇垆、瓶盂和品级山，后所负责旗爪、吾仗，驯象所负责仪象、骑驾、卤簿和前部大乐，旗手卫负责金钲、鼓角和铙歌大乐。另外还设有经历厅。

銮仪卫职官

官职	品级	官缺	附注
掌卫事大臣	原品	1	差事 满蒙王公大臣兼
銮舆使	武正二品	满2，汉军1	
堂主事	文正六品	满1	
冠军使	武正三品	宗室1，满7，汉军7	各卫所当差
云麾使	武正四品	宗室2，满18，汉军18	各卫所当差
治宜正	武正五品	宗室3，满29，汉军29	各卫所当差
整宜尉	武正六品	宗室3，满23，汉军23	各卫所当差
侍卫	原品	无定员	侍卫处侍卫兼任
鸣赞官	原品	满4	兼任 太常寺、鸿胪寺赞礼郎、鸣赞官兼
学习鸣赞官	原品	满2	
经历	文正七品	汉1	经历厅当差
笔帖式		满7，汉军3	

这里需要说明的是，銮仪卫的武官虽然有宗室、满洲和汉军三种缺，但是

实际上宗室和满洲人员受优待，可以负责紧要的差事，而汉军人员则只能负责距离皇帝比较远的差事。不过汉军旗人一般都很珍视銮仪卫的职官，毕竟是少有的汉军缺较多的衙门，适合汉军人士进行升转。

另外，清代銮仪卫被算入侍卫体系内的一个重要原因，就是清代侍卫处官员和銮仪卫官员有重合。清代规定，銮仪使由冠军使和一等侍卫之中简选，冠军使从云麾使中简选，云麾使从治仪正和三等侍卫中简选，治仪正则从整仪卫和蓝翎侍卫中简选。可以看出两个部门的职官升转关系十分密切。

尚虞备用处，又叫上虞备用处，不过大家更熟悉的称呼是"粘杆处"。在官方定义上，尚虞备用处是负责随侍皇帝捕鸟、钓鱼的，也属于护卫系统之一。在一些现代小说中经常把粘杆处形容成一个很神秘的地方，实际上早在顺治年间就已有粘杆处了，其职责也并不神秘，基本与侍卫工作类似，皇帝在宫内时负责宿卫工作，皇帝出宫时负责随扈。

尚虞备用处职官

官职	品级	官缺	附注
管理大臣	原品	无定员	差事从满蒙王公、大臣中钦选
协理事务头等侍卫	原品	满1	
粘杆长头等侍卫	原品	满1	由协理事务头等侍卫兼任（一人）
二等侍卫	原品	满3	
三等侍卫	武正五品	满21	
蓝翎侍卫	武正六品	满15	
笔帖式		满3	
粘杆拜唐阿		满40	
备网拜唐阿		满12	

这里的拜唐阿是一种没有品级的办事员，清代挑选中高级官员子弟充任为拜唐阿，其中以旗人为主，目的是从小当差训练，之后升为侍卫，走进仕途。

虎枪营，又叫三旗虎枪营，负责扈从皇帝围猎，捕杀虎豹猛兽。清初的皇帝经常有围猎活动，这时即由这些虎枪兵随扈，协助皇帝猎杀虎豹，并且守护皇帝的行营。清中后期的皇帝围猎少了，虎枪营的职责也就变成了普通的护卫工作。清代虎枪营属下有印务处、档案库以及账房库，各设有一些小官。

虎枪营职官

官职	品级	官缺	附注
总统（统领）	原品	无定员	差事 从满蒙王公、大臣中钦选
虎枪总领	原品	6	上三旗，每旗2人 于一品至五品大臣、官员内特简，或由总统选拟引荐补用
虎枪长		21	上三旗，每旗7人
虎枪副长		21	上三旗，每旗7人
虎枪校		21	上三旗，每旗7人
委署虎枪校		21	上三旗，每旗7人
虎枪兵		480	上三旗，每旗160人
学习虎枪兵		120	上三旗，每旗40人
笔帖式		6	上三旗，每旗2人

善扑营，是负责演习摔跤、射箭、骗马等技艺的特殊营。清代规定，每年十月，皇帝要到瀛台观赏善扑技艺。御试武进士的时候，要让善扑营的人员与武进士较射比试。若筵宴蒙古王公，则要由善扑营表演技艺。皇帝出行，则要随扈护卫。善扑营内部分为左翼和右翼两部分，分别由官员管理，其机构则称为善扑处，官员基本是旗人。

善扑营职官

官职	品级	官缺	附注
总统大臣	原品	无定员	差事 从都统、前锋统领、护军统领、副都统中钦选
翼长		6	左右各三
笔帖式		6	
蓝翎侍卫		3	以善扑、勇射、骗马优等之人充任
教习		24	
善扑人		200	

续表

官职	品级	官缺	附注
勇射人		50	
骟马人		50	
拜唐阿		54	

除了这些之外，清代侍卫体系内还有一些机构，如养鹰狗处、御鸟枪处和向导处等，都是比较细碎的小机构，这里不给您细讲了。

医疗体系——太医院

太医院，位于天安门外靠东，钦天监衙门的南侧，并在宫内有值房，是皇宫的医疗机构，负责皇室的医疗事务，同时也在皇室的授意之下，给王公大臣乃至于京师民众看病。

清代太医院内设有御医、吏目和医士等医官，各专一科。其科目设置，主要有大方脉、小方脉、伤寒科、妇人科、疮疡科、针灸科、眼科、咽喉科和正骨科等。平时各科的医官分科值班，以备召唤。其下设药库和教习厅。

太医院职官

官职	品级	官缺	附注
管理院务王大臣	原品	1	差事 由王公大臣中钦选
院使	文正四品	汉1	
左院判	文正五品	汉1	
右院判	文正五品	汉1	
御医	文正六品	汉13	
吏目	文正七品或文正八品	汉26	
医士	文从九品	汉20	
医员		汉20	
医生		汉30	

在一些小说中，太医院的医生经常做一些"下毒""堕胎"之类的"阴招损

事"，实际上在清代的制度下，医官想要做这种事情是十分困难的。医官要分科看病，并非所有科都由一位医官诊看，一个科内也有数位医官，不一定一直都是由一位医官看诊。而且清代为帝后这个等级的重要人士看病，有专门的制度。在御药房取药时，需医官与太监联合签名，并开具奏本，写明药方以及药性治症，交帝后阅看之后存档。煎药时，医官与太监一同监视，取两服药一同煎出，分成两份，由御医、院判与太监尝一份，由患病帝后用一份。在这样的层层制度之下，医官想要凭借自己的意志下毒，难度之大可想而知。

皇族事务体系——宗人府

宗人府位于天安门外靠东，吏部衙门的北侧，负责管理皇族事务。清代的皇族分成宗室和觉罗两部分，太祖及太祖亲兄弟的后人称为宗室，太祖的几位叔伯和几位祖叔伯的后人称为觉罗，这一点我们在《清朝穿越指南》中讲得很清楚。清代宗人府的主要职能有：修撰皇族的谱牒——《玉牒》，商讨对皇族的赏罚处理，管理皇族的户籍变动、婚配记录，管理皇族宗学、宗人府银库，参与皇族刑罚判决。其下设经历司、左司、右司、银库、黄档房、空房（负责圈禁）、左右翼宗学和八旗觉罗学。需要注意的是，一些小说或者文章认为清代八旗均属宗人府管理，这个认知是错误的。清代宗人府只负责管理皇族以及额驸事务。

宗人府职官

官职	品级	官缺	附注
宗令	原品	宗室1	宗室王公兼任
左宗正	原品	宗室1	宗室王公兼任
右宗正	原品	宗室1	宗室王公兼任
左宗人	原品	宗室1	宗室王公兼任
右宗人	原品	宗室1	宗室王公兼任
府丞	文正三品	汉1	
堂主事	文正六品	宗室2，汉2	

续表

官职	品级	官缺	附注
经历	文正六品	宗室2	经历司当差
理事官	文正五品	宗室4	左司右司当差
副理事官	文从五品	宗室4	左司右司当差
主事	文正六品	宗室4	左司右司当差
委署主事		宗室2	左司右司当差
笔帖式		宗室24	
效力笔帖式		宗室24	

清代宗人府的职官多数由宗室出任，不过宗令、宗正和宗人等官职的领衔意义比较高，实际政务主要由民人出身的府丞来掌管。

内廷事务体系——内务府

所谓内务府，是清代独有的一个衙门。明代内廷事务由宦官负责，其衙门为"二十四衙门"，清代入关之初，也仿照明朝建立了"十三衙门"，但是清代在入关前原有包衣制度，惯例在内廷使用皇帝亲领的包衣——上三旗包衣服侍内廷，这是入关前包衣服侍旗主的遗留，所以入关后也继承了下来，"十三衙门"是由上三旗包衣和宦官一起管理的。康熙初年，确立了太监不可干政的制度，将十三衙门裁撤后改为内务府，负责宫廷事务，完全由上三旗包衣负责管理，形成了独有的内务府体系，这也是清代太监权力下降的一个重要因素。

清代内务府衙门分内务府堂和七司三院。内务府堂，与六部的"堂上"地位相同。七司三院，则与六部的"清吏司"以及与部平级而略低的"卿"级单位地位相同。其官员，除了总管内务府大臣可以由外八旗出任之外，其余内务府职官基本均属于"内务府缺"，只能由上三旗包衣出任、升转，外八旗以及民人（汉人）均无法沾染，这也是内务府独成体系的特点之一。

内务府堂，又称"堂上""本府"，位于紫禁城西部，武英殿以北，慈宁宫以南，是内务府的总管部门，负责统筹内务府各项事宜并核查各处工作。

内务府堂职官

官职	品级	官缺	附注
总管内务府大臣	文正二品	无定员	非内府专缺
堂郎中	文正五品	内[1]	亦称坐办堂郎中
堂主事	文正六品	内2	
委属主事		内2	
笔帖式		内64	

七司，是内务府属下的七个司，分别是广储司、都虞司、掌仪司、会计司、营造司、庆丰司和慎刑司，分掌内务府属下的一部分事务。

广储司，七司之一，位于紫禁城内，内务府衙门内东部，负责内务府仓储和出纳，类似外朝的户部。其下设有银库、皮库、瓷库、缎库、衣库和茶库，俗称为"六库"，六库内另设员外郎、司库、司匠、副司库和库使等官职。另外，广储司属下还有"七作二房"，七作是银作、铜作、染作、衣作、绣作、花作和皮作，二房是帽房和针线房，这七作二房负责承做各项物品，也都设有各种小官。

广储司职官

官职	品级	官缺
总办郎中	文正五品	内4
郎中	文正五品	内4
主事	文正六品	内1
委属主事		内1
笔帖式		内25

除此之外，与广储司相关的内务府机构还有三织造、织染局和绮华馆。这三个机构不属于广储司，但是接受广储司的监督。

三织造，指的是江宁、苏州和杭州三处的织造职，负责总管一地的织染业，以供宫中使用，三织造职都是由内务府司员兼任的差事。

织染局，设在皇城东北角织染局胡同南侧，负责织染绸缎，后来在道光

---

1 内，即内务府缺，由内务府上三旗包衣出任。

二十三年（1843年）裁撤。

绮华馆，光绪十七年（1891年）设在紫禁城内，负责织造绸缎。

都虞司，七司之一，位于西华门外北侧，负责管理内务府武官铨选以及打猎捕鱼等事务，类似外朝的兵部。其下设有打牲乌拉处和养鹰鹞处等。其中打牲乌拉处是设在东北负责采捕野物，搜集东珠、蜂蜜和粮食的部门；牲丁每三十人为一"珠轩"，进行采捕。其职官有总管、翼长、骁骑校和笔帖式等，均在东北。养鹰鹞处则负责养鹰、狗以备围猎。

都虞司职官

官职	品级	官缺
郎中	文正五品	内2
员外郎	文从五品	内5
主事	文正六品	内1
委属主事		内1
笔帖式		内25

掌仪司，又名掌礼司，七司之一，位于西华门外南侧，社稷坛西北，负责管理内廷礼仪、祭祀以及考核太监等级，与内廷敬事房一起管理太监，类似外朝的礼部。

掌仪司职官

官职	品级	官缺
郎中	文正五品	内2
员外郎	文从五品	内8
主事	文正六品	内1
委属主事		内1
司俎官	文正六品	内5
司祝		内12
司香		内30
司碓		内37
司爨		内19
笔帖式		内21

会计司，七司之一，位于西华门外北侧，负责管理内务府钱财出纳和庄园地亩，还负责选宫女太监之事。其下设有负责皇庄的庄户人口的三旗庄头处和管理宫内杂务的掌关防处。

会计司职官

官职	品级	官缺	附注
郎中	文正五品	内2	
员外郎	文从五品	内6	
主事	文正六品	内1	
委属主事		内1	
笔帖式		内25	

营造司，七司之一，位于西华门外北侧，都虞司之北，负责宫内营建修缮，类似外朝的工部。其下设有"七库三作"，七库是木库、铁库、房库、器库、薪库、炭库和圆明园炭薪库，三作是铁作、漆作和炮作[1]，各另设库掌等小官。

营造司职官

官职	品级	官缺	附注
郎中	文正五品	内2	
员外郎	文从五品	内8	
主事	文正六品	内1	
委属主事		内1	
笔帖式		内25	

庆丰司，七司之一，位于神武门西侧，慎刑司之南，负责管理皇室所属的牛羊畜牧。其下设有各处牛圈和羊圈，并有厩长、牧长等小官。

---

1 这里的炮指的是花炮。

庆丰司职官

官职	品级	官缺	附注
郎中	文正五品	内2	
员外郎	文从五品	内6	
主事	文正六品	内1	
委属主事		内2	
笔帖式		内14	

慎刑司，位于神武门西侧，庆丰司之北，负责内务府的刑名案件，类似外朝的刑部。不过大案还需要交付刑部等三法司处理。

慎刑司职官

官职	品级	官缺	附注
郎中	文正五品	内2	
员外郎	文从五品	内8	
主事	文正六品	内1	
委属主事		内1	
笔帖式		内19	

三院，又称内三院，是上驷院、武备院和奉宸苑的统称。三院与太常寺、大理寺、鸿胪寺等"五寺"一样，都是主官为"卿"的同品级衙门，它们虽然被归为内务府职官，但这三个衙门只是由内务府统辖，不像七司一样是内务府的属司。

上驷院，位于紫禁城体仁阁外，南三所西南侧，负责管理御用马匹。其下有两个司，左司管理驼马饲养繁衍，右司管理草料和人员俸饷。另外上驷院衙门属下有许多个马厩，分别设有不少厩长、牧长等小官。

上驷院职官

官职	品级	官缺	附注
兼管院务大臣	原品	无定额	差事

续表

官职	品级	官缺	附注
卿	文正三品	内2	
堂主事	文正六品	内2	
委属主事		内1	
郎中	文正五品	内1	
员外郎	文从五品	内4	
主事	文正六品	内2	
委属主事		内2	
阿敦侍卫[1]		内21	
司鞍长		内3	
副司鞍长		内2	
司鞍		内5	
司辔		内20	
医师长		蒙古3	
副医师长		蒙古2	
医生		蒙古15	
癫医		6	兽医
兽医		16	兽医
笔帖式		内22	

武备院，位于东华门外北侧，光禄寺之西，负责管理内廷武具。其下有四库，分别为南鞍库、北鞍库、甲库和毡库，保存维护武具仪仗，另外还设有御鸟枪处和内火药库。

武备院职官

官职	品级	官缺	附注
兼管院务大臣	原品	无定额	差事
卿	文正三品	内2	

---

[1] 负责随侍皇帝并且试骑皇帝御马。

续表

官职	品级	官缺	附注
郎中	文正五品	内1	
主事	文正六品	内2	

奉宸苑，位于西华门外北侧，都虞司之西，负责管理国有园庭，如景山、三海和南苑等。其中圆明园、畅春园、万寿山清漪园、玉泉山静明园和香山静宜园另设官员管理，有郎中、员外郎、苑丞和苑副等官员。

奉宸苑职官

官职	品级	官缺	附注
兼管院务大臣	原品	无定额	差事
卿	文正三品	内2	
郎中	文正五品	内1	
员外郎	文从五品	内4	
主事	文正六品	内1	
委署主事		内1	
苑丞		内14	
苑副		内17	
委署苑副		内15	
笔帖式		内14	

另外，内务府属下还有修书处、造办处、景山官学等机构，这里不详细讲解。与六部和盛京五部的情况相同，盛京也有内务府设置，由盛京将军兼管，三位盛京包衣佐领负责管理，其下设有各司、馆、处，也有相应的主事、笔帖式和司库等官员。

鞍马骑射，清代武官的入仕途径

——八旗与绿营的武职系统

在这一节中，我们讲八旗和绿营，也就是清代常见的武职。一般来讲，八旗是旗人军队，由旗人军官统帅，绿营是民人（汉人）军队，由民人（汉人）军官统帅。不过清代的一些绿营职官是可以由旗人来出任的，这点我们在下面会具体讲。

八旗系统

在《清朝穿越指南》的"八旗子弟"篇里，我们已经给您大致科普过了清代八旗的设置问题。简单回忆一下吧。清代八旗制度以"佐领（牛录）"为基础单位，每个佐领内有数百人。数个"佐领"组成一个"参领"，数个"参领"组成一个"旗"。清代一共有八个旗，以颜色进行区分，为镶黄旗、正黄旗、正白旗、正红旗、镶白旗、镶红旗、正蓝旗和镶蓝旗，每个旗内还有"满洲""蒙古""汉军"的分法，如镶黄旗内分为三部分，即"镶黄旗满洲""镶黄旗蒙古""镶黄旗汉军"，所以也称八旗为"二十四旗"。

清军入关之后，八旗多数"从龙入关"，进入北京城居住。随着清朝对中原统治的逐步确立，朝廷在直省、边疆的一些重要军事地点设立"驻防"，在这些地点上建立满城，派兵丁驻扎，将之作为把守各地的八旗军事力量。这些派到各省的八旗称为"驻防八旗"，北京的八旗称为"京旗"，也称"禁旅八旗"。其中京旗是清代八旗的核心。

对于旗人的大致社会分类，我们在第一部中均有提及。在本节中，我们主要给您讲解京旗各营的职官设置，至于各地驻防的职官设置，则放在下一节的地方官员里讲解。

清代八旗内部设有各种兵种，以佐领为单位，设有兵缺。比如说每个满洲佐领内，设有前锋兵缺2员、亲军兵缺12员、护军兵缺17员等，各佐领的男丁根据自己的能力挑补兵缺。每个兵种大多独自形成"营"，男丁若成功补上缺，即要在"营"内当差，从而领取粮饷。在设定上，旗人以当兵为天职，所以补兵缺的旗人占了旗人总人口的多数，其余的是做官的和余丁[1]，以及因自身能力问题无法挑为兵缺的。其具体的"营"，比较重要的有骁骑营、前锋营和护军营等，除了步军统领兼辖的巡捕营可以兼用民人（汉人）之外，其余均完全是旗缺。我在下面分别为您介绍。[2]

旗务与骁骑营

骁骑营即是骑兵营，是八旗中规模最大的营，也是主力营。除了作为骑兵参与战争之外，骁骑营的主要任务是守卫北京城，特别是守卫皇城之外的城区以及官方的仓库和城门。八旗各旗分别按照满洲、蒙古和汉军设立骁骑营，八旗合起来一共24营。其兵丁称为"骁骑"，也叫"马甲"，实际上就是骑兵。兵缺按照佐领设缺[3]，满洲、蒙古各个佐领下设骁骑20缺，汉军每个佐领下设骁骑42缺[4]，兵力一共30000人左右[5]。

---

1 余丁，也称"幼丁"，指的是虽然自身能力过关，但是兵营没有"缺"，所以只能预备候补。
2 这里只介绍八旗主要的营，晚清还有过一些特殊的营，比如说神机营等，在此不作具体介绍。
3 入关之前，八旗披甲曾经是按比例挑取，有"三丁挑一"的说法。入关前后改为设缺挑取，之后形成定制。
4 汉军每佐领的42员马甲中，有相当一部分要充入枪营、炮营、藤牌兵营任乌枪马甲、炮甲、护炮鸟枪马甲、藤牌兵。这是因为满洲和蒙古旗分本身有前锋等高级兵种，汉军没有这些高级兵种，但是在骁骑兵种里缺额尤多。除去在这三个营当差的，汉军大概每佐领补马甲16员左右。
5 清代自雍正朝之后，京旗佐领基本不再增编。乾隆朝时，京旗满洲佐领有681个，蒙古佐领有204个，汉军佐领有266个。

骁骑营设有一系列的职官，首官为都统，每营1位，一共24位，其下有副都统、参领、副参领和佐领，进行分属管理。而骁骑营的这一套职官，同时也是各旗的旗务职官，各旗的挑缺、民生、俸饷、户口、教育等问题，都由都统这一套职官来管理，这也是都统的品级相当高的原因。需要注意的是，清代八旗的职官在清初均由本旗人出任。如清初的正黄旗满洲都统，一定就是正黄旗满洲本旗出身。这种情况从康熙朝中期发生了变化，朝廷规定都统、副都统两级职官可以跨旗出任，从此形成定例。清代中后期，武备废弛，都统成了各旗主要民政官，是一个说不上"闲"也说不上"重"的高级职官，所以很多勋旧和宗室王公都屡次出任都统和副都统，旗分也相当随意，有的宗室王公甚至先后担任过十多个旗的都统。

另外，对于佐领是否属于骁骑营的职官，学术界有不同意见。佐领是八旗的基本建制，负责管理本佐领下的人员，有世袭和非世袭之分[1]。佐领本身无疑是最基础的旗务职官，但是他对于本佐领内的骁骑似乎并无直接的统帅职能，这一点学术界还在进一步讨论。在本书中，我们权当佐领属于骁骑营系统而将之附在了里面。

骁骑营职官

官职	品级	官缺（均为旗缺）	附注
都统	武从一品	每营1	
副都统	武正二品	每营2	
参领	武正三品	满汉每营5，蒙每营2[2]	本旗人出任
副参领	武正四品	满汉每营5，蒙每营2	本旗人出任
佐领[3]	武正四品	每佐领1	
骁骑校	武正六品	每佐领1	本旗人出任

---

1 世袭的佐领称为"世管佐领"，非世袭的称为"公中佐领"。世袭的佐领占所有佐领的2/3以上，世袭的家族一般都是清代著名的旗人世家。一个家族有多少个世袭佐领，一般是衡量这个家族在清初实力的标准之一。
2 其中镶白旗蒙古有3个参领，副参领也有3个。
3 关于佐领是否算作骁骑营官员，学术界有不同意见，这里权且算在内。

续表

官职	品级	官缺（均为旗缺）	附注
印务章京		满每营8，蒙每营4，汉军每营6	差事 本旗佐领、骁骑校、世职内挑选
笔帖式		满每营8，蒙每营4，汉军每营6	本旗人出任
领催		满蒙每佐领5 汉军每佐领4	本旗人出任

骁骑营兵丁

兵丁名目	数量	总数	待遇
骁骑（马甲）	满蒙每佐领20 汉军每佐领42[1]	28872	3两/月

前锋营

前锋营是八旗最精锐的部队，仅从满洲、蒙古旗分中选出，选取极其严格。除了作为攻坚力量参与战争之外，前锋营的主要任务是护卫皇帝，守卫紫禁城内部。八旗按照左右两翼[2]设两个前锋营，其兵丁称为"前锋"，兵缺按照佐领设缺，满洲、蒙古每佐领下前锋2缺，兵力一共2000人不到。

前锋营设有一系列的职官，首官为前锋统领，每营一位，一共两位。

前锋营职官

官职	品级	官缺（均为旗缺）	附注
前锋统领	武正二品	每营1	
前锋参领	武正三品	每营4	
委署前锋参领	从五品顶戴 食正六品俸	每营2	以前锋校充任
前锋侍卫	武正四品	每营4	

---

1 此处缺额为乾隆时设立，与第一部所引康熙朝兵缺数量有差距。
2 清代八旗有各种划分方式，若以"八"划分，则按旗分分为八旗；若以"翼"划分为"二"，则镶黄旗、正白旗、镶白旗、正蓝旗为左翼，正黄旗、正红旗、镶红旗、镶蓝旗为右翼。

续表

官职	品级	官缺（均为旗缺）	附注
委署前锋侍卫	从五品顶戴 食正六品俸	每营2	以前锋校充任
前锋校	武正六品	每营48	
委署前锋校	武从八品	每营4	
蓝翎长	武正九品	每营24	
委署蓝翎长		每营4	
笔帖式		每营2	

前锋营兵丁

兵丁名目	数量	总数	待遇
前锋	满蒙每佐领2	1770	4两／月

护军营

护军营是八旗比较精锐的部队，又名巴牙喇营。原本八旗的护军职责是作为各旗旗主的护卫兵，清代上三旗的旗主为皇帝，下五旗的旗主为宗室王公，所以清初上三旗护军守护旗主的住所——紫禁城，下五旗护军也守护旗主的住所——王府，并且仅从满洲、蒙古旗分中选出，选取比较严格。到了雍正元年（1723年），世宗雍正帝为了进一步打击宗室王公的旗权，将下五旗护军营的统帅权也划归宫廷，规定紫禁城内由上三旗护军营与前锋营守护，紫禁城外原由骁骑营守护改为由下五旗护军营守护，于是护军营就改为守护紫禁城内外的营了。清代护军按照旗色设有八个护军营，其兵丁称为"护军"，也叫"巴牙喇"，兵缺按照佐领设缺，满洲、蒙古每佐领下有护军15缺，兵力一共15000人左右。

护军营设有一系列的职官，首官为护军统领，每营1位，一共8位。

护军营职官

官职	品级	官缺（均为旗缺）
护军统领	武正二品	每营1
护军参领	武正三品	每营14

续表

官职	品级	官缺（均为旗缺）
副护军参领	武正四品	每营14
委署护军参领	武从五品	每营7
护军校	武正六品	每佐领1
笔帖式		每营2

护军营兵丁

兵丁名目	数量	总数	待遇
护军	满蒙每佐领17	15045	4两/月

亲军（营）

亲军营比较特殊，之所以在其后面加上括号，是因为清代亲军营只有其名，未有其实。

清代亲军营也是八旗最精锐的部队，仅从满洲、蒙古旗分中选出，选取极其严格。不同于前锋营攻坚主力的身份，亲军营的主要任务是近身护卫旗主。也正是因为其职责如此，所以在入关之后，上三旗的亲军实际上由侍卫处的领侍卫内大臣统帅，本身也就没有"营"的机构了。这也是为什么很多学者直接把亲军算在侍卫处职官内，而不作为一个独立的营来看待的原因。

另外，清代亲军分为上三旗亲军和下五旗亲军，他们都是要守护旗主的。雍正时期，将下五旗护军收入上三旗，而下五旗亲军因为人数不多，所以依然留在宗室王府内。不过清代王府的亲军由王府自己选出，朝廷只按照兵缺发给王府固定的钱粮。大多数王府都是将这些钱粮直接发给一些府内包衣作为工资，称之为"甲"。比如有些王府记录里说，某王府某亲王属下有"甲"30份，自家用10份，管事包衣用20份。意思就是说，这家王府在制度上有亲军30缺，每月朝廷按照每缺4两给王府120两银子。而实际上是，王府直接领来的这120两里，40两收入王府主人的腰包，80两分给管事的府里包衣。所以，下五旗的亲军营也就更"无可觅踪"了。

再返回来说被纳入侍卫处的上三旗亲军。清代亲军（上三旗）所挑选的亲军兵丁，与前锋相比，更加注重身世。很多勋戚的子弟在没有担任侍卫官之前，即担任亲军。毕竟这也属于皇帝"近侧"。兵缺按照佐领设缺，上三旗满洲、蒙古每佐领下亲军2缺，清中后期也有不少因为能力出众或者身世特殊的下五旗旗人被特许补缺，所以兵力总数不是很好统计，一般在1000人上下。

亲军营设的职官很少，毕竟他们直接受侍卫处领导，所以只设有亲军校和委署亲军校，这两个职官还都是要在亲军额内选出，占了亲军的份额。根据档案，乾隆朝有1070名亲军，其中150人为亲军校和委署亲军校。

亲军营职官

官职	品级	官缺（均为旗缺）	附注
亲军校	武正六品	75	由亲军内兼任
委署亲军校	武从八品	75	由亲军内兼任

亲军营兵丁

兵丁名目	数量	总数	待遇
亲军	满蒙每佐领2	不明	4两/月

步军营

步军营就是步兵营，是八旗身份最普通的部队，规模比较大，其兵丁不仅要从满洲、蒙古、汉军旗人中选取，还会从八旗家奴中选取，身份可见一斑。清代步军营除了从征之外，主要任务是守护京师大城，巡查街道，抓捕逃犯，维护地面治安，防救火灾，清理街道，把守城门，职责十分细碎，有些类似今日警察兼火警部门。正因为步军营的工作相对"下贱"，而且兵饷又低，所以清代正规旗人多数不屑补步军的缺，多是由家奴来补缺。嘉庆之后，旗人生计逐渐困难，骁骑之类的兵缺越来越难补，这才有一些正规旗人肯"拉下脸"来补步军，不过就算是这样，清代步军里家奴出身的比例依然高达70%以上。

步军营按照旗色设有八个营，其兵丁称为"步军"，也叫"步甲"。高于"步军"的有"步军领催"，又叫"步军拨什库"，负责文书和俸饷。兵缺按照佐领设缺，满洲、蒙古每佐领下步军18缺，汉军每佐领下步军12缺。

步军营设有一系列的职官，首官为步军统领，只有一位，这个需要仔细地说一说。清初，步军统领只负责八旗步军营事务。之后不断增加职能，康熙十三年（1674年）兼管九门提督事务，康熙三十年（1691年）兼管京师巡捕营事务，乾隆八年（1743年）兼管京城白塔及各门信炮[1]事务，于是最终步军统领的全称变为提督九门步军巡捕五营统领，联合负责好几个部门，实际上成了北京城的重要军事职务。这也就是为什么步军虽然遭旗人贱视，但是步军统领却是相当重要的官缺。

步军营职官

官职	品级	官缺	附注
步军统领	武从一品	1	
郎中	文正五品	1	统领衙门当差
员外郎	文从五品	3	统领衙门当差
主事	文正六品	3	统领衙门当差
司务		1	统领衙门属下司务厅当差
笔帖式		18	统领衙门当差
步军总尉（步军翼尉）	武正三品	每翼1	步军营当差
帮办翼尉（副翼尉）	三品衔	每翼2	协尉内充任步军营当差
步军协尉	武正四品	每营3	步军营当差
步军副尉	武正五品	每营3	步军营当差
步军校	武正五品	每营42	步军营当差
委署步军校	武正六品	每营9	步军营当差
捕盗步军校（捕盗步军尉）	原品	每营5	步军营当差 差事由步军校兼任
步军领催		满蒙每佐领2 汉军每佐领1	
总兵	武正二品	2	巡捕营当差 分翼 左翼总兵负责南北两营 右翼总兵负责左右两营

---

[1] 北海白塔和各门设有信炮，起到报警的作用。

续表

官职	品级	官缺	附注
副将	武从二品	（共）1	巡捕营当差 设于中营
参将	武正三品	（共）4	巡捕营当差 设于南北左右四营
游击	武从三品	（共）5	巡捕营当差 五营皆有
都司	武正四品	（共）5	巡捕营当差 五营皆有
守备	武正五品	（共）17	巡捕营当差 五营皆有
千总	武正六品	（共）46	巡捕营当差 五营皆有
把总	武正七品	（共）92	巡捕营当差 五营皆有
经制外委	外委千总武正八品 外委把总武正九品	（共）138	巡捕营当差 五营皆有
额外外委		（共）67	巡捕营当差 五营皆有
信炮总管	武正四品	1	管理信炮
监守信炮官	武正五品	8	管理信炮

步军营兵丁

兵丁名目	数量	总数	待遇
步甲（步军）	满蒙每佐领18 汉军每佐领12	19122	1.5两/月

这里再说一下巡捕营的兵丁问题。巡捕营原本属于绿营系统，兵丁均为民人（汉人），康熙三十年（1691年）纳入步军统领属下，开始兼用旗人。清代巡捕营一共由5个营组成，分别为中、南、北、左、右，共有兵缺10000人，其中5600为民人。

火器营

火器营是八旗里专门操练火器的部队，仅从满洲、蒙古旗分中选出，建立于康熙三十年（1691年）。一开始火器营是从八旗的护军、骁骑里选出来兼任的，之后逐渐变成了独立的专官。乾隆三十八年（1773年），又在京城北郊蓝靛厂建立火器营，习惯上称乾隆年间建立的为外火器营，康熙年间建立的为内火器营。内火器营在北京城内，由北京城的八旗旗人补缺，兵缺按照佐领设缺，满洲、蒙古每佐领下有鸟枪护军3缺、炮甲1缺。外火器营则在北京城外的郊区，曾于乾隆年间从城内八旗调出一部分，驻扎在蓝靛厂，其形制类似于驻防八旗，被称为"外三营"之一，其兵缺由营内男丁补缺。

火器营设有一系列的职官，首官为总统大臣，但不常设，或仅仅作为虚衔，实际事务由翼长处理。

火器营职官

官职	品级	官缺（均为旗缺）	附注
总统大臣	原品	无定员	
翼长	武正三品	1	
委署翼长营总	武正三品	1	
营总	武正三品	3	
鸟枪护军参领	武正三品	4	
副鸟枪护军参领	武正四品	8	
委署鸟枪护军参领	武从五品	16	
鸟枪护军校	武正六品	112	
笔帖式		4	

火器营兵丁

兵丁名目	数量	总数	附注
鸟枪护军	满蒙每佐领3	5712	含内外火器营两营
炮甲	满蒙每佐领1	952	

圆明园护军营

圆明园护军营是为了守卫圆明园而专门建立的，创建于雍正二年（1724

年）。其设立与外火器营相仿，是从城内八旗调出一部分，驻扎在圆明园周边，是"外三营"之一，按照旗色每旗一营，一共八营。另外，还拨有内务府三旗驻防，单设一营，所以一共有九个营。

圆明园护军营设有一系列的职官，首官为总统大臣，但不常设，或仅仅作为虚衔，实际事务由营总处理。

圆明园护军营职官

官职	品级	官缺（均为旗缺）	附注
掌印总统大臣	原品	无定员	
总统大臣	原品	无定员	
营总	武正三品	每营1	圆明园护军营
护军参领	武正三品	每营1	圆明园护军营
副护军参领	武正四品	每营2	圆明园护军营
委署护军参领	武从五品	每营4	圆明园护军营
护军校	武正六品	每营4	圆明园护军营
副护军校	武从八品	每营4	圆明园护军营
笔帖式		每营4	圆明园护军营
营总	武正三品	1	内务府三旗护军营
护军参领	武正三品	3	内务府三旗护军营
副护军参领	武正四品	3	内务府三旗护军营
护军校	武正六品	9	内务府三旗护军营
副护军校	武从八品	3	内务府三旗护军营
笔帖式		4	内务府三旗护军营

圆明园护军营兵丁

兵丁名目	数量
护军	4100
内务府护军	150

健锐营

健锐营是为了特殊攻城战斗而专门建立的部队，又称"云梯营"，位于北京西郊香山，建立于乾隆十四年（1749年）。其设立与外火器营、圆明园护军营相仿,是从城内八旗调出一部分,驻扎在香山,是"外三营"之一,按照两翼设营,一共两营。兵缺原本只设有云梯兵,后来增设马甲、护军等兵缺。

健锐营设有一系列的职官,首官为总统大臣,但不常设,或仅仅作为虚衔,实际事务由翼长处理。

健锐营职官

官职	品级	官缺（均为旗缺）	附注
掌印总统大臣	原品	无定员	
总统大臣	原品	无定员	
翼长	武正三品	每翼1	
署翼长前锋参领	武正三品	每翼1	
前锋参领	武正三品	每翼4	
副前锋参领	武正四品	每翼8	
署前锋参领	从五品衔	每翼16	
前锋校	武正六品	每翼50	
副前锋校		每翼40	
蓝翎长		每翼50	

健锐营兵丁

兵丁名目	数量	总数
云梯兵	上三旗500下五旗500	1000
署前锋马甲		1000
护军		1000

绿营系统

绿营,又叫绿旗,即与八旗相对的民人(汉人)部队,是清代的常设军事力量之一。绿营的基本单位是"营",分布在全国各直省。每个营的兵数差距很大,多的上千人,少的几十或刚刚过百。清中叶的时候,全国一共有营1169个,总兵力65万左右,比八旗兵力强得多。清代初期和清代中叶,绿营均能发挥不错的军事实力,清中期之后逐渐颓废,在清中后期被地方团练等逐渐取代。

清代绿营的建制比较多元化，虽然以"营"为单位，但是还有很多种大小建制。比营大的建制有"标"和"协"，每个标和协一般领有数个营。比营小的建制则有"汛"。每个建制，根据其直属领导的不同，也有不同的称呼。以标而论，总督统帅的标叫督标，巡抚统帅的标叫抚标，提督统帅的标叫提标，总兵统帅的标叫镇标，驻防将军统帅的标叫军标，河道总督统帅的标叫河标，漕运总督统帅的标叫漕标。

在职官的设置上，各个级别均有不同的长官。以营来讲，参将、游击、都司和守备都可以是营的长官，根据战略位置以及营的兵力大小，其长官的等级就有不同。

绿营职官

官职	品级	官缺（旗民兼用）	附注
提督	武从一品	陆路提督12 例由巡抚兼任5 水师提督3 兼辖水陆提督3	标级 受本省总督节制 节制本省总兵
总兵	武正二品	陆路70 水师13	标级 受本省总督、提督节制
副将	武从二品	陆路118 水师19	协级
参将	武正三品	陆路155 水师22	营级
游击	武从三品	陆路321 水师49	营级
都司	武正四品	陆路412 水师82	营级
守备	武正五品	陆路766 水师121 漕运40	营级
千总	武正六品	陆路1543 水师324 漕运51	汛级
把总	武正七品	陆路3141 水师479	汛级

续表

官职	品级	官缺（旗民兼用）	附注
外委	外委千总武正八品 外委把总武正九品	陆路4193 水师722	汛级
额外外委		陆路3361 水师230	汛级

这里简单说一下图表里的几个名词含义。清代提督分为四种，第一种是陆路提督，统辖直隶、江北、福建、湖北、陕西、甘肃、新疆、四川、广东、广西、云南和贵州这些地方。第二种是例由省巡抚[1]兼任的陆路提督，统辖山东、山西、河南、安徽和江西这些地方。第三种是水师提督，统辖福建、广东和长江这些地方。第四种是兼辖水陆提督，统辖江南、湖南和浙江这些地方。这些提督除了由巡抚兼任外，均受本省总督节制。

需要注意的是，从入关初期开始，旗人便可以任绿营的军官，并不是个例，但兵丁不可以由旗人补缺，所以绿营是可能出现旗将带民兵的情况的。另外，清代绿营兵丁分为战兵和守兵，战兵每月一两五钱银子、米三斗，守兵每月一两银子、米三斗。与八旗兵丁相比，应该说收入是相当微薄的。清末地方上的湘军月饷四两二钱银子，长伕月饷三两银子。

---

[1] 清代巡抚其实比总督更加符合"省长"这个设定，故而清代的省可以没有总督（如山东、山西和河南等地便没有总督），但是不可以没有巡抚（若无巡抚必须由总督兼任）。

九品十八阶，老百姓的父母官是谁

—— 地方职官系统

清代地方上的行政虽因循自明代，但有自己的特色。清代，在中原地区延续明代的直省制度，在关键军事位置和东北、边疆地区则使用八旗驻防制度。

直省制度

清代中原直省制度基本上延续了明代的体系，也进行了一些修改，如加设了"厅"这一级。从整体而言，清代直省从上到下为督抚、二司、道、府、厅、州和县。在行政等级上，实际上只有省、道、府和州县四个等级，其中厅分直隶厅和散厅，州分直隶州和散州，其等级如下表。

清代行政级别

	省级	道级	府级	州县级
各省	●			
各道		●		
各府			●	
各厅			直隶厅	散厅
各州			直隶州	散州
各县				●

另外，各省的道、府、厅、州和县设置也不同。比如说清代山东省，一共设有府10个、直隶州2个、散州8个、县96个，陕西省则有府7个、直隶州5个、厅7个、散州5个、县73个。下面我们按照各个等级给您讲解。

省级的督抚与司

清代省一级的最高长官称为督抚，即是总督与巡抚的合称。清代内地设有十八个省份，基本上按省设立巡抚，十八个省有十五个巡抚，即山东、山西、河南、安徽、江苏、江西、浙江、福建、广东、广西、云南、贵州、湖北、湖南和陕西设巡抚；另外三个省直隶、四川和甘肃，不设巡抚，惯例以当地的总督兼任巡抚。至于总督，地位略高于巡抚，有的一省设一个，更多的是几省合设一个。清代一共设有八个直省总督，为直隶总督、两江总督、湖广总督、闽浙总督、两广总督、云贵总督、陕甘总督和四川总督，分别有不同的职责。

清代直省总督

督抚名称	全名
直隶总督	总督直隶等处地方提督军务粮饷管理河道兼巡抚
两江总督	总督两江等处地方提督军务粮饷操江统辖南河事务
陕甘总督	总督陕甘等处地方提督军务粮饷管理茶马兼巡抚事
闽浙总督	总督闽浙等处地方提督军务粮饷兼巡抚事
两湖总督	总督湖北湖南等处地方提督军务粮饷兼巡抚事
四川总督	总督四川等处地方提督军务粮饷兼巡抚事
两广总督	总督两广等处地方提督军务粮饷兼巡抚事
云贵总督	总督云贵等处地方提督军务粮饷兼巡抚事

清代的总督和巡抚都有管理一地民政、军事、财政、刑名的职责，都属于"封疆大吏"，但是其职责各有侧重。其中总督更加侧重于军事事务，巡抚更加侧重于民政事务。他们各自所直辖的兵力也都不多，又有互相监督、互相牵制的意义，所以很难形成地方割据势力。

清代"封疆大吏"

官职	品级	附注
总督	文正二品	例加右都御使衔，可加兵部尚书衔为从一品
巡抚	文从二品	例加右副都御使衔，可加兵部侍郎衔为正二品

总督例加右都御史衔，巡抚例加右副都御使衔，这个习惯是继承自明代，

象征着他们有监察地方的权力，到清代已经成了固定加衔。另外清代还经常为总督加兵部尚书衔，为巡抚加兵部侍郎衔，以增加他们的品级。这种加衔从康熙朝开始，到了乾嘉两朝成为定例。在称谓上，总督一般被尊称为"制军""制台""总制""部堂"，而巡抚则被尊称为"中丞""抚台""抚军""部院""抚院""抚宪"。

司，又称二司，指的是布政使和按察使。清代每个直省都设立布政使和按察使。布政使，全称为"承宣布政使司"，负责管理一省的财务、人口，兼管考试，参与刑名。按察使，全称为"提刑按察使司"，负责管理一省的刑名、驿传。如果各省有重大事务，单司不能解决，则由二司会议，并请示督抚。所以清代二司在制度上已经成为督抚的属下，正式的公务多由督抚进行题奏。

清代布政使，又被尊称为"藩台""方伯""藩司""东司"，其下有各种属官，如经历、都事负责收发文件，理问负责核实刑名，照磨负责检查文书效率，等等，除了经历是必需的之外，其余属官都是各省根据需求设立。

布政使司职官

官职	品级	官缺[1]（每省）	附注
布政使	文从二品	1	
经历	文从六品	1	属官
理问	文从六品		属官
都事	文从七品		属官
照磨	文从八品		属官
库大使	文正八品		属官
仓大使	文从九品		属官

清代按察使又被尊称为"臬台""廉访""臬司""西司"，其下各种属官，除了经历和负责监狱事务的司狱之外，其余也都是根据需求设立的。

---

1 清代地方官大多为满汉兼用，故而此处官缺不写民族。

按察使司职官

官职	品级	官缺（每省）	附注
按察使	文正三品	1	
经历	文正七品	1	属官
知事	文正八品		属官
照磨	文正九品		属官
司狱	文从九品	1	属官

道级的道员

道这个行政单位比较难解释，因为这个行政单位在今日难以找到合适的建制进行对应。明代时，道原本属于省的分设，是布政使和按察使的属下，分管省内某一地区的民政或者刑名事务，职官也都是差事。到了清代，道的这种职责逐渐被独立化，职官也改为实职。不过清代的道是否可以单作为一个等级，学术界还有争议。

清代的道分为两个大类，第一类叫区划道，这种区划道以行政区划为单位，又有分守道和分巡道两种名目，其职责相当于布政使和按察使的副使[1]，一般一个道辖有数个府、州和厅。第二类叫专职道，专门负责某项事务，如粮储道、兵备道和水利道等。

道职官

官职	品级	官缺（每道）	附注
道	文正四品	1	
库大使	文从九品		属员
仓大使	未入流		属员

道的长官称为道员，又被尊称为"道台""观察"，乾隆十八年（1753年）之前是差事，乾隆十八年之后定为文正四品。其属员较少，且均为各道自行设立的。

---

1 乾隆十八年（1753年）之前，道员还按照旧习惯分为分守道和分巡道，分守道作为布政使的副使偏向于民政，分巡道作为按察使的副使偏向于刑名。乾隆十八年道员改革之后只在名义上因循，实际上职掌基本一致。

府级的知府

清代每省均设有数个府，每府之下又设有数个州县，所以府一级实际上是连接省和州县的一级。府的长官为知府，又被尊称为"太守""郡守""黄堂"，负责一府的民政、刑名、财政、考核和考试事务，任务相当繁重。其属下的同知、通判作为佐贰官，分担了知府的部分职责。这种佐贰官各府设置不同。有的府压根没有佐贰官；有的府不仅有，还有好几个，其间名目也不同，以同知为例，有的叫盐务同知，有的叫海防同知，从名字上就可以区分他们负责的职责。至于其他的属官，除了经历、司狱、知事、照磨为多数府所必有之外，其余则与二司一样，根据各府的情况自行设置。

府职官

官职	品级	官缺（每府）	附注
知府	文从四品	1	
同知	文正五品		佐贰官
通判	文正六品		佐贰官
经历	文正八品	1	属官
知事	文正九品	1	属官
照磨	文从九品	1	属官
检校	未入流		属官
司狱	文从九品	1	属官
巡检	文从九品		属官
驿丞	未入流		属官
库大使	文从九品		属官

州县级的临民官

清代州县以上的地方官大多是不"临民"（治民）的，如知府管理辖下数个州县，但是他并没有自己亲辖的地域。到了州县这一级，才有具体的亲辖地，可以称为"临民官"，也叫"亲民官"。清代的州中，散州与县大致平级，而直隶州有自己所辖的县，所以直隶州比县高了一级。不过，无论是州还是县，其长官都要负责一方刑名、财政、教化、考试和治安的事务。

州的长官是知州，又被尊称为"刺史""州牧"，其属下佐贰官有州同、州判，也有一些属员。县的长官是知县，又被尊称为"县令""邑令""邑宰""大尹"；佐贰官是县丞和主簿，也被称为"二尹""三尹"，一样有一些属员。州县的属员也与司府一样，大多是根据各地情况自行设置。

州职官

官职	品级	官缺（每州）	附注
知州（直隶州）	文正五品		
知州	文从五品		
州同	文从六品		佐贰官
州判	文从七品		佐贰官
吏目	文从九品	1	属官
巡检	文从九品		属官
驿丞	未入流		属官

县职官

官职	品级	官缺（每县）	附注
知县	文正七品	1	
县丞	文正八品	1	佐贰官
主簿	文正九品	1	佐贰官
典史	未入流	1	属官
巡检	文从九品		属官
驿丞	未入流		属官

另外，州县一级的衙门因为是标准的临民官，事务繁重，所以其属下还有大量的胥吏，俗称"三班六房"。三班指的是快班、壮班和皂班，快班负责传递公文、缉拿盗贼，壮班负责抓捕和维持治安，皂班则负责守门、站堂，这三班都属于胥吏。六房指的是分别处理吏、户、礼、兵、刑、工六方面文案事务的人员。

特殊的厅级

清代地方上的厅比较特殊，部分是因为一些州县地域较广，管理不方便，所以单设出来一个区域，称之为"厅"，部分是在蒙古、新疆等边疆地区设立的新的行政单位。清代从康熙朝开始设厅，到清中叶约设立了100个，清末则有156个，其中直隶厅63个、散厅93个。

在最早，厅和府的关系有些类似于道和省，都属于上一级因为某些缘故将自己的佐贰官派到某一地区。厅的长官是同知或是通判，原本都是府的佐贰官。不过清中后期设立的厅，很多就不是府在管理，所以这种隶属关系就被打破了。

清代的厅以同知或通判为长官，没有佐贰官，其下的属官和三班六房的设置同州县级。

厅职官

官职	品级	数量（各厅）	附注
同知	文正五品	1	长官　或用通判
通判	文正六品	1	长官　或用同知
经历	文正八品	1	属官
知事	文正九品		属官
照磨	文从九品		属官
检校	未入流		属官
司狱	文从九品		属官

特殊的两府

两府，又称"京府"，指的是顺天府与奉天府。清代以京师（北京）为首都，以故都盛京（沈阳）为留都，于是在地方行政上，将北京周围的州县合为"顺天府"，将盛京周围的府州县合为"奉天府"。它们虽然是"府"，其级别却比一般的府高了不少，在地位和行政上与督抚平级。

顺天府辖下有四厅、五州、十九县，奉天府辖下有二府、四厅、五州、十四县[1]。两府都有佐贰官和属官，与其他地方官一样，其属官是按照情况自行设定的。另外需要注意的是，顺天府的官员属于地方官，不是京官。

1　清末则增为五府、四厅、六州、二十六县。

顺天府职官

官职	品级	官缺	附注
兼管府尹事大臣	原品	汉1	差事 从汉大学士、尚书、侍郎中钦选兼任
尹	文正三品	汉1	
丞	文正四品	汉1	佐贰官
治中	文正五品	汉1	佐贰官
通判	文正六品	汉1	佐贰官
经历	文从七品	汉1	属官
照磨	文从九品	汉1	属官
司狱	文从九品	汉1	属官

奉天府职官

官职	品级	官缺	附注
兼管府尹事大臣	原品	满1	差事 从盛京六部侍郎中钦选兼任
尹	文正三品	满1	
丞	文正四品	汉1	佐贰官
治中	文正五品	汉1	佐贰官
经历	文从七品	汉1	属官
照磨	文从九品	汉1	属官
司狱	文从九品	汉1	属官

专项官

清代在地方上，除了常规的地方官员之外，还有专项官，负责某些专项事务。其中主要有河道官、漕运官、盐务官和学官。

河道官专门负责治理河道事务，设有总督和道，道下则有厅以及负责军事的汛和营。清代河道总督一共按照地域设有三缺，为江南河道总督、河东河道总督和直隶河道总督，均为正二品，又被尊称为"河督""河台""河帅"。河道道员则属于专职道。

河道职官

官职	品级	官缺	附注
河道总督	文正二品		

漕运官专门负责漕粮的运送事务，设有总督和道。总督称为漕运总督，又被尊称为"漕督""漕台""漕帅"。漕运道员也属于专职道，一般称为督粮道或者粮储道。另外，清代还有巡漕御史，因为并非地方行政官，所以不算在其内。

漕运职官

官职	品级	官缺	附注
漕运总督	文正二品		

盐务官专门负责官方的盐务。清代和其他朝代一样，由官方掌控盐务，盐商需要有官方的"盐引"才能买卖食盐。盐务官即是在产地和买卖场所管理盐务并且检查"盐引"的。

清代盐务官最高长官称盐政，全称为巡视盐政监察御史，惯例由督抚兼任，其中总督兼任的盐政有直隶、两江、陕甘、四川和两广，巡抚兼任的盐政有山西、浙江和云南。其下设有各种盐务官，主要在各省盐场工作。盐运使，全称为"都转盐运使司盐运使"，简称运使、运司，与二司平级。管盐道属于专职道的一种，又称盐法道。

盐务职官

官职	品级	数量	附注
盐政	原品		差事
盐运使	文从三品		
管盐道	文正四品		多为兼差
运同	文从四品		
监掣同知	文正五品		
运副	文从五品		
运判	文从六品		
提举	文从五品		
盐课大使	文正八品		

续表

官职	品级	数量	附注
盐引批验所大使	文正八品		
巡检	文从九品		

学官专门负责各省的考试以及教育事务，每省最高长官为学政，又被尊称为"学台""大宗师""学宪"。其下每府有教授，每州有学正，每县有教谕，均为当地府学、州学、县学的长官。

学官职官

官职	品级	数量	附注
学政	原品与督抚平等	每省1	差事 三年一任 省级 从进士出身的侍郎、京堂、翰林、科道、司员中钦选
教授	文正七品	每府1	府学
学正	文正八品	每州1	州学
教谕	文正八品	每县1	县学
训导	文从八品	每府州县各1	副职

八旗驻防系统

前面我们讲到过，清代在直省、边疆的一些重要军事地点设立"驻防"，派出兵丁居住在这些驻防地，作为把守各地的八旗军事力量。所以清代地方系统上还有驻防八旗这个特殊的存在。

清初八旗驻防各地，主要是为了配合军事行动，所以驻防行为多是临时性的，短则数十日，长则数年，这种临时的驻防在顺治朝时很普遍。后来，在一些重要地区驻防逐渐成为定例，驻防的时间也就陆续增加，但在统治者的设计理念中，驻防依然是一种临时行为。世宗雍正帝曾指出，"不过出差之所，京师乃其乡土"，所以在当时，八旗驻防兵丁如有老病、亡故、解任的，他们的家眷都会被召回京师，也不允许他们留葬当地。到了乾隆朝中期，乾隆帝打破了这个惯例，一来是为了方便管理，二来当时京城八旗人口过多，所以就直接让驻防八旗永驻当地，就地繁衍生息，死后也在当地埋葬。这也是现在很多省市满族人口的重要来源之一。清代中叶时，由于北京八旗人口过多，还曾经数次将那些北京没有职官、没有兵缺可以补的闲散旗人派到东北各地驻防。在这种背景之下，八旗也逐渐分成"京旗"和"驻防"两个系统，也形成了两种不同的旗人社会。[1]

清代八旗驻防地的长官有将军、都统、副都统、城守尉、总管、协领、防守尉和佐领等好几个等级，一般是根据驻防地的重要性以及驻兵的多少来设立的。而我们经常用当地驻防一把手官员的品级来称呼各地的驻防，如盛京驻防，为"将军级"，其一把手官员为盛京将军。盛京将军之下，还设有许多个下属驻防点，如兴京城属于副都统级，义州城属于城守尉级，各有不同的设置。另外，不同于京旗设营的复杂性，驻防八旗的兵缺一般统称为"兵"，主要是骁骑营和步军营，另外还有少数为水师营和火器营。

下面我们列表说明一下驻防官员的品级：

官职	品级	附注
将军	武从一品	
都统	武从一品	
副都统	武正二品	
参赞大臣	原品	差事
领队大臣	原品	差事
总管	武正三品	
副总管	武正四品	
城守尉	武正三品	
协领	武从三品	
参领	武从三品	
副参领	武正四品	
防守尉	武正四品	
佐领	武正四品	
防御	武正五品	

---

[1] 清代八旗以京旗为核心，自皇帝以下，王公贵族均世居京旗，除了"出差"外，基本不参与驻防活动。所以清代拨往各地驻防的多是兵丁或者闲散阶层，这也造成了京旗与驻防八旗在地位、文化、习俗上的不同。这里不具体讨论。

学术界，对于驻防八旗内部的划分方法不大一致，本节主要采用《清史稿》的分类方法，将驻防八旗分为京畿驻防、直省驻防、东北驻防和边疆驻防四个部分。

京畿驻防

京畿驻防也叫畿辅驻防，顾名思义，即是以京师为核心的驻防。清朝定都北京，首都自然是受到非一般的重视，在军事上更是如此。京旗均驻扎在北京城内部，但是在城外还要有能够呼应防守的地点，故而清代在北京周围的许多县、州、府设立驻防，大致从顺治二年（1645年）开始分派，到康熙十二年（1673年）基本确立，后来屡有改动。

京畿驻防分布

驻防地	级别	分类
保定府	城守尉级	京南
沧州	城守尉级	京南
采育里	防守尉级	京南
良乡县	防守尉级	京南
宝坻县	防守尉级	京南
固安县	防守尉级	京南
东安县	防守尉级	京南
雄县	防守尉级	京南
霸州	防守尉级	京南
山海关	副都统级	京东
永平府	防守尉级	京东
冷口	防守尉级	京东
喜峰口	防守尉级	京东
罗文峪	防御级	京东
密云	副都统级	京北
昌平州	防守尉级	京北

续表

驻防地	级别	分类
顺义县	防守尉级	京北
三河县	防守尉级	京北
玉田县	防守尉级	京北
古北口	防守尉级	京北
热河	都统级	京北 也可划为边疆驻防
喀喇河屯	防守尉级	京北 也可划为边疆驻防
化育沟	防守尉级	京北 也可划为边疆驻防
围场	总管级	京北 也可划为边疆驻防
陵寝	总管级	两陵 也可单划为陵寝驻防

清代京畿驻防的特点在于驻防的兵丁较少，所以其驻防等级也大多不高。如玉田县驻防，是在康熙十一年（1672年）设立的，兵额只有50员，由镶黄、正白两旗派出。规模比较大的是热河驻防，实际上应该归入边疆驻防之内。

直省驻防

直省驻防，是清代在中原各行省设立的驻防，时间以顺治二年（1645年）设立的江宁、西安和杭州驻防为最早，康熙朝平定三藩之后在福州、广州等地设立驻防，雍乾两朝则在西北、山东等地设立驻防。

直省驻防分布

省份	驻防地	级别	兵额	设立年	附注
山东	青州	副都统级	2000	雍正七年（1729年）	
	德州	城守尉级	340		兼辖于青州副都统
山西	太原	城守尉级	413		后归山西巡抚节制
	绥远城	将军级		乾隆二年（1737年）	也可划为边疆驻防
	右卫	城守尉级			兼辖于绥远城将军

续表

省份	驻防地	级别	兵额	设立年	附注
河南	开封	城守尉级	800	康熙五十七年（1718年）	后归河南巡抚节制
陕西	西安	将军级	6500	顺治二年（1645年）	
	潼关	城守尉级			
甘肃	宁夏	将军级	3300		
	凉州	副都统级			
	浪庄	城守尉级			兼辖于凉州副都统
江南	江宁	将军级	6300	顺治二年	
	京口	副都统级			
浙江	杭州	将军级	3900	顺治二年	
	乍浦	副都统级			兼辖于杭州将军
福建	福州	将军级	2800	康熙十九年（1680年）	
	三江	协领级			
广东	广州	将军级	5200	康熙二十年（1681年）	
	广州水师营	协领级			
湖北	荆州	将军级	5600	康熙二十二年（1683年）	
四川	成都	将军级	1900	康熙六十年（1721年）	

各省驻防的沿革均有不小变化。以广州驻防为例，广州驻防设于康熙二十年，当时既有镇守广东的军事意图，也有安置三藩尚氏旧部的需求。最初的驻防兵丁为三藩尚氏旧部，他们在尚氏入旗之后隶属上三旗汉军，兵额为1125员。康熙二十二年（1683年），京城派来下五旗汉军兵丁1875员，合为3000员，是纯粹由汉军组成的驻防地。乾隆朝执行了汉军出旗政策之后，广州驻防也受到影响，其地方的汉军大量出旗，京城便调拨八旗满洲、蒙古人丁驻防广州，

于是才有了广州当地满洲、蒙古、汉军均有的现象。

自乾隆朝以来，驻防八旗在驻防地落地生根，兵缺和仕官均在当地补缺。直省驻防的官缺，除一把手基本是由京城派来的大员之外，二把手以下多数为当地驻防旗人，故而实际政务多由二把手职掌[1]。清代中后期，驻防八旗也有个别旗人通过科举等方法进入朝廷系统当差。如晚清保守派领袖倭仁，为河南开封驻防，蒙古正红旗乌齐格里氏，其祖辈一直都只是普通兵丁，到倭仁这一辈，倭仁的大哥爱仁和倭仁自己分别是道光六年（1826年）和道光九年（1829年）的进士，故而倭仁一家在道光十九年（1839年）被调入京城，之后成了京旗的新贵世家。

东北驻防

东北驻防，是清代设在东三省的驻防，故而也称"东三省驻防"。东北是满洲的故乡，一直被视为"根本之地"，在清代统治者的内心，东北一直是作为"大后方"存在的。清代对于东北这片"故土"的统治，大多数时间是依靠三省的驻防，即盛京、吉林和黑龙江三将军制度。

清初八旗刚入关之时，由于刚刚离开故土，清朝统治者对于东北驻防的重要性并没有特别注意，只在盛京留内大臣一员驻守，负责向关内输送兵源。到了康熙朝，沙俄的势力逼近东北，康熙三年（1664年），康熙帝设立辽东将军，后改称奉天将军、盛京将军，加强对盛京地区的管理，同时从京旗调一些兵丁返回东北驻防。后来随着时间推移，盛京的驻防点越来越多，兵丁人数也不断扩大，其兵力将近20000人，是东三省中兵力最强的。

盛京将军所辖驻防点，详见下表：

盛京将军辖区

驻防地	级别	附注
盛京地区	将军级	统辖以下驻防官员
盛京城	副都统级	

---

[1] 京城派来的一把手，有不少是勋旧子弟，本身政务能力也不高。

续表

驻防地	级别	附注
兴京城	副都统级	
抚顺	防御级	兴京城分驻
金州城	副都统级	
锦州城	副都统级	
小凌河	佐领级	锦州城分驻
宁远	佐领级	锦州城分驻
中后所	佐领级	锦州城分驻
中前所	佐领级	锦州城分驻
辽阳城	城守尉级	
复州城	城守尉级	
凤凰城	城守尉级	
岫岩城	城守尉级	
义州城	城守尉级	
盖州城	城守尉级	
广宁城	城守尉级	
巨流河	佐领级	广宁城分驻
白旗堡	佐领级	广宁城分驻
小黑山	佐领级	广宁城分驻
闾阳驿	佐领级	广宁城分驻
开原城	城守尉级	
铁岭	防御级	开原城分驻
熊岳城	防守尉级	
牛庄城	防守尉级	
边门	防御级	共十六处
旅顺水师营	协领级	
围场	总管级	
陵寝	总管级	盛京三陵

吉林地区的驻防,最早的重心在宁古塔。清初仍有不少女真部落或其他少数民族没有归附八旗,宁古塔最早就是作为征抚他们的桥头堡。到了康熙九年(1670年),宁古塔附近瓦尔喀女真人被编为14个库雅喇佐领入旗,兵额定为850人。康熙十三年(1674年),虎尔哈女真入旗,编为40个新满洲佐领,兵额2000人,于是在康熙十五年,授命宁古塔将军移往"江带三方,田沃万顷"的吉林乌拉,又逐渐从京旗调兵丁前往驻防,吉林驻防便逐渐成形,兵力在10000人上下。吉林驻防的特点在于其民族的复杂性。其驻防佐领内有锡伯佐领、虎尔哈佐领、三姓佐领和库雅喇佐领等,另有"江上打鱼壮丁八姓"等原住民。

吉林将军所辖驻防点见下表:

吉林将军辖区

驻防地	级别	附注
吉林地区	将军级	统辖以下驻防官员
吉林城	副都统级	
宁古塔城	副都统级	
伯都讷城	副都统级	
三姓城	副都统级	
阿勒楚喀城	副都统级	
珲春城	副都统级	
打牲乌拉城	协领级	
拉林城	协领级	
五常堡	协领级	
双城堡	协领级	
富克锦城	协领级	
伊通	佐领级	
额穆赫索罗	佐领级	
边门	防御级	共四处
吉林水师营	总管级	
吉林火器营	参领级	

黑龙江驻防在东北三将军中设置得最晚，康熙二十二年（1683年）才初步形成，屯驻瑷珲。黑龙江驻防的兵力在10000人上下，其特点在于其兵丁有相当一部分来自布特哈打牲八旗，他们是以嫩江流域的索伦诸部为主体编成的108个佐领，其后裔即是我们今日的鄂温克族和达斡尔族等。他们的组织类似八旗，但和普通的八旗还不是一个系统。清朝政府从这些布特哈打牲八旗中抽调了2000多人，编成了39个八旗索伦佐领和达斡尔佐领，分驻于瑷珲、墨尔根、齐齐哈尔等地。布特哈八旗是一支相当有战斗力的军事力量，清代关内有战事的时候，经常调他们入关协同作战。

黑龙江将军所辖驻防点见下表：

黑龙江将军辖区

驻防地	级别	附注
黑龙江地区	将军级	统辖以下驻防官员
齐齐哈尔	副都统级	
墨尔根	副都统级	
黑龙江城	副都统级	
呼兰	副都统级	
呼伦贝尔	副都统级	
通肯	副都统级	
齐齐哈尔水师营	总管级	
黑龙江城水师营	总管级	
墨尔根水师营	总管级	
呼兰水师营	总管级	
齐齐哈尔火器营	参领级	
兴安城	总管级	
布特哈打牲处	总管级	

清代对于东北边疆民族的编旗活动，一直到雍正十三年（1735年）才基本停止。黑龙江、乌苏里江两大流域的众多民族和部落均被汇聚起来，如达斡尔人、索伦人、锡伯人、卦尔察人、赫哲人、恰卡拉人和蒙古人等。雍正朝时，

东北驻防中本地民族编成的佐领已经达到驻防兵丁的五成，再加上布特哈八旗、巴尔虎八旗的148个佐领，东北"内迁诸部"实际上已经成为东北驻防的主要人员之一。而这种"内迁诸部"人口在京旗中还是十分少的，一般只有立有大功的"内迁诸部"旗人才能够被调入京旗。比如我们熟悉的"末代皇后"婉容，便是黑龙江布特哈八旗内的达斡尔郭布罗氏出身，其家族入京便很晚，其曾祖父阿勒锦（约在道咸时期）因军功被调入京旗，之后其家族才成为京旗正白旗满洲人的。

边疆驻防

边疆驻防，顾名思义，是清代设于边疆的驻防点，主要分布在蒙古地区和新疆地区。

蒙古地区可以分成漠北蒙古和漠南蒙古。漠北蒙古设有边左副将军，又称乌里雅苏台将军，负责统辖漠北的蒙古兵。漠南蒙古处于京师的肩背，又与满洲的老家东三省相接，所以从康熙后期到乾隆时期，陆续在漠南蒙古边疆设置驻防，主要的地点有热河、察哈尔和绥远。

热河三面连接蒙古，地理位置十分重要，驻防设立于雍正初年，为都统级，驻防地点分别设在避暑山庄、喀喇和屯、桦榆沟和木兰围场等地，兵额分别为2000人、400人、200人和1000人，一共有3600人。

察哈尔驻防，又称张家口驻防，属于一种特殊的蒙古驻防。蒙古察哈尔部本身是林丹汗后裔所领，清太宗皇太极亲征林丹汗，林丹汗的儿子额尔克孔果尔额哲投降，所领被编为察哈尔八旗，驻扎在义州。康熙十四年（1675年），察哈尔八旗被迁往宣化、大同边外，设为口外游牧察哈尔八旗。其与蒙古盟旗的世袭特点不同，察哈尔八旗的独立性极低，处处受中央政权的节制。后来厄鲁特部人丁也编入察哈尔八旗，扩大了察哈尔八旗的实力。乾隆二十七年（1762年），察哈尔驻防正式屯驻张家口，为都统级，兵力近20000人。需要注意的是，察哈尔八旗既不属于满洲八旗，也不属于蒙古八旗、汉军八旗，这点是各地驻防中最为特殊的。

绥远城原本是清廷在土默特部近旁建立的一座驻防城池，本身由准噶尔的2400人、热河驻防1000人和右卫蒙古兵500人驻防。而蒙古原有土默特部，在天聪八年（1634年）被编为二旗，其独立的行政性被清朝统治者逐渐剥夺，最终在乾隆二十六年（1761年），设立绥远城将军，土默特事务完全交由绥远城驻防管理，为将军级，兵力有3000多。

至于新疆，乾隆二十年（1755年），漠西准噶尔蒙古被平定，乾隆二十四年（1759年），回部大小和卓之乱平定。西北的平定，使得当地驻防发生变动，于是在乾隆二十七年（1762年）设立伊犁将军，直接管理新疆。具体到地方上来说，天山北路是准噶尔故地，需要比较多的驻兵屯驻。南路回疆居民主要是回部和厄鲁特，有自己的独特信仰和风俗，所以驻防极少。而东路连接四方，也需要大量驻兵。最终伊犁驻防设为将军级，驻兵有八旗满蒙兵丁6400人、达什达瓦厄鲁特兵丁500人、黑龙江索伦兵丁1000人、察哈尔蒙古兵丁1000人、东北锡伯兵丁1000人、各厄鲁特部兵丁2300人和沙毕纳尔兵600人，另有绿营兵3000人，共有15000人驻防。

另外，清代还有不少特殊地方大员，称为"驻扎大臣"，主要设在蒙古、新疆和西藏等地，名目有参赞大臣、办事大臣、帮办大臣和领队大臣等，均为差事，本身大多以副都统或侍卫的原品充任，负责边境某处的军政事务或者战争问题。

同为官场人，命运大不同

——六位大员的官场晋升路

为了让您更好地了解清代职官系统，我们挑选了六位身世各异的历史人物，通过他们的履历来直观感受一下不同出身的人的官场经历。[1]

例一：普通读书人（旗人）——傅森

时间	职官	差事、恩荣、加衔	生涯、品级
乾隆八年（1743年）			出生
不明		监生	无官
乾隆三十一年（1766年）	考中内阁贴写中书		候补
乾隆三十四年（1769年）	实授内阁贴写中书		文从七品
乾隆四十四年（1779年）	内阁贴写中书	保题票签侍读	文从七品
乾隆四十五年（1780年）	内阁贴写中书	派往奏事处行走	文从七品
乾隆四十六年（1781年）	公中佐领		武正四品
乾隆五十三年（1788年）	公中佐领	回内阁当差	武正四品
乾隆五十四年（1789年）三月	补侍读学士		文从四品

---

1 本文七个履历，整理自《清史稿》《清史列传》《弘毅公家谱》《萨克达氏家谱》等传记。在高级职官中，由于一般要兼许多差事，过于繁杂，所以其中个别恩荣或差事有删减。

续表

时间	职官	差事、恩荣、加衔	生涯、品级
乾隆五十四年九月	升内阁学士兼礼部侍郎衔		文从二品
乾隆五十六年（1791年）	盛京工部侍郎		文从二品
乾隆五十九年（1794年）	盛京刑部侍郎		文从二品
嘉庆二年（1797年）正月	兵部右侍郎	回京	文从二品
嘉庆二年三月	兵部右侍郎　正黄旗满洲副都统	（闰六月）军机大臣 赏戴花翎	武正二品
嘉庆二年十月	户部右侍郎 署理兵部左侍郎 正黄旗满洲副都统	军机大臣	武正二品
嘉庆三年（1798年）正月	户部左侍郎 又改刑部右侍郎 正黄旗满洲副都统	取消军机大臣	武正二品
嘉庆三年三月	左都御史 正黄旗满洲副都统		文从一品
嘉庆三年五月	兵部尚书 镶蓝旗蒙古都统		文从一品
嘉庆三年七月	兵部尚书 总管内务府大臣 镶红旗汉军都统	咸安宫总裁 管理造办处工程处织染局事务	文从一品
嘉庆三年十月	兵部尚书 总管内务府大臣 镶红旗汉军都统	军机大臣 管理翻书房 恩赐紫禁城骑马	文从一品
嘉庆五年（1800年）四月	兵部尚书 总管内务府大臣 镶蓝旗满洲都统	军机大臣 总理宗学并四译馆事务	文从一品
嘉庆六年（1801年）正月	户部尚书		文从一品
嘉庆六年二月			病故

傅森，镶黄旗满洲钮祜禄氏，为清代开国功臣额亦都的四世孙。傅森的祖

先虽然是朝廷勋旧，但是傅森自己的支系属于小宗，并没有爵位世职，与世家无缘。他的曾祖父巴喀曾任正二品的护军统领，祖父永寿却只是个笔帖式，父亲遵住也只是笔帖式，应该可以算作没落官宦人家。

傅森为监生出身，是考的还是捐的就不知道了。二十四岁的时候，他以监生的身份参加内阁中书考试被录取，过了三年补为内阁贴写中书，正式进入仕途。之后，傅森做了十年内阁小官，被"保题票签侍读"，也就是被推荐升任正六品的侍读，结果被派到奏事处当差八年，受到了各种锻炼，八年期满后回内阁衙门，便直接升任了侍读学士，又在当年升转为内阁学士，证明他已经受到皇帝以及朝廷核心重视，这时他已经四十七岁了。之后在四十九岁补上堂官，五十五岁时进入军机处，正式进入核心，五十六岁升至一品，五十九岁时病故。

清代非世家的旗人出仕，最主要的方法就是考取内阁中书、笔帖式这种小官，作为小官在朝廷里历练，需要很长的时间才能够跻身中级官员之列，之后再向上发展。就像傅森，二十七岁入仕，除了公中佐领这种旗务官之外，升到中级官员的时候已经将近半百。但是一旦可以升到高级职官，也就实现了门第上的飞跃。

例二：勋旧子弟（旗人）——观音保

时间	职官	差事、恩荣、加衔	生涯、品级
雍正三年 （1725年）			出生
不明		亲军	兵丁
乾隆十八年 （1753年）	承袭勋旧佐领		武正四品
乾隆二十三年 （1758年）	勋旧佐领	印务章京	武正四品
乾隆二十五年 （1760年）	副参领 勋旧佐领		武正四品
乾隆三十一年 （1766年）	杭州乍浦协领 勋旧佐领		武从三品
乾隆三十四年 （1769年）	头等侍卫 勋旧佐领		武正三品

续表

时间	职官	差事、恩荣、加衔	生涯、品级
乾隆三十八年（1773年）	降为三等侍卫 勋旧佐领		武正四品
乾隆四十一年（1776年）	承袭一等承恩公 升补二等侍卫 勋旧佐领		超品
乾隆四十二年（1777年）	授散秩大臣 一等承恩公 勋旧佐领		超品
乾隆四十三年（1778年）	改袭三等承恩公 散秩大臣 勋旧佐领		超品
乾隆四十五年（1780年）	三等承恩公 勋旧佐领	泰陵总管	超品
乾隆四十八年（1783年）	回京任散秩大臣 三等承恩公 勋旧佐领		超品
乾隆五十六年（1791年）	三等承恩公 勋旧佐领 散秩大臣 正黄旗汉军副都统		超品
乾隆五十七年（1792年）	三等承恩公 勋旧佐领 镶黄旗汉军副都统 密云副都统	健锐营值班大臣	超品
嘉庆二年（1797年）	三等承恩公 勋旧佐领 镶黄旗蒙古副都统		超品
嘉庆三年（1798年）	三等承恩公 勋旧佐领 密云副都统		超品
嘉庆四年（1799年）	三等承恩公 勋旧佐领	都统衔 裕陵守护大臣	超品
嘉庆六年（1801年）		回京	病故

观音保，也出身镶黄旗满洲钮祜禄氏。他生于雍正三年（1725年），当时他家还是镶白旗满洲的旗人，门第也相对一般，但他的大姑母当时已经是世宗雍正帝的后妃，也就是高宗乾隆帝的生母孝圣宪皇后。到了乾隆元年（1736年），因为孝圣宪皇后的缘故，观音保一家被抬入镶黄旗满洲，恩赐勋旧佐领，并且恩封一等承恩公的爵位，观音保当年十二岁，一下子就成了勋戚子弟。

乾隆十八年（1753年），二十九岁的观音保以亲军的身份承袭勋旧佐领，二十九岁还是亲军，侧面说明观音保这个人本身才干并不怎么出众，对仕宦兴趣可能也不是很大，但是作为勋旧，他还是被编入了侍卫体系下属的亲军之内。乾隆三十四年（1769年），四十五岁的观音保才从旗内职官转到侍卫职官，如此缓慢地升转，大概可以看出他的确没什么"闪光点"。并且几年后就被降到了三等侍卫。乾隆四十一年（1776年），五十二岁的观音保继承了超品的承恩公爵位，位极人臣。作为公爵，便不再适合担任三等侍卫，于是在第二年升为散秩大臣，这是个典型的勋戚职官。之后出任过驻防的副都统和京旗的副都统，以及陵寝总管，这些都属于典型的勋戚闲差，这也再次印证了他本身能力不强的事实。最终观音保在嘉庆六年（1801年）病故，享年七十七岁。其作为勋戚，从二十九岁开始当差，近五十年均是任闲差，可以看出清代旗人勋旧当差的一种模式。

应该说，勋旧比常人多了很多机会，他们无疑"起步早""起点高"，而且经常"坐飞机"似的升官。像观音保，从一个没有品级的亲军，一下子变成了正四品的武官，而且一入仕便是正四品，升一级为从三品即为参领，正三品则为头等侍卫。如果观音保能力够强的话，转入中枢可以十分迅速。同是乾隆朝，和珅十九岁袭爵，二十三岁任侍卫，得到乾隆帝的赏识，二十七岁便以户部右侍郎的身份进入军机处，跻身中枢。

总之，作为勋旧入仕，有起步高、易发达的优势，但是也要靠自己的真实能力，否则就任职闲差度过一生。不过如果能够稳扎稳打，在朝廷默默当差，做个富豪勋爵，也是不错的选择。

例三：内务府体系（旗人）——诚明

时间	职官	差事、恩荣、加衔	生涯、品级
嘉庆二十四年 （1819年）			出生
不明		监生	
道光七年 （1827年）	监生	捐纳笔帖式	候补 品级不明
道光十四年 （1834年）	候补笔帖式	加捐六品苑丞	候补 文正六品
道光十七年 （1837年）	补授清漪园六品苑丞		文正六品
道光二十六年 （1846年）	内务府员外郎		文从五品
咸丰三年 （1853年）	内务府公中佐领		武从四品
咸丰四年 （1854年）	会计司郎中 内务府公中佐领		武从四品
咸丰五年 （1855年）	会计司郎中 内务府公中佐领	捐护军参领衔	武从三品
咸丰六年 （1856年）	银库郎中		武从三品
咸丰八年 （1858年）九月前	银库郎中　骁骑参领	署理武备院卿	武正三品
咸丰八年九月	银库郎中	山海关监督	武从三品
咸丰九年 （1859年）	任慎刑司郎中	回京	武从三品
咸丰十年 （1860年）	上驷院卿		文正三品
同治十一年 （1872年）六月	总管内务府大臣		文正二品
同治十一年七月	总管内务府大臣	管理中正殿事务 署理正红旗满洲副都统	文正二品
同治十二年 （1873年）九月	总管内务府大臣	赏戴花翎	文正二品
同治十二年 十一月	总管内务府大臣	管理乐部事务	文正二品
同治十三年 （1874年）	总管内务府大臣		病故

诚明，出身正黄旗包衣萨克达氏。其家庭是典型的内务府中级官宦人家：曾祖父永安曾任尚茶副[1]，祖父由内务府官员升至长史[2]，其父中福曾任内务府郎中。

诚明为监生出身，从年纪来看，应该是家里给他捐的。九岁时，家里又为他捐了笔帖式的职衔，十六岁时，家里继续为他捐官，捐到了六品苑丞。十九岁这一年，诚明正式补缺成为清漪园六品苑丞，走入仕途。之后二十八岁升员外郎，三十八岁到被视为内务府最"肥缺"的银库任郎中，后又出京任税关监督，四十一岁回京则升至堂官。在同治朝初期，诚明一直没有升转，直到同治十一年（1872年），五十四岁的诚明成为总管内务府大臣，这算是到了内务府系统内的顶点，两年后病故。

从诚明的履历中我们可以看出，诚明十六岁时已经捐到了六品候补，这无疑是内务府豪富的体现之一。在这种背景之下，虽然没有爵位，但是十九岁的诚明就补了六品的实缺，若是普通旗人从笔帖式做起，升到六品实缺可能需要十年。之后诚明一直在内务府体系内升转，并且最终升至内务府职官体系的最高职位。内务府升转的自成体系，在他身上体现得很生动。

另外，在同治元年（1862年）至同治十一年间，不知什么原因，诚明被滞留在上驷院卿这样的内务府闲职之上。若非如此，如果早一些升转到内务府大臣之职，诚明是很有可能超越内务府体系转入中枢体系的。一般内务府的官员做到了内务府大臣，便开始兼任中枢的部院侍郎，然后升尚书、大学士，等等。诚明到了晚年才升至内务府大臣，这限制了他之后的发展。

例四：大员子弟（民人）——胡季堂

时间	职官	差事、恩荣、加衔	生涯、品级
雍正七年（1729年）			出生
不明	荫生		

1　尚茶副为内务府御茶房官员，正五品。
2　长史为王府属官，一般由上三旗派出，为从三品。

续表

时间	职官	差事、恩荣、加衔	生涯、品级
乾隆十六年（1751年）	顺天府通判		文正六品
乾隆二十三年（1758年）	刑部浙江司员外郎		文从五品
乾隆二十六年（1761年）	刑部湖广司郎中		文正五品
乾隆三十一年（1766年）	甘肃庆阳府知府		文从四品
乾隆三十二年（1767年）	凉州府知府		文从四品
乾隆三十三年（1768年）	山西宁冀道		文正四品
乾隆三十三年	甘肃按察使		文正三品
乾隆三十五年（1770年）	甘肃按察使 署理甘肃布政使		文正三品
乾隆三十五年	江苏按察使		文正三品
乾隆三十七年（1772年）	江苏按察使 署理江苏布政使		文正三品
乾隆三十九年（1774年）	刑部右侍郎	兼管顺天府府尹事	文从二品
乾隆三十九年	刑部左侍郎		文从二品
乾隆四十三年（1778年）	刑部左侍郎	管理顺天府事务	文从二品
乾隆四十四年（1779年）	刑部尚书	紫禁城骑马	文从一品
乾隆五十五年（1790年）	刑部尚书 署理山东巡抚		文从一品
乾隆五十五年	刑部尚书 署理山东巡抚 兵部尚书	赐太子少保	文从一品
嘉庆三年（1798年）	直隶总督	花翎　赐太子太保	文从一品
嘉庆四年（1799年）	直隶总督	削太子太保　夺花翎 夺官去顶戴留任	戴罪留任

续表

时间	职官	差事、恩荣、加衔	生涯、品级
嘉庆四年	直隶总督	还顶戴　还花翎	文从一品
嘉庆五年（1800年）		以病解任　赐太子太保	文从一品
嘉庆五年		赠太子太傅　赐谥庄敏	去世

胡季堂，字升夫，号云坡，河南光山人。其父为礼部尚书胡煦，以博学知名，是康雍时期的理学名士。胡季堂作为大员子弟，幼年就有了荫生的身份，二十三岁以正六品顺天府通判的职官进入仕途。

三十八岁之前，胡季堂主要作为司员历练，三十八岁派出外任，四十六岁回京为堂官，开始扎根刑部，直至七十岁出任直隶总督，在刑部主持工作长达二十余年，所以胡季堂在刑名以及镇压农民军等问题上比较出名。不过他更为人所熟知的事迹是在仁宗嘉庆帝亲政之后，作为地方大员的他第一个响应号召参劾和珅。

胡季堂是典型的民人大员子弟。他们一般以荫生为入仕门槛，青年时便入仕，从小官做起，到了中年能够持重，并且有一定能力，转入中央为堂官。不过胡季堂在乾隆朝后期升转比较慢，或许与和珅等人在朝中的势力有关。

例五：科举正途（民人）——曾国藩

时间	职官	差事、恩荣、加衔	生涯、品级
嘉庆十六年（1811年）			出生
道光十二年（1832年）		文生员	
道光十四年（1834年）		文举人	
道光十八年（1838年）		文进士	
道光十八年		庶吉士	文七品
道光二十年（1840年）	翰林院检讨	散馆	文从七品

185

续表

时间	职官	差事、恩荣、加衔	生涯、品级
道光二十三年（1843年）	翰林院侍讲	文渊阁校理	文从五品
道光二十四年（1844年）	翰林院侍读		文从五品
道光二十五年（1845年）五月	詹事府右庶子		文正五品
道光二十五年九月	詹事府左庶子		文正五品
道光二十五年冬	侍讲学士	日讲起居注官	文正四品
道光二十七年（1847年）	内阁学士兼礼部侍郎衔		文从二品
道光二十九年（1849年）正月	礼部右侍郎		文从二品
咸丰二年（1852年）六月		丁母忧　归乡	文从二品[1]
咸丰二年十一月		团练	文从二品
咸丰四年（1854年）二月		湘军出阵	文从二品
咸丰四年四月			革职
咸丰四年七月		赏三品顶戴	三品
咸丰四年十月	署理湖北巡抚改兵部侍郎衔	二品顶戴　花翎	文从二品
咸丰四年十二月		赏黄马褂	文从二品
咸丰五年（1855年）九月	兵部右侍郎		文从二品
咸丰七年（1857年）二月		丁父忧	文从二品
咸丰八年（1858年）		办理浙江军务	文从二品
咸丰十年（1860年）二月	署理两江总督	兵部尚书衔	文从一品
咸丰十年六月	两江总督	钦差大臣督办江南军务	文从一品
咸丰十一年（1861年）	两江总督	赐太子太保衔 钦差大臣督办四省军务	文从一品

---

[1] 丁忧期间，其散官仍在，故而品级仍在。

续表

时间	职官	差事、恩荣、加衔	生涯、品级
同治元年 （1862年）正月	两江总督 协办大学士		文正一品
同治三年 （1864年）七月	一等侯 两江总督 协办大学士	双眼花翎	超品
同治五年 （1866年）	一等侯 两江总督 协办大学士		超品
同治六年 （1867年）六月	一等侯 又一云骑尉 体仁阁大学士		超品
同治七年 （1868年）四月	一等侯 又一云骑尉 武英殿大学士		超品
同治七年八月	一等侯 又一云骑尉 直隶总督	管理巡抚事	超品
同治九年 （1870年）	一等侯 又一云骑尉 两江总督	办理南洋通商事务大臣	超品
同治十一年 （1872年）二月		追赠太傅　谥文正 入祀昭忠祠、贤良祠	病故

曾国藩，字伯涵，号涤生，湖南湘乡人。出身小地主家庭，其父曾麟书是一个秀才，再往上均为白身（平民）。曾国藩科举之路算是比较顺利的，二十八岁高中进士，入选庶吉士，三十岁散馆任翰林院检讨，正式走入仕途。

清代进士补缺相对较易，翰林升转更易，因为其有自己独特的升转体系，且初级翰林官多无员限，不需要长期候补。曾国藩从翰林院检讨开始，花了七年时间，就升到了内阁学士，在其因丁母忧归乡之前，他已经升到了礼部侍郎，应该算是宦场得意了。后来曾国藩在地方上搞团练，成为一方支柱，最后在五十四岁时封爵一等侯，《清史稿》称"开国以来，文臣封侯自是始"，成了清末重臣的典范之一。

曾国藩在京官体系任官时便一帆风顺,后来在家乡办团练,也是非常之例。从曾国藩的履历中,我们也可以看出,清代进士一旦被选入庶吉士,其初期仕官就很方便。这正是翰林受清人重视的原因之一。

例六:封疆武臣(民人)——杨遇春

时间	职官	差事、恩荣、加衔	生涯、品级
乾隆二十五年（1760年）			出生
乾隆四十四年（1779年）		武举人	效用督标
乾隆四十九年（1784年）			从福康安征甘肃立功
乾隆四十九年	四川龙安营把总		武正七品
乾隆五十三年（1788年）	四川龙安营把总		武正七品 从福康安征台湾立功
乾隆五十三年	茂州营千总	蓝翎	武正六品
乾隆五十七年（1792年）	茂州营千总		武正六品 从征廓尔喀立功
乾隆五十七年	四川成都城守右营守备		武正五品
乾隆五十九年（1794年）	四川成都城守右营守备		武正五品 随福康安调往云南
乾隆六十年（1795年）三月	四川成都城守右营守备		武正五品 随福康安赴贵州剿贼立功
乾隆六十年四月	云南督标中营都司 四川松潘中营游击	劲勇巴图鲁 花翎	武正四品 武从三品
嘉庆元年（1796年）二月	四川普安营参将		武正三品
嘉庆元年十月	广东罗定协副将		武从二品
嘉庆元年十一月	广东罗定协副将		武从二品 随额勒登保赴湖北立功（至嘉庆三年十二月）
嘉庆三年（1798年）十二月	甘肃西宁镇总兵		武正二品

续表

时间	职官	差事、恩荣、加衔	生涯、品级
嘉庆四年（1799年）正月	甘肃西宁镇总兵		武正二品 剿贼立功 （至嘉庆四年十二月）
嘉庆五年（1800年）三月	云骑尉 甘肃提督		武从一品 剿贼立功 （至嘉庆六年四月）
嘉庆六年（1801年）四月	骑都尉 甘肃提督		武从一品 剿贼立功 （至嘉庆七年七月）
嘉庆七年（1802年）七月	骑都尉 固原提督		武从一品
嘉庆七年十二月	二等轻车都尉 固原提督		武从一品 剿贼立功 （至嘉庆八年）
嘉庆八年（1803年）九月	二等轻车都尉 固原提督	因过夺花翎	武从一品
嘉庆八年十月	二等轻车都尉 固原提督	丁母忧 仍留军营带兵	武从一品
嘉庆十一年（1806年）二月		回籍守制百日	武从一品
嘉庆十一年九月		因过降四级留任	武从一品
嘉庆十一年十二月	二等轻车都尉 宁陕镇总兵	因过降补	武正二品
嘉庆十三年（1808年）	二等轻车都尉 乾清门侍卫	入京	不明（未记等级）
嘉庆十三年	二等轻车都尉 固原提督	出京	武从一品
嘉庆十八年（1813年）	二等轻车都尉 固原提督		武从一品 剿贼立功
嘉庆十八年十二月	二等男爵 固原提督	赐紫禁城骑马 赏穿黄马褂	武从一品
嘉庆十九年（1814年）二月	一等男爵 固原提督		武从一品

续表

时间	职官	差事、恩荣、加衔	生涯、品级
嘉庆二十五年（1820年）九月	一等男爵 固原提督	加太子少保衔 双眼花翎	武从一品
道光六年（1826年）六月	一等男爵 固原提督	参赞大臣	征讨张格儿立功
道光七年（1827年）二月	一等男爵 固原提督	太子太保衔	武从一品
道光八年（1828年）正月	一等男爵 陕甘总督	赐紫缰	文从一品
道光八年六月	一等男爵 陕甘总督	图形紫光阁	文从一品
道光八年十二月	一等男爵 陕甘总督	七十生辰赐匾 赐如意等物	文从一品
道光十五（1835年）年正月	一等男爵 陕甘总督	因病陈请开缺	文从一品
道光十五年五月	一等侯	入京 全俸休致	超品
道光十七年（1837年）		追晋太子太傅 兵部尚书 入祀贤良祠 谥忠武	病故

杨遇春，字时斋，四川崇庆人。据说是出身于没落的地主家庭。其在二十岁时考中武举人，没有直接入仕，而是到四川总督所领的绿营下效力。乾隆四十六年（1781年），福康安调任四川总督，杨遇春受到重用，从福康安征战立功，成为把总，进入仕途。

在嘉庆三年（1798年）任甘肃西宁镇总兵之前，杨遇春主要是跟随福康安或额勒登保出征立功，之后则大多独自率领部队征伐，屡次立功，在绿营系统中也不断升迁，又以军功封世职，最终受封一等侯爵，成为清中后期民人出身的著名将领之一。

整体而言，杨遇春是民人武将成功的典范，但是军官升转的内容比较单

忠谋武略

杨遇春为乾隆四十四年（1779年）武举人，后立有战功，封至一等侯爵。

调，这一点在杨遇春的履历中可以明显看出来。而武将只要立有军功，较之文官，更容易建功立业，这也是清代的常态。

通过以上这六个例子，结合之前我们给您讲解过的清代职官系统，您可以明显地看出，由于身世、能力的不同，各个官员的道路也千差万别。当然，我们这里举的例子都是仕宦比较顺利的，清代一般称文三品以上、武二品以上官员称为"大员"，这六位都达到了"大员"标准。而在官场中，他们必然属于少数的"成功者"，另有大量的官员"命运多舛"，我们不妨再举一个仕宦不算顺利的例子——刘光第。

刘光第，四川富顺人，家境贫寒，由寡母养大。刘光第读书很用功，二十二岁考中县案首，直接成为生员，二十四岁考中文举人，二十五岁联捷文进士，分刑部为候补主事。但是一来刘家实在太穷，凑不齐上京当官的盘缠[1]；二来刘光第志向远大，不仅立志做好官，还立志做清官，所以不肯随便收别人

---

[1] 清代地方官员上京，因地域远近不同花费也不同，一般至少也要几十两银子，还要有各种花费准备，详见官场一章。

191

的礼金，因此一直到三十岁时，才在一位族人和县令的接济之下入京就职。入了京的刘光第虽然努力当差，补缺却很难，而且他不大参与官场交际，生活又困窘，一直到光绪二十三年（1897年），依然只是刑部候补主事，没有补上实缺。光绪二十四年（1898年）四月，德宗光绪帝在康有为等人的影响之下开始维新变法，经过湖南巡抚陈宝箴推荐，刘光第在七月二十四日被任命为四品卿衔在军机章京上行走，参与新政，戊戌变法失败后被革职，并在八月十三日被处死，享年四十岁。

刘光第因参与新政而直接"超拔"，并不是常例。但是只看刘光第之前的履历的话，可以看出其仕宦经历相当不顺利。二十五岁考中进士，竟因家境贫寒而五年未能就官。就官之后，也一直是候补官员，十年没有补上实缺，如果没有戊戌变法，刘光第可能还要煎熬数年以待缺。从这里可以看到，清末官员的晋升之路多么壅塞，运气、性格和家境等综合因素对仕宦有很大影响。

时间	职官	差事、恩荣、加衔	生涯、品级
咸丰九年（1859年）			出生
光绪六年（1880年）		县案首　文生员	
光绪八年（1882年）		文举人	
光绪九年（1883年）		文进士	
光绪九年	刑部候补主事		候补 文正六品 居乡
光绪十四年（1888年）	刑部候补主事		候补 文正六品 入京
光绪二十四年（1898年）	四品卿衔	在军机章京上行走	候补 四品衔
光绪二十四年			去世

叁·官场生活

官俸之薄，亘古未有

——清代官员的收入

清末的官员何刚德曾经在其私人笔记中留有这样一句话："前清官俸之薄，亘古未有。"[1]这句话也几乎成了讨论清代官俸的基调，因为清代的确官俸微薄，且官俸体系问题很多。这一节里，我给您来讲一讲清代官员的收入究竟是什么情况。[2]

在《清会典》中，官员的俸禄根据体系不同分为八个大类，分别为宗室王公、公主格格、世爵世职、文职、八旗武职、绿营武职、外藩蒙古和回爵。如果完全按照《清会典》给您讲解，可能会有一些混乱的地方，所以我们把顺序稍微调整一下，先讲文武官员的俸禄，再讲爵位的俸禄。

文官俸禄

清代文官的俸禄，在制度上的基础是俸银，又称为"本俸银"。在明代，官员俸禄有本色俸和折色俸，两类之中都有折银的部分。清初的文官俸银即是将明代成例直接加起来使用的。如明代正一品本色俸折银204.82两，折色俸折银10.69两，合起来215.51两，清初就直接定正一品俸银为215.51两。后来在顺治十三年（1656年）又进行过一些修改，其内容如下表：

---

[1] 出自何刚德：《客座偶谈》。
[2] 本文资料主要整理自《清会典》《中国俸禄制度史》《清季一个京官的生活》。

文官俸禄

官品	俸银（单位：两/年）	俸米（单位：斛/年）
正从一品	180	180
正从二品	155	155
正从三品	130	130
正从四品	105	105
正从五品	80	80
正从六品	60	60
正从七品	45	45
正从八品	40	40
正九品	33.1	33.1
从九品	31.5	31.5

当时规定，在京文官可以领俸银，还可以领俸米。外省文官可领俸银，但没有俸米可领。

除去"本俸"之外，清代给在京文官和在外文官还设置了很多官方收入，主要有恩俸、恩米、公费、饭食银、心红纸张银和养廉银等名目，不同级别的官员所领的名目也是不同的，见下表：

文官收入情况

类别/名目	本俸	俸米	恩俸	恩米	公费	饭食银	心红纸张银	养廉银
高级在京文官	有	有	有	有	有	有	无	无
普通在京文官	有	有	有	无	有	有	无	无
直省文官	有	无	无	无	无	无	有	有

关于表内的"本俸"和"俸米"，上面我们讲过了。下面讲讲另外几项特殊名目的收入。

一、所谓"恩俸"和"恩米"，是给京官的特殊福利。乾隆朝规定，在京的所有文官，在"本俸"之外，可加恩再领一份"本俸"，即"恩俸"。而内阁大学士、部院尚书、侍郎，因为身处机要，所以加恩再另领一份"俸米"，称为"恩米"。所以清代高级在京文官是"双俸双米"，普通在京文官为"双俸单米"。举例，A为正一品内阁大学士，符合"双俸双米"要求，所以其每年的俸禄为360两银子和360斛米。B为正五品郎中，符合"双俸单米"要求，所以其每年的俸禄为160两银子和80斛米。

需要注意的是，清代给予官员的俸米均为京仓的陈米，也就是国有粮库里的陈年老米。这种老米口感并不好[1]，所以大多数的大臣在领出这些俸米后就直接卖给米店，换取银两，其价格自然与米价相关联，清末时大概是每两斛米换一两多银子。有时地方上歉收，京仓粮食不足，官方就会直接将俸米折算为银子，一般是每两斛米换一两三钱银子。另外，清代中后期因为国家战争比较多，曾经有一段时间官员俸禄折减发放，一般是按照六成或者七成发放[2]。

二、所谓"公费"，指的是京官的办公费用。清代衙门的办公经费均由官员自行支出，所以朝廷专门发给京官公费作为补贴。公费的多少，根据官职的不同而有区别。根据《清会典》的记录，宗人府宗人、内阁大学士、部院尚书和都察院左都御史等，每月公费为五两银子。部院侍郎、内务府总管、内阁学士、宗人府府丞、左副都御使、通政使司通政使、大理寺卿等诸卿和銮仪使等官员，每月公费为四两银子。少卿、御史、内阁侍读学士和各部院郎中等官员，每月公费为三两银子。各部院员外郎和主事等官员，每月公费为二两银子。依次类推。清代规定，每月公费折钱发放，也就是将银子按照官价折换为铜钱，一两银子换一千铜钱，实际上这远低于清中后期的兑换比例。

三、所谓"饭食银"，指的是京官各衙门的"饭费"。清代官方衙门基本上没有"官方食堂"，所以发给官员们"饭费"以为补贴。这个饭费在各地方上缴税收时按定额分发给各衙门，各个衙门的饭费数量也不一样，一般来讲也就是每个月数两银子。

四、所谓"心红纸张银"，继承自明代外官公费系统。明代直省文官有着

---

[1] 不过也有个别人家甚至个别王府重视老米，认为老米对身体好。
[2] 折减发放起自咸丰朝，截止于光绪十二年（1886年）正月。

复杂的公费补助，有薪银、蔬菜烛炭银、心红纸张银、案衣什物银、修宅什物银等。清初原本也继承了这种惯例，而在顺治九年（1652年）基本都裁去，只剩下了心红纸张银一项。

五、所谓"养廉银"，是清世宗雍正帝创立的。清初时，清代官俸比较微薄，又裁去了外官的不少公费，导致官员贪腐现象严重，并且以"火耗"[1]为由滥征滥收。雍正帝针对这种情况，提出耗羡归公，将耗羡转换为"养廉银"的形式发给直省文官，既避免了滥征滥收，也增加了官员的收入。清代根据地域和品级不同，各级地方官的养廉银也不同。以山东为例，山东巡抚养廉银15000两，布政使8000两，按察使6000两，道员4000两，知府3000两到4000两不等，知州1200两到1400两不等，知县1000两到2000两不等，同知800两到1000两不等。虽然数量不等，但是一般都数倍于他们的本俸。另外，极个别的京官也是有养廉银的，主要是户部职官。

养廉银制度

职官	养廉银（单位：两/年）	心红纸张银（单位：两/年）
总督	13000～20000	288
巡抚	10000～15000	216
布政使	5000～9000	120
按察使	3000～9000	120
道员	1500～6000	50
知府	1000～4000	50
知州	500～2000	30
知县	400～2300	30
同知	400～1600	30

六、除去上表的收入，京官还有一种特殊收入"津贴"。津贴是某些特殊职官或者特殊差事所带来的官方额外收入，相当于特殊补贴、特殊津贴。比如

---

[1] 所谓火耗，又统称为"耗羡"，指的是因为收粮收银，在运输和熔铸过程中会有损耗，所以要比实际需求量多征一部分。

说宗人府的宗正、宗人，每月便有数十两或百两的津贴。还有一些大小职官也都有数量不一的津贴。

武官俸禄

说完文职，我们再说武官。清代武官俸禄设置成两个体系，一个是八旗体系，一个是绿营体系。

八旗体系的武官，其俸禄按照文官的本俸系统来领取，但是只有正俸，没有恩俸，在京的八旗武官有俸米，驻防的八旗武官没有。另外，八旗武官有不少均有养廉银，如下表：

八旗武官的养廉银

职官	养廉银（单位：两/年）
领侍卫内大臣	900
步军统领	880
左右翼总兵	800
总理銮仪卫大臣、满洲都统	700
蒙古都统、汉军都统、前锋统领、护军统领	600
总管内务府大臣、满洲副都统	500
蒙古副都统、汉军副都统、包衣护军统领	400
健锐营翼长、火器营翼长	200
翼领	100
驻防将军	1500~2000
驻防都统	800
驻防副都统	500~1000
驻防城守尉	100~200

绿营武官的俸禄则不同，他们不是按照文官本俸系统领取的，而是依然按照明代地方官员的俸银加上薪米、蔬菜烛炭银等公费补助的方式领俸的，后来也给他们安排了养廉银，如下表：

绿营武官收入情况

官品	俸银（单位：两/年）	薪米（单位：斛/年）	蔬菜烛炭银（单位：两/年）	心红纸张银（单位：两/年）	养廉银（京营）（单位：两/年）	养廉银（直省）（单位：两/年）
提督	81.694	144	180	200		2000
总兵	67.576	144	140	160		1500
副将	53.458	144	72	108	900	800
参将	39.34	120	48	36	600	500
游击	39.34	120	36	36	500	400
都司	27.394	72	18	24	300	260
守备	18.76	48	12	12	240	200
千总	14.965	33.035	无	无	140	120
把总	12.471	23.529	无	无	100	90

爵位俸禄

最后我们再来说爵位俸禄，清代爵位体系我们之前给您讲解过了，这些大小爵位都实打实地有固定俸银和俸米，其中蒙古爵位以及蒙古额驸的俸米是俸缎，见以下几表：

宗室爵位俸禄

爵位名	俸银（单位：两/年）	俸米（单位：斛/年）
和硕亲王	10000	10000
多罗郡王	5000	5000
多罗贝勒	2500	2500
固山贝子	1300	1300
镇国公	700	700
辅国公	500	500
一等镇国将军	410	410
二等镇国将军	385	385
三等镇国将军	360	360

续表

爵位名	俸银 （单位：两/年）	俸米 （单位：斛/年）
一等辅国将军	310	310
二等辅国将军	285	285
三等辅国将军	260	260
一等奉国将军	210	210
二等奉国将军	185	185
三等奉国将军	160	160
奉恩将军	110	110
闲散宗室	36	45
闲散觉罗	24	23

宗女及额驸俸禄（在京）

宗女爵位名	宗女俸银 （单位：两/年）	宗女俸米 （单位：斛/年）	额驸俸银 （单位：两/年）	额驸俸米 （单位：斛/年）
固伦公主	400	400	280	280
和硕公主	300	300	255	255
郡主	160	160	100	100
县主	110	110	60	60
郡君	60	60	50	50
县君	50	50	40	40
乡君	40	40	无	无

宗女及额驸俸禄（外藩）

宗女爵位名	宗女俸银 （单位：两/年）	宗女俸缎 （单位：匹/年）	额驸俸银 （单位：两/年）	额驸俸缎 （单位：匹/年）
固伦公主	1000	30	300	10
和硕公主	400	15	255	9
郡主	160	12	100	8
县主	110	10	60	6
郡君	60	8	50	5
县君	50	6	40	4
乡君	40	5	不明	不明

蒙古爵位俸禄

爵位名称	俸银 （单位：两/年）	俸缎 （单位：匹/年）
汗王及三亲王[1]	2500	40
其余和硕亲王	2000	20
科尔沁札萨克图郡王	1500	20
其余多罗郡王	1200	15
多罗贝勒	800	13
固山贝子	500	10
奉恩镇国公	300	9
奉恩辅国公	200	7
札萨克台吉或塔布囊	100	4
一等台吉或塔布囊	100	
二等台吉或塔布囊	80	
三等台吉或塔布囊	60	
四等台吉或塔布囊	40	

功臣世爵世职俸禄

世爵世职名称	俸银 （单位：两/年）	俸米 （单位：斛/年）
一等公	700	700
二等公	685	685
三等公	660	660
一等侯兼一云骑尉	635	635
一等侯	620	620
二等侯	585	585
三等侯	560	560
一等伯兼一云骑尉	535	535
一等伯	515	515

---

1 三亲王指科尔沁的图什业图亲王、卓里克图亲王和达尔汉亲王。

续表

世爵世职名称	俸银（单位：两/年）	俸米（单位：斛/年）
二等伯	485	485
三等伯	460	460
一等子兼一云骑尉	435	435
一等子	410	410
二等子	385	385
三等子	360	360
一等男兼一云骑尉	335	335
一等男	310	310
二等男	285	285
三等男	260	260
一等轻车都尉兼一云骑尉	235	235
一等轻车都尉	210	210
二等轻车都尉	185	185
三等轻车都尉	160	160
骑都尉兼一云骑尉	135	135
骑都尉	110	110
云骑尉	85	85
恩骑尉	45	45

之前说过，这些有爵位的人一般都要出任职官去当差，那俸禄怎么算呀？两份都领吗？

不是的。清代计算多份俸禄的方法很简单——"哪个多，领哪个"。

比如说和珅，他承袭的爵位是三等轻车都尉，世职只有本俸和俸米，所以爵位带给他的年收入是160两的俸银和160斛的俸米。他的初官是三等侍卫，三等侍卫是武正五品，京官武职只有本俸和俸米，所以他三等侍卫的年收入是80两俸银和80斛的俸米，远少于三等轻车都尉的收入，所以他那时只领三等轻车都尉的俸银和俸米，但是可以兼领三等侍卫武正五品的公费和饭食银。乾隆四十五年（1780年），和珅升任户部尚书，更兼领侍卫内大臣等职，其作为部院尚书可以领双俸双米，即超过了其三等轻车都尉爵位的收入，所以他就改领职官的俸禄，而不再领爵位的俸禄了。

  当然，这种情况只是针对比较低的爵位而言的。像宗室的和硕亲王年俸有10000两之多，惯例又不能出任总督、巡抚，所以无论担任什么职官，制度上的收入都很难超过自己的爵俸。

  怎么样，您看清代官员的这个收入如何？

  这挣得不少呀！《红楼梦》里，刘姥姥不是说二十多两银子够庄家人过一年的吗？

  这个问题嘛，我们这里只讲解了收入，您或许还可以这样认为。在下一节里，我们给您讲一下官员的支出情况，您了解了之后，是否还觉得挣得不少呢？

叁·官场生活

居无一宅，食无半亩

——清代官员的花费

这一节中，我们来给您讲解一下清代官员的支出问题，以让您切身实地地感受一下清代官员俸禄到底是"薄"还是"厚"。

首先我们先要复习一下《清朝穿越指南》中关于货币、财政部分的知识。

清代最常用的货币是银子和铜钱，银子一般以"两""钱""分"为单位，1两=10钱，1钱=10分。铜钱大多以1枚为1"文"，以1000文称为1"吊"或1"贯"。在官方设定上，1两银子兑换1000文铜钱，而在民间实际兑换中，银价和钱价是一直在因地、因时波动的。就京师的价格来讲，清初"钱贵银贱"，1两银子只能兑换800文铜钱。而从乾隆朝中期开始，逐渐变为"银贵钱贱"，在嘉庆朝已经打破1:1000的比例，尤其是在道光朝的时候，银价因为外国贸易的影响暴涨，1两银子甚至能换到2000多文铜钱，后来逐步稳定，晚清时1两银子兑换的铜钱数一般为1100文至1800文。

另一方面，清代整体上是人口膨胀、物价持续上涨，也可以理解为钱是"越来越不值钱"的。据《皇朝经世文编》记载，嘉庆朝已经有官员指出，"康熙、雍正以及乾隆之初，民间百物之估，按之于今，大率一益而三，是今之币轻已甚矣"[1]。也就是说嘉庆朝的物价已经是康乾时期的3倍，晚清更甚。所以您之前提过的《红楼梦》里的银子钱，若康乾时期庄家人一年需用银20多两，那嘉庆朝就大概需要60多两，晚清则需要更多。

---

1 引自觉罗桂芳：《御制致变之源说恭跋》。

接下来，我们分门别类地来归纳一下清代官员们的各项支出。

第一项，当官钱。

当官还要钱？！

对的，当官自然需要钱。比如说您如果是纳捐出身，纳捐监生什么的都需要钱，纳捐官职什么的也需要钱，这笔钱交上去了，您才有当官的前提。退一步说，如果您是科举正途出身，没有花钱，也别高兴太早。因为您很有可能不是京城人，当官需要从地方上前往京城报到。考科举的时候有称为"公车"的官方路费，当官了却大多是没有的，所以您要自行筹措路费上京当官。远近不同，这笔路费自然也是不一样的。如曾国藩，他考中进士之后入京做官，从家乡湖南到京城，一共花费了100多两银子。这笔钱，官宦世家或者大地主家庭或许可以负担，如果真的是穷苦读书人家，就很可能负担不起。晚清"戊戌六君子"之一的刘光第出身贫寒，据《刘光第集》记载，其少年时"两三月一肉，不过数两"，光绪九年（1883年）考中进士之后，因为京官生活费消耗过大，甚至于路费都付不出，[1]所以他直接在家乡"待职"了数年，一直到光绪十四年（1888年），才在族叔和县令的资助之下入京当官。

第二项，官服。

清代当官不给官服吗？

您说对了。清代除了清初的时候因为服饰制度初步建立故而经常给官员发放顶戴、袍服之外，只在个别情况下发放实物服饰赏赐。我们在一些史书里看到的所谓服饰恩荣，比如说"赏穿黄马褂""赐二品顶戴"，并不是实物，只能理解为"赏给穿黄马褂的资格"和"赐给戴二品顶戴的资格"。所以在大多数情况之下，清代官员们必须自行购置与自己品级相应的官服。

我们在上一部里具体科普过清代的服饰制度，一位官员要准备朝服、吉服、常服、行服、便服等几套服饰，每一套都分成冠、袍、褂三部分，而且每

---

[1] 刘光第是四川富顺人，距离京城很远，所以其上京路费开销也必然较大。

一套根据季节的不同,还有"单夹皮棉纱"至少五种质地。清代官员们尤其讲究"官体",服饰可以不"好",却不能不"齐"。但是一套官服动辄需要数两乃至于数十两银子,特别是顶戴、朝珠和皮褂等,尤其昂贵,很多官员特别是中下级官员无力购买,只能到处"借用"。有些官宦世家,则直接以这些昂贵的官服传家。在《儿女英雄传》第三十七回里,安公子考中探花,授了翰林院编修,回家之后,他的亲戚舅太太便拿出了顶戴和朝珠送给他。文中这样描写道:

> 舅太太道:"我这里还给你留着个顽意儿呢,不值得给你送去,你带了去罢。"说着,便叫绿香从屋里一件件的拿出来。一件是个提梁匣儿,套着个玻璃罩儿,又套着个锦囊。打开一看,里头原来是一座娃娃脸儿一般的整珊瑚顶子,配着个碧绿的翡翠翎管儿。舅太太道:"这两件东西,你此时虽戴不着,将来总要戴的,取个吉祥儿罢。"金、玉姊妹两个都不曾赶上见过舅公的,便道:"这准还是舅舅个念信儿呢。"舅太太道:"嗳,你那舅舅何曾戴着个红顶儿哟!当了个难的乾清门辖,好容易升了个等儿,说这可就离得梅楞章京快了,谁知他从那么一升,就升到那头儿去了。这还是四年上才有旨意定出官员的顶戴来,那年我们太爷在广东时候得的。"……说着,公子又看那匣儿,是盘百八罗汉的桃核儿数珠儿,雕的十分精巧,那背坠、佛头、记念也配得鲜明。[1]

这种就是典型的以顶戴、朝珠这些昂贵官服传家的例子。哦,对了,其实不光是清代,我国历朝官府多数都是不提供官服的,只不过有些朝代官俸比较"厚",所以就不当一回事了。这一点还请您注意。

第三项,住所。

清代除了极少数官员有"赐第"之外,其余多数京官都必须自寻住处。因为在京任官时间有限,所以大多数外省来的京官都选择在北京租房住。所租房

---

[1] 出自《儿女英雄传》第三十七回。

屋,一般有三种来源,其一是会馆,其二是寺庙道观,其三是普通民居。普通民居比较好理解,这里我们专门讲一下会馆和寺庙。

所谓会馆,指的是由来自某一个地区或者从事某种职业的旅京人一起设立的馆所,共同职业的会馆如弓箭会馆,共同地域的会馆如湖广会馆、番禺会馆等。这些会馆经常有不少馆房,也有附属的民房,可以租赁给同地域或者同职业的旅京人士。至于寺庙,清代北京寺庙、道观很多,规模有大有小,香火有衰有旺,其中不少寺庙、道观本身占地就很广,或者名下还有附属的院落,也用于出租。各种院落的价格自然是根据具体情况有所区别,不过都不算"便宜"。

以曾国藩为例,曾国藩在道光二十年(1840年)正月入京,先在长沙会馆住了3天,之后在南横街的千佛庵租了4间屋子,每月租金4000文铜钱。年底,他的妻小入京,一家人搬入棉花六条胡同,每月租金8000文铜钱。第二年,一位擅长风水的朋友跟曾国藩说这处宅邸风水不好,于是曾国藩赶紧搬到了朋友推荐的绳匠胡同,有房18间,每月租金10000文铜钱。后来经过统计,曾国藩在北京13年,一共搬家8次,经常搬家也是清代非京籍京官的常态。再反过来想想您说的《红楼梦》里刘姥姥的那个例子,"20多两银子"放到曾国藩这个时候,还不够一个季度的房租呢。[1] 而需要注意的是,曾国藩住在绳匠胡同的道光二十一年(1841年),他的职官只是个从七品的翰林院检讨,其作为京官的"双俸单米"折成银子之后也不过120两左右,其公费等补助有10多两,所以其年收入当时是130两银子,而六成都用来支付房租了。

第四项,交通工具。

您作为一个朝廷命官,"做官为宦之人",上班自然不能"腿儿着"就去了,为了"官体尊严",必然要乘坐交通工具。在《清朝穿越指南》中我们给您讲解过,清代官员主要的交通工具是轿子、车和马,其中骑马对您的骑术有要求,清代文官不会骑马的居多,所以马您还是别想了,只有轿子和车可选了。在清

---

[1] 以当时的银钱比例计算,绳匠胡同的宅邸,每年房租约为83.36两。数据见《给曾国藩算算账》。

宫剧里，似乎官员都是坐轿子的，而事实上，大多数官员选择坐车，其理由，何刚德曾经在《春明梦录》中细细地给您算过一笔账：

> 要其坐轿坐车，则以贫富论，不以阶层分也。缘坐轿，则轿夫四人必备两班三班替换，尚有大板车跟随于后，且前有引马，后有跟骡，计一年所费，至省非八百金不办。若坐车，则一车之外，前一马，后或两三马足矣，计一年所费，至奢不过四百金。相差一倍，京官量入为出，不能不斤斤计较也。余初到京，皆雇车而坐。数年后，始以二十四金买一骡，雇一仆月需六金。后因公事较忙，添买一跟骡，月亦只费十金而已，然在同官汉员中，已算特色。盖当日京官之俭，实由于俸给之薄也。

何刚德是清末时候的人，讲述的是光绪朝的情况，当时坐轿子一年的花费最少是800两银子，坐车一年的花费最多是400两银子。您要只是一位中低级官员，每年收入才200两银子不到，您还是雇车吧，雇车一次费用大概是几百文。如果这个钱您都出不起，那就只能"腿儿着"了，清代也有不少穷苦官员是这样的。比如说上面提到的刘光第，他做京官的时候，就因为京城房价太高所以改租城外的房子，每次上班"回转二十里"，"均步行，惟雨天路太烂时偶一坐车"[1]。相当辛苦。

第五项，仆人、日用与娱乐。

好歹您作为一个官员，您夫人也是一位"诰命"，家中洗洗涮涮，各种日常杂事，总不能都让您夫人亲自操劳吧。再说您平时上班，家里多少要有个仆人来回通报或者传递物品、消息，所以无论是外宅还是内宅，都是要用仆人的。好在清代仆役的价格是比较低廉的，清中后期京官家里雇佣的仆役，月薪只需500文至1000文，每年春节、端午节、中秋节"三节"，您还得给他们一笔赏钱，大概要一两或几两银子吧。不过这跟房租、官服什么比，都是小钱。

---

[1] 出自《刘光第集》。

至于日用，则全都看您的生活水平了，毕竟"量入为出"嘛，收入少则勤俭一些，收入多则奢侈一些。清代米价按照我们今天的标准来看是不贵的，所以如果您想要维持基本的生计，应该问题不大。但是如果您想要增加点嗜好或者娱乐项目，就两说了。清代的物价结构与我们今日的相比，特点就在于生活必需品和奢侈品的种类不同，物价差距也不同。以书籍为例，现在我们市面上的书籍大多不贵，不会让人有"奢侈品"之感，但是清代书籍通常是很贵的。在曾国藩所记账册里，其购买的《朱子全书》《子史精华》等书，均要4000文，而账册里记录同一年内购买大米1斤需要23文，猪肉1斤需要20文，猪油1斤需要140文，可知价格差距之大。所以如果您嗜好比较多，再听听戏，下下馆子，买点儿好书好衣服，钱包估计就很难承受了。

第六项，交际。

清代是一个典型的人情社会，各种群体内部或者群体间需要大量的交际以维持人情关系，官僚、同乡、同年间的交际都十分频繁，特别是对于京官来说，交际很有必要。

我们以那桐为例，那桐出身镶黄旗包衣叶赫那拉氏，光绪十一年（1885年）举人。光绪二十年（1894年）五月时，那桐任户部云南司郎中，我们从《那桐日记》看一下他整个五月份上半月的交际情况：

  初一日，申刻到崇星翁侍郎处拜寿。
  初二日，亥初到崇星翁处看剧。
  初三日，约廷邵民、延旭堂、宝湘石、景佩珂、清阶平来便饭。
  初六日，未刻到乌师母、松鹤樵两处出奠分，答拜客两家。
  初七日，卯刻由西直门同仲路、麓宾、锡之、湘士、阶平、正斋……在万福楼仲路约饭，佩珂同席。未刻到文质斋处出白分，长允升处出喜分，佩珂弟处送兰谱，如仙樾、熙菊朋两处补拜寿，顺路拜客三二家。
  初九日，申刻到志小岩处道喜，崇兰畦处接三。

初十日，酉刻斌小川约福寿堂饭。

十一日，酉刻赴锡之、兰谷、介卿、正斋、铁山庆和堂之约。

十三日，酉刻佩珂来，约阶平同到同和楼晚饭。

十四日，未刻到佩珂处道喜，惠树滋令堂拜寿，徐梅孙道喜，酉刻归。

十五日，巳初到德兴园同石孙、芝田早饭。[1]

从这里可以看到，五月份上半月一共十五天，其中十一天里那桐都在进行交际，种类有拜寿、看剧、宴饮、贺喜、出分[2]等，十分繁忙。这种繁杂的交际背后，自然必须要有相当数量的金钱收入作为支撑，这也是京官支出庞大的原因之一。而在清代人情社会的背景之下，想要完全杜绝这种交际行为是不现实的，如前面所说的刘光第，无论是从家境来讲还是从个人性格来讲，都是一个对交际很不"感冒"的人。结果是"官刑曹十余年，虽同乡不尽知其名"，被同僚视为"木石"。

通过上面这六项支出，您还觉得清代京官的收入多吗？清代八旗兵丁每月收入一般是3两或者4两银子，绿营兵丁每月收入是1两5钱或者1两银子，清末湘军兵丁每月收入是4两2钱银子，北京城内轿夫的月薪一般是1000文铜钱，跟他们相比，清代官员的收入应该说不算"微薄"。但是拿"白身"与官员对比，其实并没有什么意义，双方所处的社会环境也完全不是一个层次。

清末名臣张之洞在《请加翰林科道津贴片》中曾经这样说道："计京官用度，即十分刻苦，日须一金。岁有三百余金，始能勉强自给。"[3]一位京官把生活用度降到最低，每年也要三百两银子。我们前面提到的"穷官"典型刘光第，曾经在家书里这样算道："但细打算，留京有家眷，每年非六百金不可。"[4]要是

---

1 整理自《那桐日记》。
2 出分，即今日"随份子"，喜分为结婚、生孩子等喜事份子，奠分是去世等白事份子。
3 出自《张之洞全集》。
4 出自《刘光第集》。

携带家眷的话，怎么也要六百两的收入，而其实很多京官都是达不到这个收入标准的。

那么外官呢？要好一些吗？

清代外官整体来说比京官要富裕一些。

在上面六项之中，除了第一项当官钱、第二项官服、第五项仆人和日常用度之外，其余几项外官都不大需要支出。住所方面，外官有官方提供的住所，不需要自己租赁。交通工具方面，外官的住所和衙门经常一体化，虽然也需要交通工具，但是远不如京官使用得那么"勤"。至于交际方面，外官在地方上任官，地方上官员有限，官场远不如北京庞大、复杂，而且地方上大小官员受到辖区、住所的限制，经常有相当的距离，不会像京官那样天天聚会，费用自然也就少了很多。

另一方面，外官也有一项京官所没有的支出，那就是幕僚费用。幕僚，也叫"幕友"，俗称"师爷"，清代外官都负责一方事务，与京官相比，事务繁重得多，所以各级外官一般都要聘请数位幕僚，专门负责某一方面的事务。负责的方面不同名称也不同，如负责文案奏牍的叫作"文案幕友"，负责本署经费的叫作"账房幕友"，负责法律事务的叫作"刑名幕友"，负责民政财政的叫作"钱谷幕友"，等等。幕友出身各异，但是一般都受到雇主的尊重，虽然幕友没有官品，却也受雇主以平等的客礼相待，不能待之以属下，其"月薪"自然也不会十分微薄，每月少则十两银子，多则百余两银子，是外官支出的一个大宗。

整体而言，外官比京官少支出了许多，却有比京官收入多很多的养廉银，这就使得清代地方官员的生活要比一般京官富足得多，所以很多中下级官员都愿意被外派做地方官。

这么复杂啊！不过，清代官员的收入这么低，他们怎么生活啊？

这个问题问得好。一句话——靠陋规。

叁·官场生活

路费

官服

住所

交通

仆役、日用

交际

　　清代官员上任需要花费不少钱财，主要有路费、官服、住所、交通工具、交际、仆人及日常花费。

213

三年清知府，十万雪花银

——论清代的陋规

清代官俸既然很薄，而官员们的支出又十分庞大，如果单以官俸为生，不要说发家致富，连官场的基本生活大概都不能满足，属于典型的"赔钱生意"。但是在清代官场中，又有相当多形容"为官之乐"的民谚，如"三年清知府，十万雪花银"或"不贪不滥，一年三万"，都是形容官员收入颇丰的。这中间的差距，便是依靠陋规来进行填补的。

我国古代社会的陋规是从什么时代开始的，尚不明确，至少明代就已经形成一定体系了，而清代无疑是陋规的"集大成者"。

陋规究竟是什么呢？严格来讲，陋规是在当时的人情社会之下，官场上延续前人"成例"而产生的"灰色收入"。为什么叫"灰色收入"呢？就是说这个收入肯定不能算是官方给予的、明明白白的合法收入，但也并不算违法犯罪的贿赂，而且重点在于"因循"，就是说这不单是社会上的普遍现象，还是前任官员们都做过的事情。

清代陋规的体系相当繁复，大体而言，可以分为三个层面。第一个层面是地方官员通过陋规来榨取当地百姓的钱财，获得了相当大的一笔经费。第二个层面，则是地方官员以此经费为基础，向京官们馈赠陋规。第三个层面，则是官员之间的陋规馈赠。

第一层面，说白了即是剥削人民。

作为一个普通的地方官，如何用陋规来榨取钱财呢？他们主要用"加征""折色"和"官价"三种陋规来捞金。

"加征"，指的是在征收粮米的过程中进行加派。简单说，即是国家要收你一块钱的税收，但是地方政府将这一块钱加派为两块钱或者更多。这种加派的数量基本上由地方成例或者官员凭"良心"来决定。比如，清代山东省个别地方，朝廷每征一两银子，地方官员在实际操作中实征七八两，山西省个别地方，则实征四五两。

"折色"，指的是银钱互换，或者钱米互换。清代银价、钱价、米价一直在变动，官员可以利用这种变动来捞钱。比如，清代浙江省某地粮食市价约2200/文石，但是官府征收粮食，要求百姓按照4500文/石缴纳，只收铜钱，不收实米，所以实际上翻了1倍。又如，某地银钱市价比例为1两银子换1600文钱，官府却按1两银子换2100文钱征收铜钱。

"官价"，则更直白，指的是官方采购当地物资，结算时按照官方给出的"官价"进行结算。《中国近代农业史资料》中有这样一组数据，绸缎市价为1两银子/匹，官方采购之后，按照5钱银子/匹结算，卖家直接少赚一半。[1]

另外，地方上的民众遇到官司，需要上下"打点"。若遇到天灾，朝廷免收当地税收一年，但是地方官依然照常征收，甚至将赈灾的粮食拿去倒卖赚钱。总之，收取陋规的方法多种多样。这些陋规所带来的收入，都数倍于地方官原本的官方收入，增加的部分都进了地方大小官员的腰包。

这些不就是贪赃枉法吗？

从我们现代人的角度来看，这的确属于贪赃枉法。但是在清代，无论是官员还是百姓，除了遇到天灾还想要敛财的那种不顾百姓死活的行为外，大多将这种陋规视为正常现象，"一向如此"，以至于"民间相安已久，亦不复觉其为陋规"。这也是陋规在清代被广泛接受的一个体现。民间如此，官方也是一样，清代统治者对于地方上的陋规也是默许的。至于所谓的"清官"，也并不

---

[1] 以上例子均出自《清季一个京官的生活》，引自李文治《中国近代农业史资料》。

是完全不收陋规，而是根据具体情况和自己的"良心"少收陋规罢了。要知道"三年清知府，十万雪花银"中的"清"，并不是清朝的清，而是清官的清。清官尚且如此，何况其他人呢？

地方官员在地方上搜刮了民脂民膏之后，便要孝敬"上官"和"京官"。清代有文武官员27000余员，其中京官只有几千人，"朝廷有人好说话"，京官在官场的发言力无疑是优于地方官员的，所以地方官员以讨好京官为务。据《光绪朝东华录》记载，清人批评这种陋规体制，说"上官取之州县，州县取之百姓。上下相蒙，诛求无厌"[1]，可谓中肯。地方官孝敬上官和京官，依然是采用陋规的方式，至于官员之间的陋规名目，那就更花样百出了：

第一类为个人馈赠，主要名目有冰敬、炭敬等。夏季炎热，托名买冰消暑的叫"冰敬"；冬季寒冷，托名买炭取暖的叫"炭敬"；三节两寿[2]时奉上的叫"节敬"，其中春节的也叫"年敬"；官员家里有喜事，有"喜敬"；送给官员内眷或者在官员嫁女时送上的，叫"妆敬"；地方官上任，从京城离开前往地方，要送"别敬"；连登门送礼时，还要给门房仆役"门敬"。

第二类为衙门馈赠，主要名目有部费、印结等。"部费"是中央各衙门向其他衙门或者地方衙门收取的"办事费""办公费"。至于"印结银"，则与纳捐有关。清代纳捐买官时，需要出具一种保结，这种保结需要与捐官者同乡的在职官员作保，作保的话，自然是要收一笔费用，每年交到一起，分配给同省出身的大小官员。

第三类为地方事务馈赠，主要名目有棚费、漕规等。棚费与科举有关，是当地官员向考生们收取的一笔费用，用于馈赠考官。漕规与漕运官有关，基本上各类地方官一到任，当地的士绅以及各种商家都会来送礼，漕规是专指给漕运官的钱财。

---

[1] 出自《清季一个京官的生活》。
[2] 三节即春节、端午节、中秋节，两寿为官员及官员嫡妻的生日。

无论是哪一类的陋规,其数量一般都是很"可观"的。我们通过几个例子来看一下。

清中后期有一位大臣叫张集馨,字椒云,扬州人,他是道光九年(1829年)进士,从翰林院出来之后就一直做外官,留下了一部《道咸宦海见闻录》,里面对于他亲自执行的陋规有详细记载。

道光二十五年(1845年)正月十七日,张集馨被补授为陕西督粮道,二月十六日出京,三月十六日到陕。到任之后,张集馨便记下了需要给当地主要官员馈赠的陋规:

> 将军三节两寿,粮道每次送银八百两,又表礼、水礼八色,门包四十两一次;两都统每节送银二百两,水礼四色;八旗协领八员,每节每员送银二十两,上白米四石;将军、都统又荐家人在仓,或挂名在署,按节分账;抚台分四季致送,每季一千三百两,节寿但送表礼、水礼、门包杂费;制台按三节致送,每节一千两,表礼、水礼八色及门包杂费。

"表礼"是绸缎,"水礼"是饮食,"八色"就是"八种""八样"。您可以看到张集馨要对西安驻防八旗的上官送礼,还要给巡抚和两司等送礼,每年每位均有数千两之多。而张集馨作为正四品的陕西督粮道,本俸为105两,养廉银为2400两,心红纸张银为50两,一年的正规收入只有2555两,送陋规是远远不够的。他的钱从哪里来?不言而喻。

之后的道光二十七年(1847年),张集馨由署理陕西按察使授为四川按察使,奉旨入京引见,八月十四日到京,八月十八日、二十日、二十二日,道光帝都召见了他。二十二日这天引见的最后,道光帝嘱咐张集馨说:"汝赶紧收拾起身,不必在京多耽搁,作无益之应酬。"但张集馨还是"即日进城拜客",并且记录下了赠予京官们的"别敬":

> 别敬军机大臣,每处四百金,赛鹤汀不收;上下两班章京,每位十六

金,如有交情,或通信办折者,一百、八十金不等;六部尚书、总宪百金,侍郎、大九卿五十金,以次递减;同乡、同年及年家世好,概行应酬,共用别敬一万五千余两。

入京一次,仅别敬就花费一万五千余两,可见当时陋规之泛滥。

这个不算贪污受贿吗?

这个问题问得好。陋规之所以叫"陋规",而不叫"贪污受贿",是有其理由的。首先,与贪污相比,清代贪污适用《大清律例》里《监守自盗》条例,陋规则不适用。其次,与受贿相比,陋规属于"人情钱",并没有直接的"索求目的"。以受贿为例,甲给乙一万两银子,让乙帮他办成某某事。而陋规没有这种目的,一切都是为了"交际"或者"照顾",属于"馈赠"。最后,陋规之所以叫"规",就说明是有固定套路,并不是新的"创举"。如张集馨出任陕西督粮道,到任就已经知道各种陋规如何交,该给谁,给多少钱,不同等级的官员什么样的比例,都是有"成例"的,这也是清代陋规的可怕之处——社会整体默认为规矩。[1]

在这里需要再次重申的是,"收受陋规"的行为,与"立志做清官"的志愿,在清代官员眼中其实并不是完全对立的。

以晚清名臣曾国藩为例。曾国藩受到理学的深刻影响,明确指出自己立誓要做清官。他在道光二十九年(1849年)的家书中这样说道:"予自三十岁以来,即以做官发财为可耻,以宦囊积金遗子孙为可羞可恨,故私心立誓,总不靠做官发财以遗后人。神明鉴临,予不食言。"[2]因此,对于外官的馈赠,曾国藩经常少取乃至不取[3],并常引以为戒,如其道光二十二年(1842年)十月初十的日记内有"座间闻人得别敬,心为之动。昨夜梦人得利,甚觉艳羡。醒后

---

[1] 关于陋规,可参见晏爱红:《清代官场透视:以乾隆朝陋规案为中心》。
[2] 出自《曾国藩全集》内道光二十九年家书,曾国藩时年三十九岁。
[3] 清代也有少收或者不收陋规的官员,如前面所引张集馨送别敬的文段内,军机大臣"赛鹤汀"便没有收别敬。赛鹤汀即赛尚阿,蒙古正蓝旗阿鲁特氏,也是穆宗孝哲毅皇后的祖父。

痛自惩责，谓好利之心至形诸梦寐，何以卑鄙若此，真可谓下流矣"[1]。后来做外官时，曾国藩也尽可能地少盘剥百姓，不以此发财。

但是另一方面，在道光二十三年（1843年），曾国藩被派前往四川任乡试正考官。清代科举的考官是清代京官里比较"肥"的差事之一，也是"穷翰林"们少数能够赚钱的差事之一。作为一个考官，首先国家会给予其相当丰厚的官方路费。考试完了，地方官也会送一笔官方性质的"程敬"，也叫"程仪"。除此之外，地方官员和其他考官以及考中的举人，都会准备礼物或者礼金馈赠给考官，这些馈赠多数都可以算作"陋规"。对于这笔钱，曾国藩没有推辞，而且考官的差事也是他"汲汲争取"来的，如他所言，"不过多得钱耳"。根据《曾国藩全集》中的记载，在他33岁出任四川乡试正考官时，他的收入有官方路费400两、公项程仪2400两、地方官员馈赠938两、考官馈赠513两、举人馈赠500两，一共4751两，另外还有袍料、饮食、土产等实物馈赠，自然也是"受之如饴"了。[2]

总而言之，陋规是清代官员薄俸制度下和旧时代人情社会背景下的特殊现象，许多学者都指出了这种现象的畸形和不可思议。而且陋规终是取自民众的血汗，加重了民众的生活压力。另一方面，清代官员和统治者也并不是不知道陋规问题，从清中叶陋规泛滥开始一直到清帝退位，对于陋规以及官俸等问题一直都有关注，但是对于如何解决这个问题，清代统治者也一直没有给出好办法，毕竟这是一个涉及国家整体薪俸制度的大问题。同治初年的翰林院侍读学士景其浚在《请重廉俸疏》中这样议论道：

> 民何以为贼，官驱之也。官何以不恤民，上司勒逼为之也。上司之得自存活而借以办公者，惟廉俸耳。一署之中，簿书稠迭，应准应驳，不难独断。而伏案办文，使皆出于一人之手，虽绝世聪明，亦不暇给。故不能无幕友，繁缺必需数人，岁糜二三千金，俸廉全给，非十分俭约犹恐不

---

[1] 出自《曾国藩全集》，道光二十二年十月初十日日记，曾国藩时年三十二岁。
[2] 出自《曾国藩全集》。出任考官时，曾国藩三十三岁。

敷日用。河南自清查案内奏明扣廉四成，弥补无着亏空，军需案内例价不敷，亦请由外弥补。于是各官无廉可领，甚至廉不敷扣……道府以上，计无所出，季规、节寿规、哨费、秋审费，种种名目，无不取诸州县。州县计无所出，钱漕浮收之外，差徭繁琐，无一不取诸百姓。[1]

景其浚指出，原本用来防止地方官员盘剥百姓的养廉银，后来也经常被官方以财政系统内的各种理由少发或者停发，使得官员们本身就不算丰厚的收入雪上加霜，只能通过各种陋规添补，最终致使官逼民反。

怎么样？您还觉得清代当官容易么？

---

1 出自《皇朝经世文编》卷二十《请重廉俸疏》。

辛劳与运气
——官场生活

前面给您讲的是作为一名官员,您的支出问题以及官场上的陋规,而在这一节中,我们简单地给您讲一下清代官场日常的生活。

"辛劳"的工作

当官自然是需要工作上班的,旧时代并没有我们现在的双休日的概念,只在春节、中秋等重要节日才放假,所以整体来说,作为清代官员,上班是比较辛苦的。

另外,官职不同,工作也有明显的"繁""简"之分。一般来讲,京官普遍比外官清闲一些,但是京官等级越往上公务越繁重,如果真的跻身京官决策最高层,公务是特别繁重的。相对而言,京官中下层官员就比较轻松,同时也是缺少官多的缘故。[1]除此之外,还有一些特殊的职官本身就是"闲曹",比如说翰林官,他们本身没有专门负责的职掌,所以主要生活就是看书、学习,准备翰林大考进行升官。

一位官员都需要做什么工作呢?首先是自己本衙门的本职工作,其次是跟上下级交接、传递的相关事务,最后还有个别官员需要跟皇帝交接,进行召对

---

[1] 清代有大量的"候补"官员,他们虽然都还没有补上缺,但也都是要到各衙门去当差的,一般都是很清闲的杂务。所以一个衙门,除去原本制度上缺额的官员,还有几倍乃至于数十倍的候补官员,故而下层行政比较清闲。

等工作。[1] 我们可以通过两份晚清京官的日记来看一下他们的官场生活。

第一份是光绪二十年（1894年）五月那桐的日记，这一年他任户部云南司郎中，差事是户部内仓监督、捐纳房总办。

> 初一日。辰刻进署办事。申刻到崇星翁侍郎处拜寿，福中堂宅回事，亥初归。
>
> 初二日。辰刻进署办事，申刻散。派余同锡之、敬臣、锡庚审理轿夫滋事一案。亥初到崇星翁处看剧，子初归。
>
> 初三日。辰刻进署办事。未刻到福中堂宅回事，申刻归。约廷邵民、延旭堂、宝湘石、景佩珂、清阶平来便饭，亥正客去。
>
> 初四日。辰刻进署办事，申刻归。
>
> 初五日。辰刻进署办事，午刻归。祠堂上供行礼。未刻随母亲看牌。
>
> 初六日。辰刻进署办事。未刻到乌师母、松鹤樵两处出奠分，答拜客两家，申初归。
>
> 初七日。福、翁两堂点景工程灰线，卯刻由西直门同仲路、麓宾、锡之、湘士、阶平、正斋查至午刻，在万福楼仲路约饭，佩珂同席。未刻到文质斋处出白分，长允升处出喜分，佩珂弟处送兰谱，如仙槎、熙菊朋两处补拜寿，顺路拜客三二家，申正归。
>
> 初八日。卯刻查庙工，同育圃少谈。巳初进署办事。申初到福中堂宅回事，答拜乌什哈，拜崇受翁不遇，申正归。
>
> 初九日。辰刻进署办事，未刻归。申刻到志小岩处道喜，崇兰畦处接三。晚赴奎星垣福全馆之约，亥正归。
>
> 初十日。辰刻进署办事。未刻到熙、福两堂宅回事。酉刻斌小川约福寿堂饭，子初归。

---

[1] 清代皇帝见臣子，主要有"引见"和"召对"。"引见"是在官员任命的时候进行的，相当于上任前的面试和嘱托，不属于正常召见。"召对"则属于正常召见，俗称"叫起"。

> 十一日。辰刻进署办事。酉刻赴锡之、兰谷、介卿、正斋、铁山庆和堂之约，亥正归。
>
> 十二日。辰刻进署办事，未刻散归。
>
> 十三日。寅刻进内带引见。巳刻进署办事，查静默寺点景灰线，未正归。酉刻佩珂来，约阶平同到同和楼晚饭，子正归。
>
> 十四日。辰刻进署办事。未刻到佩珂处道喜，惠树滋令堂拜寿，徐梅孙道喜，酉刻归。
>
> 十五日。卯刻查石路工程。巳初到德兴园同石孙、芝田早饭。未初到万寿寺查石工，正乐、阶平、旭谷、裕如先到，酉刻进城归。[1]

从这十五天的日记记录可以看出，那桐每日八点钟左右到衙门上班，基本上没有休息日，十五天内有三天没去衙门，均是去核查工程了。衙门下班的时间一般在下午一点到五点之间，遇到节日（端午节）可以早一点下班，不过一般下班之后都有各方面的事务或者应酬，回到家里经常要晚上九十点钟，甚至迟到十一点。而这时那桐只不过是一个比较当红的司员而已，还算不上"大官"。

第二份是光绪二十一年（1895年）十一月翁同龢的日记，这一年他任户部尚书，差事是军机大臣，同时管理方略馆和总理各国事务衙门。

> 初一日。事下早。见起一刻余。是日上诣西苑问安，见起毕即出。天未明也。递事下，辰正二刻散。到馆憩。午初到户部，遇张、刚两君。未正赴总署，晤赫德……又见田参赞……客退，仍查阅公事，抵暮归。
>
> 初二日。国子带引见。见起二刻余，书房一刻余，再到直房。巳初三散。午到督办处，未正到译署。先至同文馆与欧教习谈，面递申呈两件，坐西堂，蕙吟来，申正散。甫饭毕樵野来，谈至戌初，倦矣。

---

[1] 整理自《那桐日记》。

初三日。见起二刻余，书房半刻，因明发一道较长，巳正散，小憩。午到督办处，申初归。

初四日。是日上诣西苑，见起二刻，见毕即行，黎明初辨色也，递事下，巳初径归，未得憩。未初诣总署……六刻起……归日暮矣，琴轩来。

初五日。见起早，二刻退，少顷即递，散时辰正二刻。昨久睡不稳，在方略馆浓睡两次，计六刻矣，近来所无也。午赴总署。未初二宝克乐偕翻译朱迤典、戈颁来……申初二去。赫德又来……日落归。[1]

翁同龢的日记虽然只引用了五日，但是也可以了解其官场生活。日记中显示，翁同龢作为军机大臣，参加召对显然要比一般大臣早得多，军机处的公务结束才早上八点半，以至于翁同龢都要在自己负责的方略馆内"补觉"，中午以及下午则到自己负责的衙门去办公，办公之后也有不少应酬，一般在太阳下山的时候才回家休息。

这两份日记所引的，是清代官员比较典型的工作日常。与现在相比，也是比较辛苦的。在这种辛苦的当差生活背后，还有着复杂的考核制度。

"运气"的考核

做官自然是要接受官方检查、考查的，清代官员的考核制度大致有三种，即京察、大计和军政，其中京城文官的叫作京察，地方文官的叫作大计，内外武官的叫作军政。

京察指的是对京城文官的一种考查，一般三年一次。一品二品的京城文官都属于"大员"，因为经常能够见到皇帝，皇帝对他们也比较了解，所以他们的考查通过"列题"来完成，即吏部将他们的履历清单开列出来，直接交给皇帝，由皇帝亲自考查评判。三品的京城文官多数是卿一级的，皇帝见到他们的情况比较少，所以他们不光要"列题"，还要"引见"，也就是带到皇帝跟前跟皇帝聊一聊公务。部分四五品的中级官员，一般由吏部、都察院进行考核，同

---

[1] 整理自《翁同龢日记》。

时还要"引见"到皇帝处,作为核实。其余中下级官员,则都是由本衙门的掌印官进行考核,并且和吏部、都察院等衙门一起商议评判。

大计指的是对地方文官的一种考查,也是三年一次,同样按照品级进行区分。品级高的总督和巡抚,与京城文官大员一样均要"列题"。布政使、按察使一级的官员,由本地总督、巡抚出具评语,交往吏部,吏部再交给皇帝亲自考查评判,这种方式称之为"考题"。至于其他的地方中下级官员,则是由高一级的考查低一级的,比如说道员考查知府,知府考查知州和知县,最后一层一层地都报到本地总督、巡抚那里,总督、巡抚在这些评语的旁边批上自己的意见,交到吏部,吏部会同都察院进行考核,称之为"会覆"。

京察和大计均是以"四格""八法"作为考核标准的。

所谓"四格":第一项为操守,简称"守",内分三等,为"清""谨""平";第二项为行政才能,简称"才",内分二等,为"长""平";第三项为行政表现,简称"政",内分二等,为"勤""平";第四项为身体情况,简称"年",内分三等,为"青""壮""健"。根据这"四格"每一"格"的评价,最终给出三等评价,一等为"称职",二等为"勤职",三等为"供职"。详见下表:

四格 八法

	守			才		政		年		
	清	谨	平	长	平	勤	平	青	壮	健
一等	●			●		●		●		
	●			●		●			●	
	●			●		●				●
二等		●		●			●	●		
		●		●			●		●	
		●		●			●			●
		●			●	●		●		
		●			●	●			●	
		●			●	●				●

续表

三等	守			才		政		年	
	●			●		●	●		
	●			●				●	
	●			●					●
		●	●			●	●		
		●	●			●		●	
		●	●			●			●

与"四格"相对的是"八法",即"不谨""疲软无为""浮躁""才力不及""年老""有疾""贪""酷"。雍正朝之后,因为"贪"和"酷"随时都会被参奏,所以不算进京察、大计之列,改为"六法"。

"四格"与"八法",其实对应的即是"奖优"和"惩劣"。通过"四格"的标准,达到"一等"的,列入"应举"名单,作为升官的重要凭据之一。二等、三等的,既不奖励也不惩处。而列入"六法"的,则列入"应劾"名单,进行惩处。

至于军政,指的是对内外武官的一种考查,一般五年一次。与文官考查相似,武官军政也按照等级有所不同。二品以上的武官,除了御前的侍卫武官之外,均以"列题"的方式由皇帝亲自评判。三品以下的武官,则由其长官做出评语,交往兵部。

军政一样有"四格"和"八法","八法"与文官京察大计一样,"四格"则有区别。八旗武官的四格为"守""才""骑""年",也就是把"政"改成了"骑",是要考查官员的骑射能力。绿营武官的四格为"才""年""驭""饷","驭"指的是他们统帅士兵的能力,"饷"指的是他们发放饷银是否有克扣等现象。考核出来一样是奖优惩劣。

从清代这种考核制度中也可以看出,中下级官员的考核,其实是完全掌握在其直属大上司手中的,这也是为什么清代官场尤其注重交际的一个原因。毕竟"人熟好办事",如果在生活上太独来独往,自己又没有家世背景,就难免会被上司给"小鞋"穿。

另外,清代一些特殊的衙门自己还有独特的考核制度,比如说翰林院,它本身没有固定的职掌，但是又有自己特有的升转系统，所以有一套专门的升职考试，称之为"大考"，一般数年举行一次，考试结果分为四个等级[1]，考了一等可以"超擢"升官，考了二等靠前的名次也可以升官。比如说道光二十七年（1847年），曾国藩以侍讲学士的身份参加大考，考上了二等第四名，三个月后便升为内阁学士兼礼部侍郎衔，从正四品一下子升到了从二品。但是如果考了三等靠后的名次就要受到处罚，有的降等、罚俸，甚至有直接休致的。比如说乾隆朝的杨维震，他是乾隆十年（1745年）进士，选入庶吉士，乾隆十三年（1748年）五月散馆考试后留馆，授翰林院检讨，前途一片大好。结果过了一个月，正好赶上翰林大考，不知道怎么的考了一个四等，"奉旨休致"，也就是被勒令退休，只做了一个月翰林的杨先生，他的官场生涯至此结束了。[2]要说这里一点"运气"的成分都没有，是肯定不对的。

除去上面的定期考核，清代官员在平时也可能随时受到行政奖惩，也就是我们之前讲到过的议叙议处。

议叙议处和考核制度可以说互为表里，一起规范、限制着官员们的官场生活。如果运气好一些，在官场上"风光得意"，经常被议叙，考核也都列为一等，官场生涯自然是"风生水起"。反之，运气不好的话，有的如前面杨维震的例子，只当了一个月的官就"告老还乡"，还有的人当官了却要"倒赔钱"。如《清皇族的阶层结构与经济生活》中记有，宗室嵩椿在乾隆四十六年（1781年）时，因行政过失罚公俸二十五年六个月，罚差事俸二十一年，共罚俸四十六年六个月，他总共当了四十年的奉恩辅国公、三十四年的差，赚来的俸禄还不够罚俸的呢。这虽然是个案，但却是清代严格要求皇族的一个缩影。[3]

---

[1] 乾隆二十八年（1763年）在第四等之下加上了"不入等"，所以其实共有五个等级。
[2] 此例引于知乎友邻"无端人口司马亮"的相关答案。
[3] 此例见赖慧敏：《清皇族的阶层结构与经济生活》。不过这个例子比较极端，是清代严格要求皇族的一个缩影。对于普通大臣，反而不会这么严格。

"说不好"的退休

看到上面杨维震"奉旨休致",您可能会想到一个退休的官员,像我们现在的退休人员一样,领着退休金,生活是多么安逸。但是在清代,大多数的"休致"只不过是比"革职"照顾一些面子而已,并不能带来多少安逸的生活。

清代官员的退休行为称之为"休致"。清代官员一般以七十岁为休致的标准,不过这个标准比较宽松。乾隆朝曾经有过旨意,认为大臣年过五十五岁就可以算作"年老",所以没到七十岁的大臣也可以以"老"为由乞休。不过,清代并没有规定到了什么年龄必须乞休,所以八十多岁依然在官场上浪迹的例子并不少,特别是三品以上的大员,休致的条件就更加宽松。不过,清代休致的行为不只是"主动"一种,还有"被动"的"勒休"。

根据休致的原因,休致的待遇是有很大区别的。其待遇大致有三个部分:

一、品级

清代大多数致仕均是"原品致仕",也就是说职官交上去了,但是作为散官的品级还在。比如说一位从一品的总督休致了,他以后就不再是总督了,但是他作为从一品荣禄大夫的文散官还在,所以他还具有从一品的品级,可以在日常生活中使用从一品的官服仪制。

根据官员的表现,皇帝还可以在其休致的时候给予加级奖励或者降级处分。加级奖励,如某位从二品的侍郎休致,皇帝念他辛劳,允许其"加二级致仕",也就是以从一品的散官休致,他就可以使用从一品的官服仪制。反之,如果某位从二品的侍郎休致,皇帝觉得他表现不好,要加以惩处,"降顶戴二级休致",所以就只能使用从三品的官服仪制了。

二、俸禄

清代散官本身没有官俸,所以无论是加级致仕还是原品休致,都是没有钱拿的。清代制度上,官员休致均不食俸,也就是说制度上是没有"退休金"的。但是一些大臣,因为年老自请休致,皇帝认为他们对朝廷贡献很大,所以可以加恩让他们"全俸休致"或"本俸休致",也就是给他们一份"退休金"[1]。身份差一些的,可以给予"半俸",也就是拿自己本俸的一半。而受到处罚勒令退休的,就像上面所说里的杨维震,就是完全无俸的休致。

三、复起

清代官员休致之后,再次被朝廷请出来当官,叫作"复起"。一般来讲,清代官员休致,都有被复起的可能,因为有不少官员是"因疾乞休"的,有的经过长期调养,疾病痊愈,就被复起了。除非是被勒令休致,并且明确下旨"不复起用"的,才真正失去了起用的可能性。不过一般来讲,"不复起用"这种惩罚多用在革职处罚的官员身上,要比勒令休致重很多。[2]

怎么样,通过这多方面的了解,您觉得清代官员的生活如何?

---

[1] "退休金"只拿本俸部分,也就是一品官休致只能每年拿180两银子,其余公费、养廉银、恩俸等都不能拿。
[2] 相关制度,可参见艾永明:《清朝文官休致制度简考》。

清代朝廷发给官员专门的"饭费",称为"饭食银"。各个衙门的饭食银标准不同,有的衙门会扣除一部分饭食银自行设立小食堂,给本衙门官员提供简单的工作餐。因为这种工作餐味道一般,所以受众主要是下级官员或者普通吏员,中高级官员大多出去自行就餐。

叁·官场生活

老爷

陈老爷来了，等开饭好久了。

　　光绪朝有一位陈姓官员，为进士出身，担任吏部郎官，属于中级官员。但是他生性吝啬，视财如命，所以就算他当天不用去衙门值班，也一定会到衙门享用工作餐。有一天，京师大雨，吏部另一位郎官孤身值班。中午到了，这位郎官准备冒雨出衙门吃饭，下人说："陈老爷来了，等开饭好久了。"此事一时传为笑谈。

231

『肆·皇帝的生活』

"为君难"
——清代皇帝的一天

不知道在您印象中,清代皇帝的生活是什么样的呢?

"跪安!退朝!"

"朕要下江南!纳后妃!"

"今天翻哪个嫔妃的牌子呀?"

嗯……相信不少人想象中的清代皇帝的生活都是这样的吧?每天处理完那一点点的公务,就可以享受各种荣华富贵,吃穿用度都是"天字一号",在后宫翻翻牌子。没事还可以下下江南,微服私访一番。以清代皇权之盛,也没什么人能管得了皇帝,生活自在乐无边。

而实际上,真实的清代皇帝的生活是比较枯燥乏味的。

您可能听说过"朝乾夕惕"这个词,它出自《易经》,指的是每天都勤奋谨慎,不敢有丝毫松懈。不过更多的人了解这个词,恐怕还是因为年羹尧在折子里错把这个词写成了"夕惕朝乾"而被雍正帝借口降罪的典故。其实用"朝乾夕惕"来形容清代皇帝的日常生活,是相当恰当的。清代皇帝以"勤政"闻名,这个"勤政"是需要牺牲大量"业余时间"来达成的,雍正帝有一方私印,印文是"为君难",不知道您是否可以体会个中滋味?

曾经有学者通过《穿戴档》《膳底档》《实录》《军机处档》《宫中档》《起居注》等宫廷档案复原了乾隆帝在乾隆三十年(1765年)正月初八日这一天的完整生活作息,我们稍加整理给您看一看:

天明起床，吃点心，开始日常事务如请安、拜神佛。

4：00，起床，更衣，参加坤宁宫朝祭。

5：00，祭祀完毕，回到宫内饮冰糖炖燕窝。

6：00，在中南海同豫轩进早膳。之后前往乾清宫西暖阁阅读先帝《圣训》。

7：00，更衣，在建福宫稍坐，前往重华宫参加茶宴，持续到9：00之后。

10：00，在养心殿勤政亲贤殿批阅奏折，持续到12：00之后。

13：00，在养心殿前殿召见臣子，持续到14：00之后。

14：30，在养心殿进晚膳。

15：00，略微休息。之后继续批阅本章。

16：00，召见傅恒谈事。

17：00，前往三希堂等处鉴赏文物，持续到18：00之后。

处理政务，用早膳，召见大臣。

19：00，略微休息。
20：00，在养心殿后殿东暖阁就寝。[1]

您看，这一天的乾隆帝凌晨四点起床，晚上八点就寝，只能勉强达到八小时睡眠而已。在十六小时之中，餐饮和休息不足四个小时，私人娱乐活动不到两个小时，剩下的十个小时基本都是在处理内外公务。而这一天是正月初八，属于"封印期"[2]，也就是还在"假期"里。要是在普通日子里，就要更忙碌了。

对于清代皇帝的日常生活，如果我们对之进行归类的话，大致有五个方面：

第一，祭祀。清代作为封建朝代，标准的"家国不分"。国家级祭祀有不少，清宫之内大大小小的祭祀更是多如牛毛，清代皇帝每年里几乎有一半以上的日子都要参加祭祀典礼。

1　出自吴士洲：《乾隆一日》。
2　清代官方衙门一般在每年的十二月二十日左右将大印封起，称之为"封印"，之后便开始休春节假，一直到正月二十日前后才开封大印，称"开印"。从"封印"到"开印"，为"封印期"，即是春节假期。清代公务员没有日常休假，一年之中的大假期只有"封印期"，所以清代"封印期"比较长。

文以自娱

第二，军事、军礼。清代皇帝参与的军事事务除了行围之外，还有阅兵等重要军礼，在清代中后期，这些活动一年之中次数并不会太多。

第三，政务。这是清代皇帝最重要的工作，召开会议，批阅奏本，召见臣子，下达命令，等等。国家的事务也是以其为中心开展的。

第四，典礼仪式。清宫每个月，甚至每一天，都会有不同的典礼、仪式，就算只是走过场，也需要耗费不少时间。

第五，学习。清代皇帝就算已经成年，不需要每天在书房念书，但是依然注重知识学习。比较典型的就是经筵，也就是皇帝定期进行经史知识学习，或者阅读先朝的《实录》《圣训》等书籍。

对于这五个方面，从乾隆朝之后，清代皇帝的处理方法，或者说作息方式，基本上是固定的，大致为：

每天天明前即起。起身穿戴完毕后，如果有朝祭的需求，就先前往朝祭，如果没有，就先饮用一碗冰糖炖燕窝。这个习惯据说是乾隆帝的养生秘方，后来被延续了下来。[1]饮毕这个冰糖炖燕窝，走出寝宫开始处理日常事务。

因为前一天已经下令将次日的早膳摆在哪里，所以可以先理事再用膳，也

---

[1] 也有说法认为这个习惯在道咸之后不再延续。

就寝安息

可以先用膳再理事，看具体情况而定。用晚膳[1]之前的主要生活就是请安、祭祀、用早膳以及召见大臣、处理奏章，还要抽时间学习。学习一般是在处理奏章和召见大臣的间歇，阅读一刻钟以上的先朝《实录》或者《圣训》或者其他经史书籍。

中午或者下午用过晚膳之后，可以稍微休息一会儿，接着处理剩余的公务。基本都处理完毕了，才轮到皇帝自己的私人事务。皇帝可以做做自己喜欢的事情，不过大多快傍晚了。

傍晚过后，可以稍微用一下消夜，之后安排明日的早膳何时摆在哪里，都要处理什么政务，等等。有精力的话，才在后宫休闲一下。天黑了也就休息了。

到了光绪朝之后，皇宫里有了电灯，虽然对之前"天未明即起，天黑则就

---

[1] 清代宫廷奉行两餐制，"早膳"一般安排在五点到十一点之间，"晚膳"一般在十一点到十五点之间。详见《清朝穿越指南》。

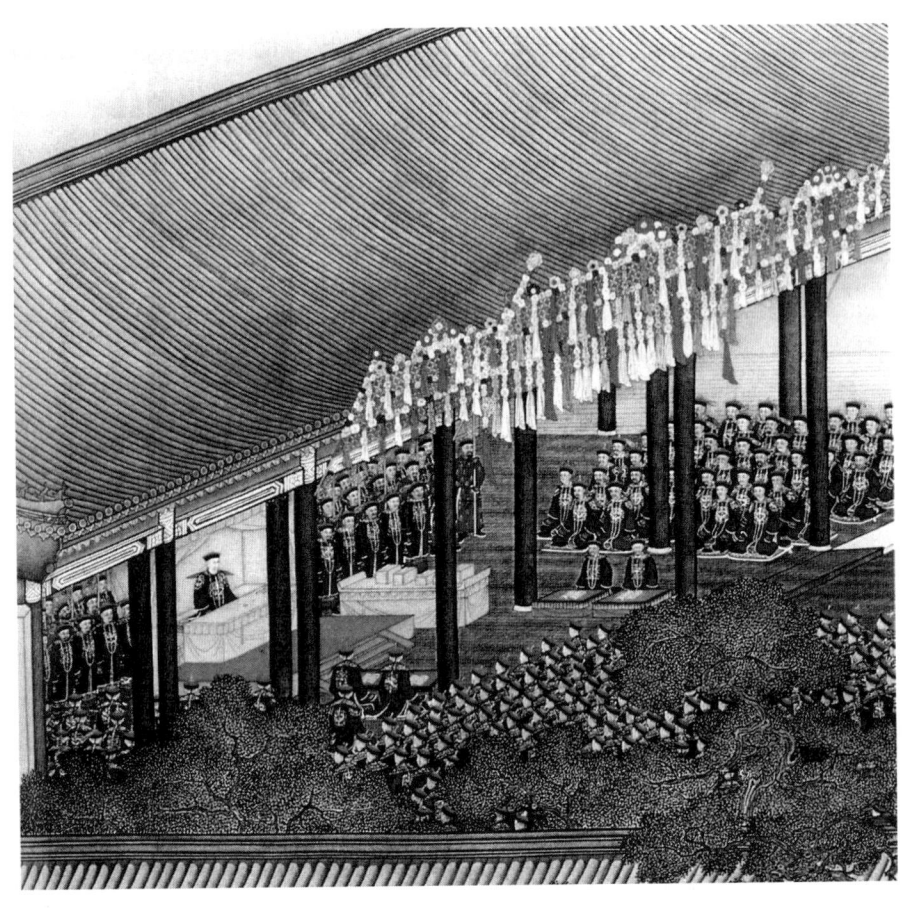

临雍仪，为中国古代皇帝诣国子监辟雍讲学之礼，图中是雍正帝临雍讲学的情景。

寝"的作息有影响，但是说到底还是基本因循成例的。光绪三十年（1904年）慈禧太后七十正寿时，溥雪斋曾经入宫"会亲"一个月，后来他回忆慈禧太后的日常作息时写道：

> 每晨按定时起床（宫中叫作"请驾"），起床后为梳洗时间，这时各处的供差太监等，皆鹄候着太后的梳洗。梳洗完毕后，室内太监喊"打帘子"，专供开帘的"殿上太监"便应声将帘子打开……太后走出外屋，先披阅各处的奏折，看完即到仁寿殿传见臣工，当时叫作"见起"，又称为"叫军机"。接见之后回到乐寿堂住处"传膳"（吃饭），吃饭后照例要"进

果盒",即吃干鲜水果、点心之类。吃完果盒照例出去散步一次……散步后"回寝宫歇午觉",睡醒有时到听鹂馆绘画消遣。这时,由"如意馆"(宫中画苑)人跪地手托颜料碟等伺候着……有时不画画,命把"太医院"的大夫叫来,但这并非为看病,而是唤他们来跪在地上朗读"四书",太后在旁听着。还有时一高兴,命把"咱们本家儿的叫来"(当时呼宫中太监戏班之语),于是太监便开始"髦儿排",即不上装地清唱。照例还有"内廷供奉"(即当时有名演员,皆经常召入宫中供差)当场指导。观剧后"进晚膳",用饭毕还要摆上果桌、果盒……晚饭后到仁寿殿写大字,如四尺的福寿字等。写完几幅之后,照例还有一顿夜宵(宫中叫作"灯果"),如酱肉、小肚、烧饼、粥之类。有时还令太医院作灯谜。[1]

这时候是慈禧太后"听政"的时期,太后毕竟不是皇帝,所以对于国政,她要参与的内容比正式的皇帝要少了不少,这也是她有大量"私人时间"的保证。这时候宫内已经有了电灯,作息时间被延长了不少,传统的两餐制逐渐在向三餐制转变,但是我们可以看出,其基本作息架构依然是按照之前的成例,上午处理政务、召见大臣,午餐(光绪朝之前的"晚膳")之后才能有时间过私人生活。

在了解了大概之后,下面的几节里,我们将分门别类带您体验皇帝的生活,了解清朝这个"大家"和宫廷这个"小家"是如何围绕着皇帝来运行的。

---

[1] 溥雪斋:《晚清见闻琐记》,见《晚清宫廷生活见闻》。

"国之大事,在祀与戎"

——祭祀与武备

"国之大事,在祀与戎",这句话出自《左传》,它指出一个国家最重要的事情就是祭祀和军事这两项。清代皇帝也经常用这句话来督促自己,特别是其中的"祭祀",成了清代皇帝日常生活的重要组成部分之一。

从皇帝的角度而言,他所需要参加的祭祀有两个大类,一类是官祭,一类是私祭。

官祭,官称是"吉礼",即是皇帝要作为国家的代表进行国家级别的祭祀。

图中描绘的是雍正帝到先农坛祭祀农神的活动。

清代官祭按照重要的程度分成三个等级，即大祀、中祀和群祀。[1]

其中，大祀地位最高，包括正月上辛日的祈谷祭祀、孟夏的常雩（祈雨）祭祀、冬至圜丘（天坛）的祭天、夏至方泽（地坛）的祭地、四孟[2]和年末的太庙祭祀，以及社稷坛的祭祀和至圣先师孔子的祭祀。中祀的地位低于大祀，有朝日坛祭祀、夕月坛祭祀、先农坛祭祀、历代帝王庙祭祀、太岁和月将的祭祀以及关公和文昌帝君的祭祀。其余的则是群祀，包括城隍、火神、炮神、龙神等祭祀，也包括了祭祀贤良祠、昭忠祠这种对重要旧臣的祭祀。

根据清代的惯例，因大祀、中祀和群祀等级不同，皇帝对它们的态度也不同。群祀等级最低，皇帝一般都是派遣宗室或者大臣代替自己主祭，即所谓"代祭"，真正亲自作为主祭来祭祀的场合比较少。中祀等级高一些，皇帝可以选择是自己亲自前往还是派人"代祭"。至于大祀，地位最高，政治象征也最为重要，所以一般都是皇帝亲自主祭。

其中大祀和中祀，主祭人还要提前进行斋戒。根据情况，斋戒时间为一日到三日不等，主祭人在斋戒期间"不谳刑狱，不宴会，不听乐，不宿内，不饮酒、茹荤，不问疾、吊丧，不祭神、扫墓"。祭祀当天，也有复杂的祭祀仪式，至少需要耗费半日的时间，对于主祭人来说是比较辛苦的。

至于私祭，指的是皇帝私人参与的小型祭祀。清代皇帝作为封建帝王，必然是"迷信"各种神佛的。就算他们本身并不相信这些神佛的"灵验"，但是出于对传统的尊重和惯例的延续，依然要根据民间节日和各种说法对大大小小的神佛进行祭祀。相比于官祭，私祭的种类更多，次数也更加频繁，只不过祭祀的排场都比较小，以"拈香"和"行礼"为主。

我们以咸丰四年（1854年）二月为例，看看这一个月内文宗咸丰帝的祭祀情况。

二月初一日，坤宁宫祭天神。上至太阳供前拈香毕，至坤宁宫神前磕

---

[1] 相同的祭祀在不同时期的官祭等级有差别。
[2] 四孟指的是每个季度的第一个月。

头毕，至天穹殿、钦安殿斗坛[1]拈香毕，还养心殿。……至未时进猪，坤宁宫神前磕头毕，还养心殿。

初二日，坤宁宫还愿。上至坤宁宫神杆子前磕头毕。遣官祭文昌帝君庙。

初三日，是日拜斗。上至涵元殿、虚舟[2]拈香毕……至天圆镜中拈香毕，还养心殿。申正二刻至斗坛拜斗毕，还养心殿。戌初二刻，至明殿拜斗毕，还后殿。

初五日，遣官祭先医之神。

初六日，祭社稷坛，亲行斋戒三日：初六、初七、初八日，初九日祭。

初七日，孝淑睿皇后忌辰，遣官祭昌陵。拜佛毕，办事。

初八日，至圣人前拈香毕，至如是室拈香毕，至静怡轩办事。祭先师孔子，遣大学士裕诚行礼。以举行仲春经筵。遣官告祭奉先殿。

初九日，祭社稷坛，上亲诣行礼。

十一日，孝康章皇后忌辰，遣官祭孝陵。

十三日，至大西天、阐福寺[3]拈香……至极乐世界、万佛楼拈香。遣官祭昭忠祠。

十五日，至钦安殿、斗坛、天穹殿拈香。遣官祭黑龙潭昭灵沛泽龙王之神、玉泉山惠济慈佑灵濩龙王之神、昆明湖安佑普济沛泽广生龙王之神、密云县白龙潭昭灵广济普泽龙王之神、圆明园惠济祠、河神庙。

十六日，至中正殿拜佛。

十七日，是日养心殿东暖阁安佛。至东暖阁安佛拈香。

十九日，至妙莲华室拈香。

二十日，因请佛送往雍和宫去供奉，拜佛。遣官祭关帝庙。

---

1 天穹殿，即玄穹宝殿，位于紫禁城东六宫的东北侧。钦安殿，位于紫禁城御花园正中。这两处都是道教的祭祀场所，设有斗坛。
2 涵元殿、虚舟，皆是中南海瀛台的建筑名。
3 大西天、阐福寺，以及后面的极乐世界、万佛楼，皆是北海的建筑名。

二十一日，从今日为始致斋戒二日，二十一日、二十二日二日斋戒，二十三日祭朝日坛。至火神庙拈香，至雍和宫等处拈香，至关帝庙拈香，至柏林寺拈香。

二十二日，至明殿拜斗毕。

二十三日，祭朝日坛，遣惠亲王绵愉恭代行礼。

二十四日，至永安寺、普安殿拈香。至甘露寺、普音殿、水精域、智珠殿拈香。

二十五日，遣官祭贤良祠。

二十七日，至斗坛拜斗。至明殿拜斗。

二十八日，孝全成皇后诞辰。钟粹宫孝全成皇后御容前拈香行礼。

三十日，从今日为始致斋戒二日，二月三十日、三月初一日斋戒，三月初二日祭历代帝王庙。[1]

您可以看到，这一个月里，有三分之二的日子都有祭祀活动。除去属于大祀等级的社稷坛祭祀和属于中祀等级的朝日坛、历代帝王庙祭祀，还有各种"遣官"祭祀的群祀之外，都属于私祭。其中坤宁宫属于萨满祭祀，天穹殿、钦安殿等属于道教祭祀，阐福寺、中正殿等属于佛教祭祀，"至圣人前拈香"属于儒家祭祀，忌辰或诞辰到佛堂或者御容前拈香属于皇室家族祭祀，从这里可以看到清代皇帝所需要进行的祭祀种类是多么的复杂。

说完了"祀"，咱们再说"戎"。戎就是军事，作为国家的代表人，自然本身也是国家军队的统帅，何况清代一向以"国语骑射"作为根本，所以武备也受到了相当的重视。

对于皇帝而言，需要他们亲自参与武备的职责，一来是各种军礼，二来是需要从自身做起的"勤习武事"。

根据《清史稿》的说法，军礼主要是亲征礼、凯旋礼、命将出征礼、奏凯礼、受降礼、大阅礼等，这些军礼主要都是在清初和清中叶执行，自清中后期

---

[1] 出自咸丰四年（1854年）的《穿戴档》，其中"上"即文宗咸丰帝。

清朝穿越指南2

皇太极的太极腰刀

蓝色缎面绣龙纹铁叶皇太极御用甲（故宫博物院藏）

皇太极的铁质马鞍

肆·皇帝的生活

清代的皇帝一直有武事训练，图中展示的即是乾隆帝一箭双鹿的雄姿。

开始，清廷的战争胜败情况您也清楚，所以这些自然都越来越少了。

另外还有木兰秋狝等校猎相关活动，是通过校猎来锻炼军队的战斗能力。这同样是清初和清中叶比较盛行，圣祖康熙帝、高宗乾隆帝以及仁宗嘉庆帝，都十分重视秋狝活动[1]。而从宣宗道光帝开始，虽然清帝还偶尔巡幸避暑山庄，但是秋狝活动却不再举办了。

至于"勤习武事"，一直是清代帝王对于八旗子弟的期许，其实也是对于皇子进行皇室教育的一个基本点。在大众的认知中，晚清的咸丰帝、同治帝、光绪帝，似乎是没什么"武力值"可言的，甚至在一些人的眼中，他们应该是拿不起剑、拉不开弓的。而实际上，清宫对于"武事"的坚持，在清末多少还是保持了一定水平的。比如说晚清的醇贤亲王奕譞，曾经在其私人笔记里记录了这样的场景：

> 咸丰年间，余偕八弟钟郡王、九弟孚郡王同居阿哥所，尝承召入试文肄武，倍极荣幸……一日，上御五福五代堂，命余昆仲随四姊寿安固伦公主较射，八弟中布靶四矢，九弟中三矢，上各以玉玦赐之。余亦中三矢，未蒙赏赉，命悬五寸小鹄，谕曰："汝射中此鹄，方可得赏。"是时，四姊弯弓先射一发，中之。余继射，第二矢始中。当蒙召至膝前，手赐双狮玉玦一个。

> 咸丰五年，余十六岁，奉命学舞刀。经内技勇首领太监白福、鲁常恭、张玉升、王立等教习，并在御花园蒙上亲教恶蟒穿林、梨花乱舞二法。[2]

由这两条可以知晓，到咸丰帝时期依然相当重视宫廷武事，不光咸丰帝自己会舞刀，连其姐寿安固伦公主都对箭术颇有心得。在后来的同治、光绪两

---

1 根据统计，清高宗乾隆帝在木兰进行过40次以上的秋狝活动，清仁宗嘉庆帝进行过12次左右。
2 出自奕譞：《竹窗笔记》。

朝，穆宗同治帝和德宗光绪帝也是从小学习武术。根据帝师翁同龢的日记记载，两位皇帝都是在虚岁六岁的时候，也就是同治元年（1862年）和光绪二年（1876年）入书房读书的，与读书同时开始的就是每天"拉弓"，并且一直坚持到出学。这些都是"戎"在帝王生活中的体现。

"朝乾夕惕"

——朝政与召对

说完了祭祀与武备，我们再来给您讲一讲皇帝处理政事，也就是政务活动的情况。

清代皇帝的政务活动主要是两个方面，宫中一般简称之为"办事"和"见大臣"，说白了，就是案头工作和商讨会议。从时间安排上来看，清代本章奏折一般都是当日清晨汇集交入，所以清代皇帝一般是起床用过早膳之后就先"办事"，也就是做案头工作。之后，皇帝会"见大臣"进行讨论，也就是主持商讨会议。这之后一般就要用晚膳了。晚膳之后，会有一些的新公务呈上，再"办事"，直到晚上休息。

接下来让我们具体地说一下"办事"和"见大臣"的情况。

"办事"

清代皇帝的"办事"，指的就是处理本章、奏折等文案工作，具体来讲，即是阅览、批答本章和奏折，然后下达御旨。

清代本章是"题本"和"奏本"的总称，这是继承自明代的公文制度。清军入关之后继承了明代制度，规定官员在讨论公事时使用"题本"，其特点是需要盖上官员的大印，而讨论私事时使用"奏本"，特点是不用盖印。但是二者均有字体、格式等要求[1]，文体、字数也都有限制。在京衙门的题本和奏本直接

---
[1] 必须使用宋体字进行书写。

交给内阁，满汉双文，被称为"部本"，京外各地衙门的题本和奏本则要先由各地寄给通政使司，由通政使司转交给内阁，用满汉双文或单文，被称为"通本"。内阁收到这些本章，在进行了初步阅读商议之后，要写好"票拟"，也就是拟定几种处理方法，用满汉双文写在一种被称为"票"的小纸片上，第二天清晨交送宫中。皇帝早上起来"办事"时要看的就是这种带了票拟的本章。这时皇帝可以按照票拟的建议做出决定，也可以亲自对"票"进行更改，还可以让内阁重新商讨，拟写新的"票"呈上来。皇帝的最终批答会在两天之后，由内阁将批答的"票"用朱笔写成满汉双文的正式批答——"批红"，发下去传递执行。

至于奏折，也写作"奏摺""摺子""密折"，是清代独有的公文制度，一般认为它是在康熙朝中期诞生的。它不同于本章需要经过内阁的层层手续，而是类似于皇帝和臣子的私人信件，臣子写完之后直接交予奏事处呈递到皇帝面前。在一开始，只有个别受到皇帝重用的大臣才有呈递奏折的权利，所奏之事

雍正对年羹尧奏折的朱批

也都是机密事件。清中后期，高级大臣里多半都有这个权利，加之奏折的内容也没有太多的硬性要求[1]，所以大臣们更喜欢用奏折而不是本章。这样，奏折的内容也就扩大到了许多方面，基本和本章重合。清代规定，奏折必须由官员亲手书写，使用楷体字，字数无限制。每天由奏事处清晨交到御前，皇帝早晨阅览，用朱笔直接在折子上批答，称为"朱批"。批答之后发下交予军机处，军机大臣"接折"后，如果折子的朱批里有明确处理方法，就抄录副本之后交下执行，称为"早事"。如果折子的朱批里没有明确的方法，或者明确写出"再议""另有旨"等，则由军机大臣携带入见皇帝，讨论请旨，称为"见面"。不过，一旦奏折上有了"朱批"，就必须限时缴回宫中，不能由大臣私藏、涂改、焚烧。

本章和奏折是清代公文最主要的两个部分，在清初是以本章为主的。本章分为"题本"和"奏本"，前者禀告公事，后者禀告私事，但是清代官员很难分清这些，有的在官场里混迹了十几年，依然"傻傻分不清"，文本情况十分混乱。而且本章这种文书的办理流程是比较慢的，有学者计算过，一件通本从送达通政使司到走完手续开始发给衙门，最少需要四天时间，这还不算路上的时间。而且按照制度，皇帝也不能亲自在本章上进行批答，效率上差了不少。在此背景之下，康雍时期产生了奏折制度，并且逐渐流行，大臣们更喜欢用奏折奏事，题本和奏本的内容逐渐流于形式。乾隆十三年（1748年）十一月，奏本被废止，其功能归入题本之中，但是题本也逐渐变得少用，最终在光绪二十七年（1901年）八月，除了恭贺用的"贺本"被保留外，其余公务都取消题本，只用奏折了。

本章和奏折属于"上奏"，而"下达"的则是御旨。

御旨也叫谕旨，"谕"指的是"上谕"，"旨"指的是"旨意"，都可以简单理解为"皇帝说""皇帝下令"。清代御旨一般分为"明发"和"廷寄"两种，由大学士或者军机处写定之后交予内阁颁发的，是公开告知的御旨，格式上一般以"内阁奉上谕"或"内阁奉旨"开头，称之为"明发"。"廷寄"则是交予军机

---

1 乾隆朝之后，奏折制度影响力变大，逐步形成了一些基本的格式，但是也比本章的文体简单。

处以类似信件的形式寄给地方大员,不经过内阁也不公开的御旨。有些特别重要的御旨,则由皇帝亲自用朱笔书写,或者授意大学士或者军机处用朱笔代写的,叫作"朱谕",比较少见。至于民间所谓的用明黄色纸写成的"诏书",那是遇到极大政治事件的时候才会使用的一种告知全国臣民的文本形式,在日常办公中基本见不到。

"见大臣"

见大臣,其实就是民间意义上的"上朝"。在多数人的概念中,清代皇帝所谓的"上朝"就像戏台或者电视剧里演的那样,每天早晨,皇帝穿着明黄色的朝服,坐在太和殿上,下面站着好多文武官员。然后商议朝政,不时还要你一言我一语地争论一下。但事实上,清代"上朝"多数并不是您想的那个样子的,而且一般科普书中所说的"上朝"可能也是有错误的。

首先,让我们看一下清代本身的两种"朝",即"大朝"和"常朝"。

大朝,虽然有"朝"字,但是应该理解为"朝贺"[1],属于一种国家级的庆典。根据《清史稿》的说法,其肇始于天命元年(1616年)的元旦大朝,定型于天聪六年(1632年)。根据制度,这种大朝只在每年的元旦、冬至和万寿节举行。举行的时候,仪式十分隆重。在太和殿里,皇帝坐在龙椅上,官员们都穿着朝服,殿中除了豹尾班侍卫和前引大臣、后扈大臣以及记注官外就没有别人了。入八分的宗室王公站在太和殿的丹陛上,文武百官站在太和殿广场的丹墀上[2],在鸣鞭之后,朝着皇帝的方向三跪九叩,之后有一个赐茶赐座的过场,皇帝便回宫了,仪式也随之结束,全程是完全不讨论朝廷政务的。

常朝,也应该理解为"朝贺",但是其中已经有了一些处理政事的含义。根据《清史稿》的说法,常朝是最早处理政事的"上朝",始于"太祖丙辰建元后",也就是天命元年。当时规定每五天视朝一次,皇帝和各官员都穿朝服,官员们先统一行礼,然后各部院衙门出班奏事,这跟戏台和电视里描绘的"上

1　大朝在《清会典图例》里名为"太和殿朝贺"。
2　这里说的是京官。至于地方官(外官),则在各地焚香望阙。

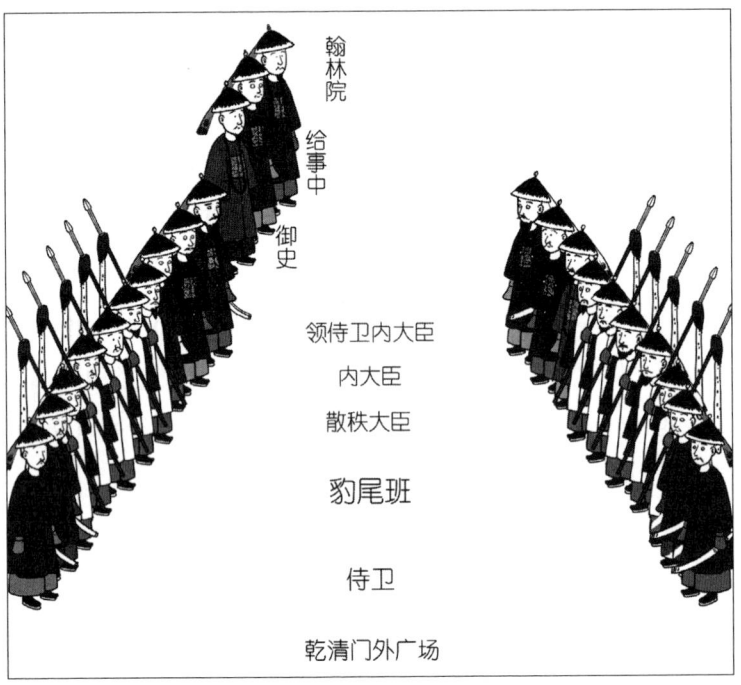

御门听政

朝"就很接近了，也正是因为这样，它被俗称为"坐朝"。而在入关之后，百官"每日入朝奏事"成为惯例，这样一来，固定时间的常朝就没有意义了，所以它先是在顺治九年（1652年），改为每月初五日、十五日、二十五日常朝，即每月三次，后来又规定百官见朝、辞朝、谢恩等行为，都在常朝进行，仪式排场和流程以及服饰都与大朝相同。这多少给常朝保留了一点点"政事"的含义，但是说到底都是"走过场"[1]，所以清代皇帝大多不参加常朝，即所谓"不御殿"。一旦皇帝常朝"不御殿"，需要行礼的官员就"行礼午门外"便可，于两方面其实都方便得多。

这两个"朝"，除了常朝在入关前还有处理政务的功能外，后来都沦为仪式化。而在清初期，真正的"上朝"，其实是御门听政。

御门听政，指的是皇帝每日在乾清门设座，会见各衙门官员，处理政务的行为，俗称"坐门"。一般认为，御门听政形成于顺治朝，以康熙朝最为普遍，圣祖康熙帝基本上每天都要听政的[2]。根据制度，春夏两季每天的辰初（7:00），秋冬两季每天的辰正（8:00），皇帝在乾清门设御座御案，皇帝身后是乾清门侍卫，御案前方东侧依次跪着内阁大学士、内阁学士、尚书、左都御史、侍郎、副都御使、大理寺卿、陪奏官，西侧跪着记注官，门外广场上则站着翰林院、给事中、御史以及领侍卫内大臣等侍卫官。皇帝和官员均穿常服[3]。

不过，有学者从圣祖康熙帝每天坚持御门听政这一点引申，认为清代每个皇帝都坚持每日御门听政，这其实也是错误的。这种每日御门听政的方法，从雍正朝开始已经凸显出其不合理之处，如雍正帝自己所说，"各衙门奏事，有一日拥集繁多者，有一日竟无一事者，似此太觉不均"[4]，故而改为"凡部院所

---

[1] 见朝、辞朝、谢恩，前两项偏指外国或者藩属国朝觐时官方行礼，谢恩指的是一些外官被任命之后要先谢恩再上任。总之，这些虽然属于政事，但都是走过场的"仪式"。
[2] 目前认为，康熙六年（1667年）七月己酉日圣祖康熙帝开始御门听政，之后基本上每天都要进行御门听政，这也是清代皇帝"勤政"的一个重要例子。
[3] 若当日有喜庆事则穿吉服。
[4] 出自《世宗宪皇帝实录》雍正四年正月癸丑条。

进本有未经奉旨者,摺本下内阁,积若干,传旨某日御门办事"[1]。在此背景之下,之后的皇帝御门听政的次数就更少。根据统计,乾隆五年(1740年)全年,乾隆帝一共御门十三次,其中还有三次在闰月里。嘉庆五年(1800年)全年,嘉庆帝一共御门十次。道光五年(1825年)全年,道光帝一共御门七次。咸丰五年(1855年)全年,咸丰帝一共御门四次。到了同治朝,则干脆就不再御门听政了。[2]

从雍正朝开始,逐渐取代了御门听政而成为皇帝处理政务的主要方式之一的,是"召见",也称为"召对",清中叶在宫内称为"见大臣",清晚期则称为"叫起"。

所谓"起",就是批次,这与召见的流程有关。清代召见的流程,是大臣们一早先在宫内集合,递上写了自己名字的绿头牌,称为"递牌子"[3]。皇帝用早膳的时候,太监呈上来当日交进的绿头牌,皇帝想要见谁,就把写了谁名字的绿头牌翻过来,即"翻牌子",不翻的称为"撂牌子",即是今日不见。因为是在早膳的时候决定的,所以大臣们的绿头牌也叫"膳牌"。太监出来后,安排被"翻牌子"的大臣准备觐见,被"撂牌子"的就直接出宫去办公或休息了。这些被召见的大臣不能一次都进去,一般分成几批,每一批叫作一"起"。如大学士那桐曾经在光绪三十二年(1906年)七月初十日被召见,他这样记录道:

> 七月初十日。传递膳牌。卯刻赴园,两宫在仁寿殿召见公同阅看考查政治王大臣十三人,分为两起,军机六人一起,醇亲王、王、孙、世、那

---

[1] 出自《清史稿·卷八十八·志六十三·嘉礼一》。
[2] 此段数据为本书作者自行统计。以乾隆五年为例,乾隆五年御门听政为二月癸未、三月癸卯、己未,四月壬申、壬午、甲午,五月丁未、丙辰,六月丙子、丁亥,闰六月辛丑、丙辰、甲子,七月丙子、己丑,八月戊午,九月辛巳、甲午,十月癸丑,十一月甲戌、戊子,十二月辛丑、丙辰(出自《高宗纯皇帝实录》)。其余记录出自《仁宗睿皇帝实录》《宣宗成皇帝实录》《文宗显皇帝实录》。其听政的日子呈递减趋势,与夏仁虎《旧京琐记》里所谓"至咸丰而中辍,迨同、光朝皆未举行御门"相符。
[3] 重要的大臣每天都要递牌子,其余大臣则看情况。皇帝有时会特命某些大臣在某日递牌子,反之有时也会让某些大臣某段时间不需要再递牌子。不过话说回来,就算皇帝让某大臣第二天递牌子,但是其实当天也未必会召见。

清皇帝召见大臣的情景

四中堂，张大人百熙，袁宫保世凯七人一起。[1]

顺便一提，清中后期的时候，一般军机大臣们每天早上都要固定被召见，也就固定是第一起，或者不算起而先于第一起入见，称之为"入对"，实际上是帮助皇帝处理书面公务。另外，如果大臣主动请见，一样是要早上递绿头牌，皇帝看情况决定见或不见。

具体召见的情景，清人有过具体描写，这里概述如下：

召见一般是在养心殿，到了自己的"起"，则在养心殿内东间帘外稍候。太监掀起帘子，官员便进去。里间里，皇帝坐在北面的座位上。官

---

[1] 出自《那桐日记》光绪三十二年七月初十日条。

员面朝皇帝下跪，同时脱帽，放在右腿侧，汉官口奏汉语"臣某某，叩谢天恩"或"臣某某，给皇上请安"；满官则用满语。奏毕，官员戴上帽子起立，往东北方向走三五步，地上有一块垫子，在垫子外面跪下[1]，不需摘帽，惯例目视宝座脚跟，等候皇帝问话。之后皇帝就开口问话了，习惯上要求是皇帝问什么，就答什么，官员不可主动发问。皇帝问完想问的话，说"去吧"。官员再起立，后退斜行数步，自己打帘子出去。[2]

您可以看出，召对的全部过程只有皇帝和大臣参与，连太监都不能"围观"。清代大臣曾经说过："凡召对时，一殿之内，只有御案一座，绝无侍从一人。殿前太监遇掀帘送入，后即避往他处，俟召见之人掀帘出门，始由对面赶来。盖宫中规矩极严，绝无耳属于垣之事。召对之人，如何称旨不称旨，及如何奇形怪状，他人皆不与闻与见也。"[3]还是相当保密的。

---

[1] 据说那块垫子是给军机大臣准备的，所以普通大臣不能跪在上面。
[2] 此段主要整理自延昌《事宜须知》中的《召见礼节》，展示的是单人召见的情况。至于多人召见则大同小异。
[3] 出自何刚德：《春明梦录》。

"允文允武"

——皇帝的私人生活

给您讲述完了皇帝生活的公事部分,最后剩下的就是皇帝的私人生活了。

应该说,从时间分配来讲,清代皇帝每天都是先勤奋公事,剩余的时间才能归入私人生活范畴。所以从这个角度来说,他们的私人时间着实是不多的。但皇帝又是"天字一号"的人物,在人力和物力上都拥有极高的权限,所以他们的私人生活虽然时间很有限,却在质量上可以略作弥补。

在清代宫廷留下来的档案中,我们也能多少瞥见清代的皇帝是如何消磨私人时间的,其中不同种类的休闲也凸显了不同皇帝的性格。

第一类是文事。

文事主要指的是书画、诗词等。入关伊始的世祖顺治帝,以爱好文事知名,特别是擅长绘画。清人记载:"章皇勤政之暇,尤善绘事。曾赐宋商邱《家宰牧牛图》,笔意生动,虽戴嵩莫过焉。"[1]还有人提到顺治帝擅长"指画"[2],可见其绘画技巧相当纯熟。后来的皇帝们也多有书画传世,康雍二帝书画、诗文多有流传,乾隆帝更是此中名人,尤其以作诗的数量横绝一时,同时也善画山水、花草。到了清中后期,嘉庆帝擅长画梅,道光帝擅长画兰,咸丰帝擅长画

---

[1] 出自《啸亭杂录》。
[2] 出自《池北偶谈》:"戊申新正五日,过宋牧仲慈仁寺僧舍,恭睹世祖皇帝画渡水牛。乃赫蹄纸上用指上螺纹印成之,意态生动,笔墨烘染所不能到。"

马，均有一定的水准。

不过您作为穿越到清代的现代人，有可能是无法理解皇帝为何会把书画作为一种私人消遣的，毕竟这种消遣太"雅"了。

第二类是文事周边。

这一类与文事相关，但是又有所区别，主要是学习和鉴赏。

把学习知识作为休闲的，最知名的即是康熙帝。一方面，康熙帝对于传统的儒家知识颇为重视，他将原本形式化的"经筵大典"改为"经筵日讲"，并坚持了十五年之久，是清代最重视"经筵"的皇帝。另一方面，他对于新学科有着强烈的好奇，无论是和民生相关的治河、工程知识，还是用于修身养性的音律知识，甚至是传教士们带来的几何学知识等，他都有所涉及。他曾经让传教士白晋、张诚等翻译并讲解法国数学家巴蒂版的《几何原本》，其亲自做过批注和笔记的《几何原本》一书现在还保存在故宫中。

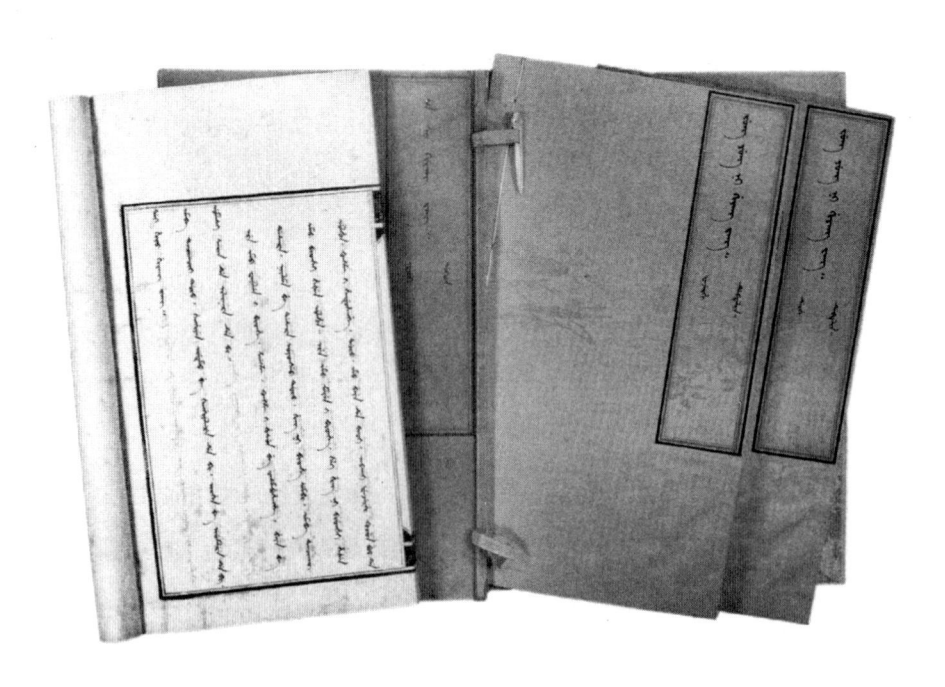

《四书讲章》（康熙年间的满文抄本）是讲官为皇帝讲授经史的讲义之一。

至于鉴赏，主要指的是对于古代字画以及金石的鉴赏和研究。清初，康雍二帝就已经有鉴赏古物的爱好，但是集大成者显然是乾隆帝。众所周知，除了喜欢作诗外，乾隆帝的最大爱好就是鉴赏古玩，并且盖上自己的章。清代官方所制的《宝薮》里收有乾隆帝前后用过的印章千余方，其中文物爱好者最为熟知的，就是"乾隆御览之宝""太上皇帝之宝""乾隆御玩""石渠宝笈"等几方了吧。也正是从他开始，之后的清代皇帝基本都备有"××御览"的私章，偶尔鉴赏了书画之后，一定得盖那么一下才能证明自己赏玩过了。

嗯？您觉得这个还是太"雅"？那咱们再试试别的，"俗"一点的。

第三类是宗教周边。

这一类比如说道教的修道炼丹啊，佛教的参禅论法啊，都是与宗教相关的活动。清代皇帝在信仰方面多数是比较"功利"的，如康熙帝就曾经分别点评过各个宗教，认为它们都"于政治无益"，由此可以看出他对于宗教的态度；其后乾隆帝虽然也参与过不少藏传佛教的仪式，但是究其本质，多是为了维护自己的统治。比较特殊的，就是顺治帝和雍正帝，前者信奉汉传佛教极深，后者信奉佛教、道教，并且有一种"三教混一"的风格。

这个算是封建迷信哇！

好吧……那咱们说一些有益身心健康的……

第四类是武事周边。

这一类偏指围猎和习武，清初的皇帝比较热衷此道。比如说康熙帝尤其喜欢围猎，经常借故前往北部，顺便体察各地的风土人情。每到一地，见到生物繁茂，便多要进行围猎。康熙三十五年（1696年），康熙帝到达鄂尔多斯，他在给嫡母仁宪皇太后（孝惠章皇后）的信中说："这鄂尔多斯之地，挤满了雉鸡和兔子，真是太丰裕了。"之后便进行了围猎。在给太子的信中，他描述道："兔子和雉鸡真是太丰裕了。想要射雉鸡，就把兔子耽误了。想要射兔子，就把雉鸡耽误了。"对于围猎的喜爱跃然纸上。

《木兰图卷·合围》中描绘的是在围猎合围时,乾隆帝一马当先的情景。

这个嘛,我没有那个技术啊……

呃……其实除了这四类之外,在档案中可以见到的皇帝的私人生活,还有观鱼、钓鱼、听戏、养宠物等,另外还有重要的一个项目,即是游园。

从康熙朝开始,便形成了所谓三山五园的宫苑系统,其实不仅于此,皇城内的中南海、北海,热河的避暑山庄等,都可以归入宫苑系统。当皇帝在紫禁城内生活的时候,迫于先代成例,生活中的很多方面都有一定之规,很难按照皇帝的想法来逾越。而且紫禁城内人员复杂,隐私度低下,这使得清中后期的皇帝大多喜欢长期居住在宫苑内。这样一来,同样是办公,但环境更优美,私

肆·皇帝的生活

狩猎结束后,皇帝与随行人员聚餐的情景。(《狩猎聚餐图》)

《马术图》描绘了乾隆帝在避暑山与厄鲁特蒙古杜尔伯特部首领并同观马术的情景。

密程度更高,自由度也更高,是清代皇帝特有的生活享受。这个怎么样?又不那么"雅",也不是封建迷信,也不需要什么技巧。

但是总觉得有点平淡呀……不能出宫去玩吗?

这个就太困难了。民间所津津乐道的什么"微服私访"之类的,虽然野史里描述得煞有介事,但是其实早在清初,康熙帝就明确表示过不赞成这种行为,他说:"宋太祖、明太祖皆有易服微行之事,此开创帝王恐人作弊,昌言于外耳。此等事,朕断不行。举国臣民以及仆隶未有不识朕者,非徒无益,亦且有妨大体。况欲知天下事,亦不系于此也。"[1]也就是说,康熙帝认为,传说中宋太祖和明太祖都有微服私访的行为,实际上是他们有意说给人听的一种假象,为的就是告诉臣子们自己深知下情,让臣子们不要妄图欺骗自己,而康熙帝自己则觉得这种行为不仅有伤大体,而且是否"知下情",其实和"微服私访"未必就有必然的联系。而康熙朝之后的皇帝们,都有每日办公前恭读先朝《圣训》《实录》的习惯,相信不会不知康熙帝的这种态度。

真无聊!退钱!

您别……这位客官您别退款啊!如果您愿意体验,您还有玩物丧志、沉迷后宫这条路呢!

---

[1] 出自《圣祖仁皇帝实录》康熙五十六年二月庚申条。

伍・宗族法律

天讨有罪，五刑五用哉

——论清代的法律基础五刑与五服

前面讲了那么多科举、官场和职官的知识，我们在这里再给您讲一讲清代的法律知识，以便您穿越到清代可以做个身家清白的良民。

清代的法律依据是《大清律例》，其中"律"指的是基本律条，"例"则指的是旧例成案。从整体上来讲，清代《大清律例》有两个基础：其一是其法律体系基本继承自中原王朝传统的"五刑"制度，这是法学上的基础；其二则是其作为封建时代的法律，目的是维护和宣传封建伦理，所以以中原传统文化"五服"为核心的封建伦理也映射在整个法律之中，这是伦理学上的基础。下面让我们分别来讲讲这两个方面的基本内容。

五刑

咱们先翻开《大清律例》，随便挑一条看看：

> 凡发掘（他人）坟冢，见棺椁者，杖一百流三千里。已开棺椁见尸者，绞（监候）。发而未至棺椁者，杖一百徒三年。若（年远）冢先穿陷及未殡埋而盗尸柩（尸在柩未殡或在殡未埋）者，杖九十徒二年半。开棺椁见尸者，亦绞。

这里的"杖一百流三千里""绞""杖一百徒三年"等，就是五刑。

所谓五刑，是中原王朝从先秦时期就开始形成并施行的一套刑罚制度，后来在各个朝代因循之下有所更改，到了隋唐，五刑制度基本定型，并且延续到清代。具体来讲，五刑指的是国家以五种主要方式来施行刑罚，由轻至重为笞、杖、徒、流、死，也就是说小罪处笞刑，重一点则杖刑，再重的则徒刑、流刑，最重的是死刑。在清代，五刑内部还有几种细分，一共分成五刑二十级，我们在这里依次给您讲解一下。

笞刑，其本意是指用一种小荆条击打犯人以示警诫，目的是"使之耻而知改"，是五刑中最轻的一种。清代笞刑内分五等：笞十、笞二十、笞三十、笞四十、笞五十。另外，清代在实际操作中已经不用小荆条来执行笞刑，而是改为"打板子"。由于板子比荆条要重得多，所以在施刑数量上进行折算，惯例以二笞折一板，但是皆要"除第一等算"，简单说就是笞十和笞二十都折五板，三十以上递增。顺便一提，如果您穿越成了旗人，并且犯了应该被判处笞刑的罪，官方会自动给您改为鞭刑，施刑数量不变，这种差异据说是因为入关前满汉民族习惯不同。

杖刑，其本意是指用一种大荆条击打犯人以示惩创，目的是"使之痛而知畏"，是五刑中第二轻的一种。清代杖刑内分五等：杖六十、杖七十、杖八十、杖九十、杖一百。与笞刑一样，清代杖刑在实际操作中也改为"打板子"，也同样要进行折算。所以说，清代杖刑其实就是处罚更重的笞刑。另外，清代旗人遇到杖刑一样要改为鞭刑。

徒刑，其本意是指将犯人视作奴役，驱使其劳作以为惩罚，目的是"使之役作辛苦之事"，是五刑中高于笞刑和杖刑的一种刑法。清代徒刑内分五等：杖六十徒一年、杖七十徒一年半、杖八十徒二年、杖九十徒二年半、杖一百徒三年。实际上，徒刑存在的意义在于古人认为一个人受杖刑超过一百的话，肉体上很难承受，容易有性命危险，所以超过杖一百的就以徒刑进行折算。需要注意的是，如果您穿越成了旗人，并且犯了应该被判处徒刑的罪，官方会为您折算为枷号。这是因为旗人本身以当兵、当差为天职，执行徒刑会影响到他们这个职能，所以改为枷号。所谓枷号，是一种类似方形项圈的木制刑具，重二十五斤。相关的折算比例是徒刑一年折枷号二十日，每等递加枷号五日。

这听起来是一种优待啊！才那么几天！

这个嘛……您别单看从一年改为二十天，差距很大，普通苦役的痛苦和戴着枷号的痛苦差异可能会更大呦……

流刑，即民间俗称的"流放"，"使离乡土，终身不归"，是五刑中仅次于死刑的一种。古人本身有"恤刑慎杀"的说法，所以流刑也被认为有"不忍刑杀，流之远方"的意义。清代流刑内分三等：杖一百流二千里、杖一百流二千五百里、杖一百流三千里。如果罪犯是旗人，则和徒刑一样改为枷号，其目的也是为了保证旗人当兵、当差的职能。

清代还有一个刑罚是充军，这个刑罚比流刑要重，但比死刑轻，一般是在流刑不足以惩戒，但是罪责又不足以判处死刑的时候使用。充军不属于"五刑"之一，清代官方经常把它和流刑一起合称为"军流"，所以有的学者把它归为流刑的一种。流刑和充军的区别在于，流刑只是将罪犯流放到远方，让罪犯终身无法返回家乡，但是在流放地，罪犯可以保持法律上独立人的身份，属于"正规公民"。充军虽然也是流放远地，但是罪犯必须在流放地入籍当差，有的还成为户下人（奴仆），从法律上的独立人变成了户下人（奴仆）。

死刑，顾名思义，即剥夺罪犯生命，目的是"用以禁暴"。清代死刑内分二等，为绞刑和斩首。古人认为"身体发肤，受之父母"，死后也应该"全尸"，绞刑可以全其肢体，被当时人认为比斩首稍微体面一些。另外，无论是绞刑还是斩首，均分成"监候"和"立决"。所谓"监候"即监押等候。清代每年会进行"秋审""朝审"，来再次议定"监候"的犯人的罪名，分为"情实""缓决""可矜""可疑""留养承祀"等名目，分别进行处理，这其实是古代"恤刑慎杀"思维的体现。一般情况下，除了特别严重的罪行，死刑大多数"监候"，而在"秋审""朝审"中，只有"情实"的才会被执行死刑，其余的均可以继续候审或者降等处罚。

除了上述五刑，清代还有凌迟（千刀万剐）、枭首（悬挂人头示众）、戮尸等非刑，这些非刑出于五刑之外，是极重大案件才会使用的。

如果您穿越到清代犯了这种大罪，即使拨打我们的服务热线，我们恐怕也无能为力，所以，您一定要遵纪守法呀……

清代刑罚制度

等级	五刑	刑名	民人折算	旗人折算
20+	非刑	凌迟、枭首、戮尸		
20	死刑	斩首		
19		绞刑		
18+	军刑	充军		枷号七十至九十日[1]
18	流刑	杖一百流三千里	板四十流三千里	鞭四十枷号六十日
17		杖一百流二千五百里	板四十流二千五百里	鞭四十枷号五十五日
16		杖一百流二千里	板四十流二千里	鞭四十枷号五十日
15	徒刑	杖一百徒三年	板四十徒三年	鞭四十枷号四十日
14		杖九十徒二年半	板三十五徒二年半	鞭三十五枷号三十五日
13		杖八十徒二年	板三十徒二年	鞭三十枷号三十日
12		杖七十徒一年半	板二十五徒一年半	鞭二十五枷号二十五日
11		杖六十徒一年	板二十徒一年	鞭二十枷号二十日
10	杖刑	杖一百	板四十	鞭四十
9		杖九十	板三十五	鞭三十五
8		杖八十	板三十	鞭三十
7		杖七十	板二十五	鞭二十五
6		杖六十	板二十	鞭二十
5	笞刑	笞五十	板二十	鞭二十
4		笞四十	板十五	鞭十五
3		笞三十	板十	鞭十
2		笞二十	板五	鞭五
1		笞十	板五	鞭五

---

1 清代充军根据罪行轻重分为"附近""边卫""极边""烟瘴""永远"等处理方法，不同的充军距离所折算的枷号时间是不同的。

五服

说完了五刑，咱们再来说五服。您要是翻看《大清律例》的话，经常能看到这种内容：

> 若雇工人殴家长及家长期亲，若外祖父母者，（即无伤亦）杖一百徒三年；伤者（不问轻重），杖一百流三千里；折伤者，绞（监候）；死者，斩（殴家长，斩决；殴家长期亲，若外祖父母，斩监候）；故杀者，凌迟处死；过失杀伤者，各减本杀伤罪二等。殴家长之缌麻亲，杖八十；小功，杖九十；大功，杖一百。伤重至内损吐血以上，缌麻、小功，加凡人罪一等；大功，加二等（罪止杖一百流三千里）；死者，各斩（监候）。

这里的"期亲""缌麻亲""小功""大功"，都是与五服制度相关的词汇，如果您不了解五服制度，自然对这种描述云里雾里。所谓五服，原本是先秦时期以宗族制度为核心所形成的一种丧服制度。根据当事人与去世者的宗法血缘关系的远近，其丧服标准被分成五级，故而也叫"五服"。后来由于封建王朝一直在延续这种宗法制度，所以作为衡量宗法血缘关系远近的"五服"也就越发深入人心。

五服一共分为五等八级：

第一等为斩衰，"用至粗麻布为之，不缝下边"，丧期为三年，是五服之中最重的一种，主要是为父亲和母亲所服的。

第二等为齐衰，"用稍粗麻布为之，缝下边"，其丧期则分为期年[1]、五月、三月三种，其中期年还分成"杖期"和"不杖期"两种，所以齐衰一共内分为四种。这里的"杖"也叫"桐杖"，俗称为"哭丧棒"，"杖期"即当事人要拄桐杖，"不杖期"即不拄桐杖。齐衰是五服中第二重的一种，主要是为次于父亲和母亲的近亲所服的。

---

1 期年即一年。

第三等为大功，"用粗布为之"，丧期为九月，主要是为嫡堂亲属[1]所服。

第四等为小功，"用稍粗熟布为之"，丧期为五月，主要是为从堂亲属[2]所服。

第五等为缌麻，"用稍细熟布为之"，丧期为三月，是五服中最轻的一种，主要是为族亲[3]所服。

旧时代的人对于五服是十分重视的，在讨论亲属关系的时候，大多用"五服"进行衡量，说出类似"×××跟我都出了五服了""×××是我大功的兄弟"的话，其实前者的意思是"说话人与×××的共同血缘关系要远到说话人的高祖父[4]以上"，后者的意思是"×××是说话人的从兄弟[5]"。这也显示出古人的"家族观"比我们现在"家庭观"的范围要大得多，他们是以"期亲"[6]为近亲，"期亲"以外"五服"以内为远亲，"五服"之外为远族亲。

另一方面，"五服"制度通过对不同亲属"服制"的界定，也潜移默化地规定了亲属间的亲近关系。比如说，我们现代人基本认为祖父母和外祖父母的地位是一样的，而在清代"五服"里则不同，当时"祖父母"属于当事人的"堂亲九族"之一，而"外祖父母"只属于当事人的"外亲"，所以对祖父母的服制是齐衰不杖期，对外祖父母的服制只是小功，差异明显。至于男女、嫡庶，服制上也都有所反映。以男女论，如当事人的亲兄弟去世，当事人的服制为齐衰不杖期，而当事人的亲姐妹去世，如果这位亲姐妹未出嫁，服制与兄弟一样为齐衰不杖期，已出嫁的话，则只有大功而已。以嫡庶论，如当事人为嫡出，其嫡母去世时，当事人要服斩衰三年，而在庶母[7]去世时，则只需要服齐衰杖期而已。除了男女和嫡庶外，五服制度在女性出嫁前后的服制、外亲的服制等方

---

1 嫡堂，即所谓"从"，指的是同祖父的近亲。
2 从堂，即所谓"再从"，指的是同曾祖父的近亲。
3 族亲，即同高祖父的近亲。
4 高祖父，即祖父的祖父。
5 清代以同父兄弟为"亲兄弟"，同祖父的叔伯兄弟为"从兄弟"，同曾祖父的叔伯兄弟为"再从兄弟"，同高祖父的叔伯兄弟为"族兄弟"，再远的兄弟则即为"出五服的族兄弟"。
6 斩衰、齐衰杖期、齐衰不杖期三种服制的亲属，统称为"期亲"。
7 这里的庶母指的是为当事人的父亲生育过子女的妾。

面,也有诸多规定,实际上均促成了"长幼尊卑"的封建伦理系统。

清代法律是为了巩固封建统治,必然也与封建伦理互为表里,其直接影响就是即便在同一法律中人也并不都是"平等"的,不仅"正规民"和"奴仆"之间"良贱有别",同属"正规民"范畴内,也有"尊长"和"卑幼"的区别。清代法律规定,当"尊长"和"卑幼"发生纠纷时,法律上就天然偏袒"尊长",为"尊长"减轻处罚,并且加重"卑幼"的处罚。

以上面的那条《大清律例》为例,它的意思是说:当清代雇工和雇主亲属发生殴斗时,雇工殴打了雇主的"期亲",只要是打了,就算没有造成伤痕,也要判"杖一百徒三年";如果雇工打了雇主的"期亲",并且造成了伤痕,无论轻重,要判"杖一百流三千里"。这里就凸显了雇工和雇主作为类似"主仆"关系而存在的法律不平等,这种不平等还扩展到雇主的近亲,可见当时的法律倾斜。

单看法律条文似乎还不够生动,我给您举两个例子吧。[1]

案例甲:

嘉庆年间,两江地区有位民人叫马利贞。马利贞住在乡间,乡里有一座山,是他们家族的"公共祖坟山"。按照马氏的族规,马氏族人去世之后,都可以在这个公共祖坟山里安葬,需要下葬的时候,自行找空地即可。正好这年马利贞的亲人去世,他按照族规在这座山里找了一块空地,挖穴来安葬亲人。结果可能这座山本身就没多大,马氏家族人员又很多,坟墓也比较密集,马利贞给亲人挖穴的时候,挖到边界,"哐"一铲子,碰到了旁边穴内的一副棺材。经过看坟人指认,这副棺材是马利贞出了五服的一位族祖父的,马利贞一铲子下去,把这个棺材的角伤了,古人认为"阴宅阳宅一理",所以被族人告到了衙门。

这个案子交到衙门,衙门根据《大清律》,普通人盗墓,"见棺椁者杖一百流三千里,已开棺椁见尸者绞(监候),发而未至棺椁者杖一百徒三年""若卑幼发(五服以内)尊长坟冢者,同凡人论。开棺椁见尸者斩(监候)"。马利

---

[1] 以下两案例均选自《刑案汇览三编》。

贞破坏的是五服外族祖父的棺椁，所以同凡人论，应该是"杖一百流三千里"，又因为他是误伤，不是有心发掘，所以减一等量刑，最终判决"杖一百徒三年"。

案例乙：

道光年间，直隶地区有位民人叫夏喜儿，他娶冯氏为妻，两口子过小日子。道光五年，妻子冯氏病故，夏喜儿准备为其办理后事。在办后事的时候需要一些人手，所以夏喜儿便请自己的亲舅舅张洛管来帮忙，一起将妻子冯氏入殓，并且抬到坟地下葬。张洛管这个人人品不好，亲眼看见外甥夏喜儿给妻子冯氏陪葬的各种物品，于是起了贪念，在冯氏入土一段时间后，趁夜跑到冯氏的坟上，刨开坟土，掀起棺盖，将外甥媳妇冯氏尸身所穿的衣服剥下，还将棺材里的铺盖褥子一起盗走。后来经过调查，张洛管被抓捕。

这个案子交到衙门，衙门根据《大清律》，普通人盗墓，"见棺椁者杖一百流三千里，已开棺椁见尸者绞（监候），发而未至棺椁者杖一百徒三年""若尊长发（五服以内）卑幼坟冢，开棺椁见尸者，缌麻杖一百徒三年，小功以上各递减一等"。张洛管是夏喜儿的亲舅舅，属于夏喜儿的外亲，按照当时的五服制度，外甥要为舅父服小功的服制，而妻子应为丈夫的外亲降一等成服，所以张洛管是外甥夏喜儿的小功亲，是外甥媳妇冯氏的缌麻亲。同时，张洛管作为夫家舅父属于"尊长"，冯氏作为外甥媳妇属于"卑幼"。因此，本案定性为缌麻尊长盗卑幼之墓，按照《大清律》，张洛管最终被判"杖一百徒三年"。

这俩人判的刑一样重啊？！

对的。误伤他人棺角的马利贞，和盗外甥媳妇墓的张洛管得到的处罚是一样的。按照我们现代的法律观点来看，这个张洛管简直是丧尽天良，就算不重判，至少也要比误伤他人棺角的马利贞判得重。但是在当时的伦理里，却把这视为常态，这就是"五服"所带来的尊卑关系下的一种特殊现象。

罪与罚，说说封建伦理与法律冲突那些事儿
——清代法律的几个辅助点

在了解了作为清代法律基础的五刑和五服之后，我们再把清代法律体系内的一些辅助知识给您讲一讲，这样您对清代法律体系就有了更全面的了解，在穿越中也能更好地运用法律武器来保护自己。

十恶与赦典

所谓"十恶"，指的是封建时代的十条重罪，它们分别是：

第一，"谋反"，指图谋颠覆当朝统治，即民间俗称的"谋朝篡位"。

第二，"谋大逆"，指破坏当朝皇帝的宗庙、宫廷、山陵。

第三，"谋判"，指谋划背叛祖国，潜逃敌国。

第四，"恶逆"，指殴打、谋杀祖父母和父母，或谋杀伯叔父母、兄、姐、外祖父母、丈夫，即谋杀近亲尊长，有悖人伦。

第五，"不道"，指杀死一家三口以上，或通过肢解、蛊毒、魇魅等方法致人死亡，手段残忍，灭绝人道。

第六，"大不敬"，指偷盗国家祭祀物品、擅自使用皇帝御用物品、伪造御宝，乃至于"合和御药误不依本方"等。简单说就是对国家和皇帝不尊重。

第七，"不孝"，指咒骂祖父母、父母，或在丧期作乐，或不奉养祖父母、父母。

第八，"不睦"，指谋杀缌麻以上亲，殴打或控告丈夫及大功以上尊亲、

小功尊属。简单说就是近亲之间互相攻讦。但是在这条的判处上,卑幼犯上判得重,尊长犯下则判得轻。

第九,"不义",指部民杀本属地方官,属下杀长官,学生杀老师,以及妻子对丈夫丧事未尽礼等。古人认为地方官对本地人民、长官对属下、老师对学生、丈夫对妻子,均有管理权,所以作为被管理者,对管理者不敬,是不合乎道义的。

第十,"内乱",指和小功以上亲成奸,或与父、祖的妾成奸。古人认为这种行为违背伦常,是禽兽之行。

可以看到,这十条重罪都是和封建统治者所推崇的封建伦理严重抵触的,虽然这十恶未必都要判处极刑,但就算是判了同样的刑罚,十恶和非十恶也有一些不同,这主要反映在赦典上。

所谓赦典,指的是封建国家因为一些缘由,以国家元首或国家最高权力机关的身份,赦免罪犯的行为。清代赦典主要有两种,一种叫"恩赦",一种叫"恩旨"。"恩赦"是在新帝登极、升祔太庙、册立皇后、帝后整寿等国家特殊庆典时颁布的,除了"特殊罪名"外,其余均可赦免。这种恩赦一般是全国范围的,有专门的典礼仪式,故而民间也称之为"大赦天下"。"恩旨"则大多是因为气候、刑务等特殊原因[1],通常仅在某一地区执行,多数只能将罪行降等处理,不能完全赦免,比"恩赦"要局限得多。

在"恩赦"中,所谓"特殊罪名"不可得赦,制度上一般说的是"除谋反、大逆、子孙谋杀祖父母父母、内乱、妻妾杀夫、奴婢杀家长、杀一家非死罪三人、采生折割人、谋杀故杀真正人命、蛊毒魇魅毒药杀人、强盗、妖言、十恶等真正死罪不赦外,军务获罪、隐匿逃人及侵贪入己亦不赦外,其余已发觉、未发觉、已结、未结者,咸赦除之"。也就是说大赦天下的时候,十恶重罪以及故意杀人罪、强盗罪、妖言惑众罪、军务惩罚、隐匿逃人、贪污肥己这几种情况,是不能够得到赦免的,所以也就有了"十恶不赦"的说法。

---

1 气候指的是灾异,比如说某地遭遇天灾等。刑务,一般指朝廷出于刑罚上的某种考虑,予以局部特赦,如巡幸江南,则江南地区的一些小罪就可以赦免,等等。

八议、养亲与赎刑

八议、养亲与赎刑，都是清代因特殊情况减免罪行的手段，它们分别适用于不同的情况。

所谓"八议"，指的是当时的法律规定，有八种人，除非是犯了十恶的重罪，否则均应该根据情况减等处理，分别是：

第一，"议亲"，指的是皇帝的亲属。具体来说，指的是皇帝的堂亲本家，以及太皇太后、皇太后、皇后等后宫重要人物的近亲。

第二，"议故"，指的是和皇室有亲近关系的人。

第三，"议功"，指的是曾经为国家立有功勋，特别偏指有战功的人。

第四，"议贤"，指的是德行出众的贤人君子。

第五，"议能"，指的是在军政方面极有才能，能够为国家出力之人。

第六，"议勤"，指的是有些官员虽然没有战功，也不够贤德，能力也不能说一等一，但是勤勤恳恳为国效力几十年，"没有功劳也有苦劳"嘛。

第七，"议贵"，指的是品阶二品、三品以上，属于"大员"阶层，身份尊贵。

第八，"议宾"，指的是前朝皇族后裔。

按照《大清律》，凡符合八议条件的人犯罪，下属官员不能自行决定处罚，必须要上报，经皇帝裁决之后，才能进行处理。但是在实际操作中，清代法律体系对于八议是不大重视的。在顺治时，极少用八议进行减免，康熙时开始少量使用，到了雍乾之后，才经常用之减刑，但整体来讲，清代八议的确使用率不高，当时的人也有"八议虽有律文而久不遵用"[1]的说法。

"养亲"，则是"留存养亲"的简称。我们说过，清代作为封建朝代，其法律是用于宣传、巩固封建伦理道德的，其中"孝"是封建伦理道德的重要组成部分。对于"孝"，清代法律里既有处罚，也有维护。如果说"十恶"里的"不孝"是处罚性的代表，那么"留存养亲"则可以算是维护性的代表。

"留存养亲"，指的是当事人本应判决徒、流、死刑，但是当事人有年长的直系亲属需要奉养，而家里除了当事人之外，没有别的成年男性可以尽孝

---

1 出自沈家本：《律例偶笺》。

道。在这种情况下，经过皇帝特许，可以让他先不接受处罚，回家奉养老人。等老人去世之后，或照原判继续处罚，或减等处罚。从某种角度来说，这也是封建法律中少有的温情制度。

至于赎刑，简单说就是有一些人可以根据自己的条件花钱来抵消法律处罚。清代赎罪系统很复杂，分成收赎、赎罪、纳赎三大部分，我们分别给您讲解一下：

第一大类，收赎。

收赎指的是当时有四种犯人可以通过缴纳金钱来抵销刑罚。这四种人分别是：

一、老、小、疾。也就是老年人、未成年人以及残疾人。清代规定，七十岁以上的老人、十五岁以下的未成年人、瞎一目或折一肢的"废疾"人，犯了流刑以下的罪可以进行收赎。八十岁以上的老人、十岁以下的未成年人、瞎双目或折双肢的"笃疾"人，就算是犯了死罪，也可以特旨进行收赎。

二、妇女。清代规定，女性犯了徒刑以上的罪，刑罚里除了"杖一百"需要照常承受之外，其余的徒、流刑罚都可以进行收赎。比如说，要是一位女性被判"杖一百流二千里"，她只需要承受"杖一百"，而"流二千里"则改为收赎。

三、天文生。天文生是由国家专门培养的天文相关的技术人才，属于特殊人才，要予以保护。对于他们的收赎方法，与妇女等同。

四、过失犯罪者。这些罪犯包括过失伤人、过失杀人等，在确认是过失犯罪的前提下，可以按照规定进行收赎。

第二大类，赎罪。

赎罪指的是有三种人因为情况特殊，可以被特殊对待，通过缴纳金钱来抵销刑罚。这三种人分别是：

一、官员的正妻，即获得过诰敕的官员夫人，也就是所谓"命妇"。需要注意的是，只有官员的正妻才有这个权利，妾室是没有的。

二、有赎罪能力的普通妇女。这些人实际上指的是有一定财产能力的普通妇女。妇女的"赎罪"与上面的"收赎"有所区别,"收赎"只能赎"杖一百"之外的罪,而"赎罪"既可以赎"杖一百"之外的罪,也可以赎"杖一百"之内的罪。

三、"例难的决者"。这指的是一些特殊户籍身份者,如匠人、乐户等,他们要为朝廷服役,为了保证他们能够继续服役,所以让他们进行赎罪。

第三大类,纳赎。

纳赎,指的是官员或有类似官员身份的举人、生员等人犯罪后,可以通过缴纳金钱来抵销流刑以下的刑罚。在纳赎时,官方要将当事人的财产情况分为"有力""稍有力""无力"几等,"有力"者可以全部用金钱赎罪,"稍有力"者可以按照比例抵销刑罚,"无力"者则无法抵销刑罚。

这三大类的赎刑情况不尽相同,缴纳的金额也是不同的。显然,"收赎"的四种人在社会上普遍认为需要特殊优待,所以收赎所需要的金钱最少,反之,"纳赎"均为官员、士人,所需要的金钱就最多。以"杖一百"为例,"收赎"只需要七分五厘的银子,"赎罪"需要一两银子,有力者"纳赎"则需要五两银子,差距相当大。

清代赎刑标准

刑名	收赎	赎罪	纳赎(有力)
斩首	银五钱二分五厘	银一两四钱五分	
绞刑	银五钱二分五厘	银一两四钱五分	
杖一百流三千里	银四钱五分	银一两三钱七分五厘	
杖一百流二千五百里	银四钱一分二厘五毫	银一两三钱三分七厘五毫	
杖一百流二千里	银三钱七分五厘	银一两三钱	
杖一百徒三年	银三钱	银一两二钱二分五厘	银十七两
杖九十徒二年半	银二钱六分二厘五毫	银一两一钱八分七厘五毫	银十五两
杖八十徒二年	银二钱二分五厘	银一两一钱五分	银十二两
杖七十徒一年半	银一钱八分七厘五毫	银一两一钱一分二厘五毫	银十两
杖六十徒一年	银一钱五分	银一两七分五厘	银七两五钱
杖一百	银七分五厘	银一两	银五两
杖九十	银六分七厘五毫	银九钱	银四两五钱

续表

刑名	收赎	赎罪	纳赎（有力）
杖八十	银六分	银八钱	银四两
杖七十	银五分二厘五毫	银七钱	银三两五钱
杖六十	银四分五厘	银六钱	银三两
笞五十	银三分七厘五毫	银五钱	银一两二钱五分
笞四十	银三分	银四钱	银一两
笞三十	银二分二厘五毫	银三钱	银七钱
笞二十	银一分五厘	银二钱	银五钱
笞十	银七厘五毫	银一钱	银二钱五分

这么看来，清代法律还挺优待女性啊！

这要看您从哪个角度来看了。清代司法上对女性有不少特殊待遇，除了我们上面提到的赎罪之外，在司法审判中，衙门也是尽量避免传唤妇女上堂，崇尚"妇女颜面最宜顾惜，万不得已，方令到官"的理念。但是这种特殊待遇，并不是出自对女性的尊重，而是出于封建时代女性不应抛头露面的伦理道德。也正是在此背景之下，清代以"三从四德"作为依据，奉行男尊女卑，实际上是将女性视为家长的所有物。前面提到的"十恶"重罪里有"不义"一项，即包括了妻子状告丈夫。《大清律》中规定："妻妾告夫及夫之祖父母、父母者，杖一百徒三年。"同时，清代还规定，除了谋反、叛逆、杀伤、盗诈等重大刑事案件，妇女可以独立起诉之外，其余民间纠纷，妇女均不可以独立起诉，而只能委求于父、兄、夫、子。这也导致清代妇女一旦在夫家内部受到迫害，经常处于上告无门的可怜境地。

聚族而居，民间自治

——论清代的宗族与宗法

前面我们给您讲解了一下清代法律的基本情况，那些都属于清代官方规定，接下来我们给您讲一讲您穿越到清代可能遇到的另外一套"法律"，那就是宗法。[1]

我们知道，中原文化的一个重要特点就是重宗法、重伦理，这是从周代便已经形成的"传统"。封建时代的宗法制度以五服亲缘体系为基础，对其中不同亲缘关系下的尊卑、伦理进行了规定，是希望社会能有条不紊地运作。这种运作究其本质，除了有维护社会、宗族稳定的原因之外，也是因为古代生产力比较低下，天灾、人祸等问题均有可能造成生存危机，所以人要有相当的群体协助精神，才能够更好地延续和繁衍。

这种群体，可以是邻里、同乡，也可以是同学、同年，但是他们均没有像亲戚一样具有血缘"纽带"，所以古代人认为亲缘是"天生的伙伴"。在那个年代，当一个人的生活出现问题，"投亲"几乎是他们的第一选择。特别是当时交通相对闭塞，一个宗族经常会在一个地方聚居，即所谓"聚族而居"。这样一来，亲族不仅是"天生的伙伴"，也是同乡、邻里，就更加"抱团"，能够组合成的力量也就更大。

---

[1] 添写此章，是因为近来网络上有不少对旧时宗族、宗法进行片面宣传的文章，所以这里专门为各位讲解一下清代宗族宗法的情况。另外，近来网络上对于嫡庶等关系也有一些片面宣传，相关的科普请参考《清朝穿越指南》。

古代的封建统治者也了解到这种亲族的重要性，所以他们也利用这种亲族的抱团关系进行统治。封建帝王处罚重犯时，有时会对其处以"族诛""诛三族""诛九族"的极刑，也就是"连坐"。这种行为一来是为了防止亲族复仇，二来也是警示各个家族，让他们亲族间互相监视，这却客观上巩固了宗族族群关系。

作为封建王朝，清朝也是一样。各地的宗族，一般是以在某地聚族而居为基础，制定族规管理族人，设立祠堂作为公共场所，推举族长作为管理人员，并以祖坟、族谱、族产等方式巩固族内关系。[1]

这种宗族宗法有什么用呢？能不能举举例子？

简单来说，清代宗族宗法的主要职能有四个方面：

第一，制定族规以约束族人。

基本上，所有的宗族都会制定自家的族规以对本族子弟进行规范。这种规范立足于封建伦理，大多是推崇孝顺、友爱、敬上、睦族、勤奋、刻苦，也禁止一些如抽大烟、逛妓院等不良习气。在封建社会，由于信息传达条件较差，政府对地方的控制能力也不高，对于乡间百姓而言，他们更了解族规、乡约这种民间约束，而不是国家律法。

第二，维护族人权益，以至于维护乡里。

我们上面讲过，宗族本质上是一种"抱团取暖"行为，所以在遇到重要情况时，宗族可以作为背景后台给予协助。比如说，您现在遇到一个揪心的官司，而您是个白身（平民），既不懂法律，身份地位也低，自然心里怕怕的。这时，族里有一位"举人老爷"，作为族亲帮您出头运作，从各个方面来讲就会好得多。同时，清代宗族因为聚族而居，所以不少大族在地方上颇有势力。作为一方望族，对于当地的稳定也起到了相当大的作用。

第三，设立族产，赡养族人。

所谓族产，指的是一个宗族的公共财产。这种族产有的是由族内个别地位

---

[1] 本章节关于宗族和宗法的内容主要整理自《清代宗族史料选辑》。

高、家境好的族人捐出的，也有的是一些族人绝嗣所遗留的，还有的宗族则干脆在族规里规定凡是做官为宦的族人每年都要捐一点点钱。族产的种类一般有房产、田产、地产（特指坟地）三种，这些族产大多每年都有实物地租或租金的收入，一般由族长按照族规处理，其用处主要有三项，分别是祭祀、修谱和济贫。

这里我们以江苏常熟王氏为例，其族内族产一共有三项：第一项是祭扫墓田二十二亩，其收入完全用于祠堂的祭祀和修撰族谱。第二项是义冢地一处、田十一亩，其中义冢地用于安葬族里没钱购置坟地的族人，十一亩田的收入则用来祭扫安葬在义冢地里的族人。第三项是赡族义田一千零四亩二分五毫，其收入专门用来赡养、奖励族人，也是族产里最重要的一项。其族规规定："族中力不能自养者，无论男女，十七岁以上每口日给米七合；十一岁至十六岁，每口日给米五合；五岁至十岁，每口日给米三合；四岁以下不给；女子出嫁者停给。……孀妇，除给米外，每年加给棉花二十斤。有子孙之孀妇，子孙十七岁之后停给。无子孙孀妇则常给。……不能丧葬者，无论男女，二十以上，丧费给银二两，葬费给银四两。二十以下，丧费二两，葬费二两。十岁以下，丧葬共给二两。四岁以下不给。"[1]

第四，设立族学，鼓励读书出仕。

在"读书仕途"一章内我们讲过，清代社会普遍推崇"读书科举"的"正途"，各个宗族也是一样，基本上都鼓励子弟读书出仕，"光宗耀祖"。又因为旧时代读书需要相当的费用，所以由族中共同出资设立的"族学"就尤为常见。如上述的江苏常熟王氏，其族规规定，"（族学）塾师修金六节，按节送银五两。……（族中）无力赴考者，县试给银一两，府试给银二两，院试给银三两，入泮给银十两，岁科试各给银三两，补廪给银十六两，省试给银十两，中试给银二十两，会试给银三十两，中试给银四十两"。这些花费均出自公中的族产收入。

---

[1] 出自《太原王氏家乘》。

这么一听，感觉宗族宗法也挺好啊！

您如果仅从正面的角度来看，的确是这样。问题是，宗族和宗法都不属于官方制度，缺乏监管体系，所以无法保证这些族长的品行和行为一直得当。如果您穿越到清代，遇到正派、善良的族长，那么族中肯定会受益良多。但是万一族长本人心术不正，以权谋私，不单戕害族人，甚至会拉着族人一起违法作乱，祸国殃民。下面我分别给您讲一讲宗族宗法的"坏处"。

其一，不合情理的族规。

封建时代的宗族和宗法体现的是封建道德伦理，封建道德伦理既有孝悌等良善的一面，也有它落后愚昧的一面。如山东即墨杨氏的族规内有"妇规"十条，规定本族妇女不能在不通知翁姑的情况下回娘家走动，不许她们去远亲家里探望，关于"男女之大防"，则规定"小姑之夫不见，侄婿非大事不见，堂侄婿大事亦不见"。甚至"妇人不得入庙焚香，不许游山玩景，不许与男子语"[1]。这些估计您都很难接受。

其二，公然违背国家法律，私设刑罚。

上面提到过，由于当时地方政府的控制能力不高，不少乡间百姓更重视族规、乡约，而不重视国家法律，甚至一些族长也是这样认为的。他们不仅用族规来约束族人，还私自设立族内公堂，制定处罚方法，如同"土皇帝"一般，以至于因为一些小过错，就私自将族人勒死、活埋、溺毙，完全无视国家法律，更不用说族长出于个人目的的公报私仇、蓄意谋害了。

其三，败坏族产，威逼族人。

宗族设立族产本身是为了养赡族人，出发点是好的，但是族长在执行上的自由度相当大，克扣肥己属于常态，假公济私地为亲近的人多拨款也是经常发生的。更有甚者，有不少族长为了扩大族产的规模，竟然会迫害族内孤寡家庭。这是因为孤寡家庭一旦男嗣断绝，其家产便会成为族中的公产，由族中支配。对于宗族的主导人——族长来说，这显然是"大馅饼"。

其四，地方恶霸，聚赌藏奸。

---

[1] 出自《杨氏家乘》。

聚族而居的宗族在地方上颇有势力，这些势力用在正当地方会成为互帮互助、维护地方稳定的好帮手，反之，则就变成了地方恶霸，为害一方。这些恶霸势力，或包揽诉讼，或鱼肉乡间，或聚赌抽成，或藏匿匪徒，或抗交皇粮，甚至直接变成土匪强盗，这在清代并不少见。

总之，清代宗族和宗法是一把双刃剑，您穿越过去之后，一定要相当小心，多多权衡其中的利弊。

一个腌菜缸引发的命案

——贝勒永珠殴妾案

有关清代法律,如果您还觉得有不大理解的地方,我们可以通过一个案子给您来讲解一下,相信有了具体的例子,您会更好地理解这些问题。[1]

案卷

贝勒永珠殴妾案

时间

道光十六年(1836年)

原告人

吴续兴

被告人

贝勒永珠、王得禄、灵儿、胖儿

涉案人员身份

吴续兴:贝勒永珠府包衣,当时并未在府内当差。

吴氏:贝勒永珠的第二侧室,吴续兴之姐。包衣出身,十余岁入府充当使女,后被贝勒永珠收房成为妾室,二十二岁时因生有一女被贝勒永珠升为侧

---

[1] 此章节整理自中国第一历史档案馆藏《奏为正蓝旗包衣廪生续兴控告贝勒侍妾殴毙侧室请皇上训示事》《奏报奉旨审讯贝勒侍妾殴毙侧室案情形事》《奏为遵旨会同审拟太监王得禄殴毙贝勒永珠侧室吴氏命案事》等档案。

室，时年四十四岁。

贝勒永珠：和硕诚恪亲王允祕之孙，多罗贝勒，时年七十八岁。

王得禄：贝勒永珠府太监。

灵儿、胖儿：贝勒永珠侍妾。

大麻子、玉环：贝勒永珠之丫鬟。

瑞平：吴氏之丫鬟。

宋石头、保祥、王照芳、张顿：贝勒永珠府苏拉。

案情缘由

道光十六年（1836年）九月，吴续兴前往本衙门，称其姐吴氏为贝勒永珠之侧室，在本月二十三日于贝勒永珠府内暴毙，贝勒府未经吴续兴验看便将吴氏入殓。后来吴续兴听他人传言说其姐吴氏是被殴打致死，所以前往本衙门，请求开棺验尸，调查案件。

原告陈述

我是贝勒永珠府包衣吴续兴。本月二十四日，我正在家内休息，贝勒永珠府的苏拉突然到来，没有做过多的解释，只说有极重大的事故，让我赶紧入府。我急忙赶到府中，到了书房，府内太监王得禄开口对我说："昨天，贝勒的两位侍妾因为要腌菜，向你的姐姐吴氏索要腌菜缸。你姐姐不肯交出，所以两位侍妾命令我（王得禄）用棍子责打了你姐姐。你姐姐受责之后就死了。现在府里已经将你姐姐入殓，特地传你来知会你。"我听了之后都蒙了，晕晕乎乎地回到了家。后来缓过神来心想，我姐姐吴氏是贝勒永珠的侧室，怎么只因为一个腌菜缸就被打死了呢？之后，我又听府里人说，那天我姐姐吴氏被好几个人毒打三百余棍，这才被打死，并不是"意外"。所以我请求衙门为我做主，开棺验尸，调查清楚。

被告口供

王得禄：我是王得禄，是贝勒永珠府的太监。我跟死者吴氏素无仇怨，并非蓄意谋害。我们府里腌菜所用的缸是放在吴氏所住的院内的。本年九月二十三日，贝勒永珠派我到吴氏所住的院子内搬取这些腌菜缸。吴氏以腌菜缸里还有剩余的腌菜为借口，拒不交出腌菜缸。于是我跟吴氏争夺腌菜缸，吴氏找来了一根木棍打我，我将木棍夺下来之后，吴氏仍不放弃，回屋内找来了砍柴的斧子追着我砍。我跑到贝勒永珠的院内，吴氏也手持柴斧追到院内继续向我扑砍，我奋力将柴斧夺下。吴氏追砍我的全过程，贝勒永珠看在眼里，所以下令让我将吴氏捆绑之后以殴打作为责罚。我听从贝勒永珠的命令，用绳子将吴氏捆住，用木棍殴打吴氏下半身。打了六十多下，贝勒永珠说停，我就停了，并且跟府内苏拉保祥等人一起将吴氏扶回她房中休息。结果，当天夜里，吴氏因伤势过重就死了。

本衙门听取原告陈述和被告之后，经走访调查，得知当天并不是只有太监王得禄一个人殴打了吴氏，府里的苏拉宋石头、保祥、王照芳三人也帮了忙。于是，本衙门立刻讯问苏拉宋石头、保祥、王照芳三人。三人均承认帮助王得禄殴打了吴氏。并且进一步供出，当时传令说贝勒永珠让他们殴打吴氏的是贝勒永珠的两位侍妾：灵儿和胖儿。同时，开棺验尸之后，本衙门仵作上报：死者吴氏，两腿伤痕累累，的确是殴伤，耳根和手指也有伤，推测是由捆绑造成的，确系因被殴后伤势过重而死。但考察其情形轻重，与太监王得禄口供不符，于是审讯灵儿、胖儿，并重审王得禄，最终整理其案情如下：

贝勒府主人永珠在道光元年（1821年）瘫痪，成天卧病在床。贝勒永珠的嫡夫人李佳氏已经病故。贝勒永珠身边有数名妻妾，其中地位最高的是范氏，她曾经为贝勒永珠生下一男一女，男孩后来夭折了，女孩活了下来，所以范氏被封为第一侧室。范氏有些年老珠黄了之后，贝勒永珠就收了两房妾室：龚氏和吴氏，后者即是本案中的死者吴氏。龚氏和吴氏在同一年为贝勒永珠生下子

伍·宗族法律

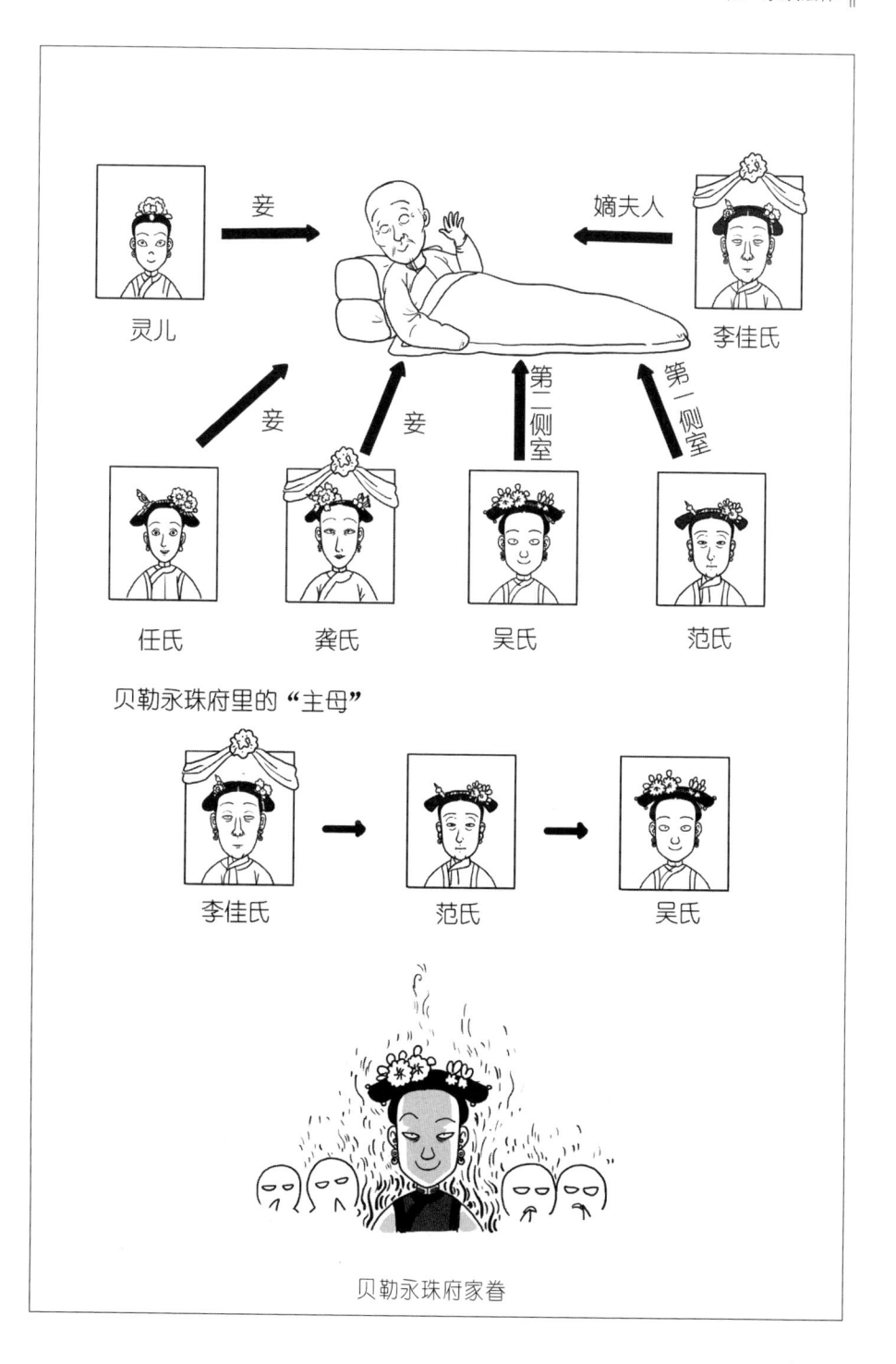

灵儿 —妾→ ←嫡夫人— 李佳氏

任氏 龚氏 吴氏 范氏
妾 妾 第二侧室 第一侧室

贝勒永珠府里的"主母"

李佳氏 → 范氏 → 吴氏

贝勒永珠府家眷

291

女，龚氏生的是儿子，吴氏生的是女儿。但是龚氏生下儿子之后就死了，所以儿子由吴氏养大。因为吴氏抚养子女有功，所以被封为侧室，即第二侧室。之后，吴氏也有些年老珠黄了，贝勒永珠就又收了一些新的妾室。在新的妾室里，最得宠的是任氏，她在案发的前一年刚刚为贝勒永珠生下老来子绵善。除了任氏之外，贝勒永珠身边还有数名妾室和丫鬟，其中比较得势的丫鬟名叫灵儿。

关于贝勒永珠府里的家务，是这样变化的：最开始，贝勒永珠府里的"主母"是嫡夫人李佳氏。李佳氏去世之后，府中事务由第一侧室范氏掌管。范氏为人庸厚，管家不力，贝勒永珠便将家事交给了第二侧室吴氏管理。根据贝勒府内人员描述，吴氏性格强硬，也有点儿蛮横不讲理。所以在管家的过程中，吴氏得罪了不少人。道光十三年（1833年），贝勒永珠对管家的吴氏发难，突然进行"查账"，发现家中账目对不上，所以不仅剥夺了吴氏管家的权力，还禁止她到上房伺候。

贝勒府内太监王得禄，原本是在主子跟前当差的上差太监。但是当差有点儿偷懒，被当时管家的吴氏责罚，降为下差太监，发到旗地、坟地上当差。王得禄各种托人求情，求了一年，才被吴氏允许回到贝勒府内充当下差。此事距离本案有十三年，其仇怨即结了十三年之久。至于灵儿，她是贝勒永珠身边的侍妾。道光十三年贝勒永珠剥夺了吴氏管家权之后，便令灵儿来管家，灵儿成了主管家政的侍妾。本来，吴氏作为"旧爱"，对灵儿这个贝勒永珠的"新欢"就不大友好，现在被灵儿取代了管家的身份，吴氏认为是灵儿主使，所以不时辱骂灵儿，因此灵儿也跟吴氏结了仇怨。

道光十三年，贝勒永珠将第二侧室吴氏管家的权力剥夺交与姜室灵儿，且剥夺了吴氏到上房的权利之后，到了本案发生的道光十六年（1836年）九月，贝勒永珠逐渐觉得妾室灵儿、胖儿等在上房内伺候自己并不称心，于是就又怀念起吴氏来。因此，贝勒永珠曾经有意无意地对灵儿、胖儿说，"你们这样不周到，不如让吴氏再回来伺候"。灵儿和胖儿听到后，十分害怕吴氏"秋后算账"。

伍·宗族法律

九月二十一日，贝勒府内需要腌一批小菜，厨房原有的腌菜缸不敷使用，于是询问府主贝勒永珠如何处理。贝勒永珠表示，府里原有一些空闲的腌菜缸，放在吴氏所居住的院内，让太监王得禄带人去取。太监王得禄带人去取缸，一共有五口，取出来了四口，但是据说最后一口里面装有吴氏自己腌的小菜，所以吴氏不肯交出。吴氏是侧室的身份，太监王得禄不敢直接顶撞，于是这个事儿就这么僵持下来了。

九月二十三日，这件事传到了灵儿的耳朵里。灵儿为了阻止吴氏重新回来掌权，想趁着这个机会激怒贝勒永珠，让贝勒永珠把吴氏打个半残，这样吴氏既不能去上房伺候了，自己也可以解气。于是灵儿把吴氏不肯交出腌菜缸的事情禀告了贝勒永珠，并且各种添油加醋，说吴氏平时就经常骂人、打人，无法无天，"何况现在连贝勒您的话她都不听了"。经过了灵儿一番挑拨，贝勒永珠传令，让当家的妾室灵儿带着王得禄等人去把那口缸抬来。

灵儿得令后，对王得禄撒谎说，吴氏这次犯了错，无论交不交出缸来，贝勒总是要打她的，所以多带一些人。故而王得禄叫上保祥、王照芳、宋石头等人一起到吴氏院内抬缸。吴氏这次依然不肯交出缸，于是和王得禄等人发生了冲突。吴氏先动手，打了王得禄的耳光，王得禄回击一推，把吴氏推翻在地，吴氏起身之后开始嚷骂，以至在别院居住的贝勒永珠都听到了骂声，派一个叫瑞霞的丫鬟过来传话，说："缸是贝勒家的，不是吴氏的，吴氏为何不肯交出？如果再敢吵闹，就一定要将吴氏责打。"这时，听闻此事的第一侧室范氏也赶来，在范氏的规劝下，吴氏把腌菜缸交了出来。

事情本来应该就这样完结，但是吴氏性格好强，始终认为自己是占理的，所以她直接往贝勒永珠居住的内院走，声称要到贝勒永珠面前"讨教"。灵儿见到吴氏过来，赶紧把门闩拧住，不让吴氏进内院。吴氏推门推不开，又开始嚷叫。这时，王得禄在灵儿的指示之下，用计将吴氏引到前院去闹事。吴氏被王得禄激怒，跑到前院甬道正中跪下，要求贝勒永珠出来"教导"。另一方面，灵儿则告诉贝勒永珠说："吴氏本来就时常吵闹，现在又闹到前院去了，说贝勒没理，要'讨教'。"贝勒永珠听了十分生气，让妾室灵儿和胖儿传谕王得

伍・宗族法律

抬缸大队
灵儿
吴氏
宋石头
王照芳
保祥
王得禄

缸是贝勒家的，不是吴氏的，吴氏为何不肯交出？如果再敢吵闹，就一定要将吴氏责打。
瑞霞

伍·宗族法律

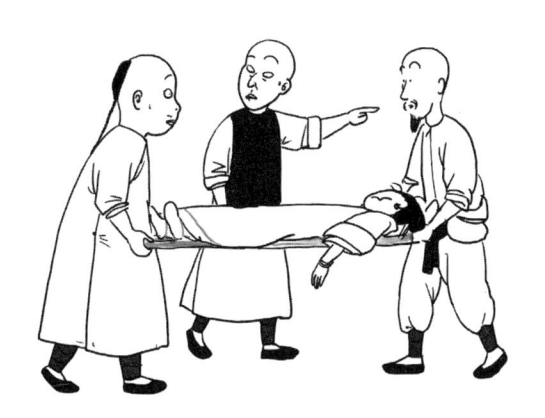

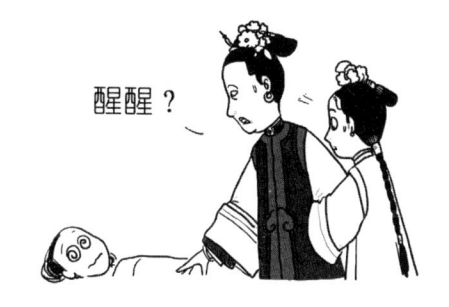

297

禄："用棍将吴氏两脚好生责打，就算打成残废，我养活她罢了！"王得禄原本就与吴氏有仇，听说要由自己亲自责打吴氏，也巴不得赶紧下手去解气。于是拿来木棍，想要按倒吴氏进行责打。吴氏不认可贝勒永珠对自己的处罚，跟王得禄争斗起来，拒不受刑。妾室胖儿看到之后，命人将吴氏用绳子捆起来，又让丫鬟大麻子和玉环按住吴氏的腿。王得禄想到自己和吴氏十几年的仇怨，对吴氏说："你今日也犯在我手里了！"开始用刑。先独自用木棍殴打吴氏两腿数十下，之后又让保祥、宋石头、王照芳帮打。保祥等人不敢下手，王得禄便恐吓他们。保祥、宋石头、王照芳无奈，只能轮流各打了吴氏数下。王得禄看到这个情况，嫌弃保祥、宋石头、王照芳等人打得太轻，将木棍夺走，又打了吴氏两腿十余下。

另一方面，灵儿觉得只因为腌菜缸这点小事打吴氏几十下，完全不能解气，想要再添一把火，于是在贝勒永珠跟前造谣，说吴氏经常辱骂、殴打周边的人。贝勒永珠听了这个谣言，让第一侧室范氏去吴氏屋里搜查行凶的凶器，结果只搜到了一包荷包片。在本案发生之前，灵儿屋里曾经丢了一包荷包片，灵儿看到从吴氏屋内搜出的一包荷包片，在明知不是自己屋里丢的那包荷包片的情况下，依然对贝勒永珠说这就是自己丢失的那包，并且造谣说，是侧室吴氏的使女瑞平偷的。瑞平一开始不承认，灵儿就让保祥等人责打瑞平，瑞平屈打成招，承认是自己偷给吴氏的。灵儿赶紧报告贝勒永珠，贝勒永珠听了，更加生气，下令让王得禄继续责打吴氏。王得禄便又殴打了吴氏两腿十余下。这时，作为下手的人，王得禄怕出人命，于是对灵儿说："吴氏两腿伤痕已经有了七八成了，是不是就这么停了？"灵儿则说："贝勒可没说要停！"王得禄无奈，只得又打了吴氏几下。过了一会儿，贝勒永珠传下令来说不用打了，王得禄便和保祥等人将吴氏抬回了屋里。

事情到这里还没有完结，灵儿不知道吴氏受伤的轻重，认为只是轻伤而已，害怕吴氏偷偷出门找人评理，所以让府里苏拉张顿从马圈拿来了一副锁铐，将吴氏铐锁在屋里。为防吴氏逃走，灵儿甚至还用锡汁灌入锁口。过了一段时间，第一侧室范氏过来看望吴氏，发现吴氏已经伤重晕厥，赶紧燃烟熏

伍·宗族法律

吴氏本来时常吵闹，现在又闹到前院去了，说贝勒没理，要讨教！！！

你今日也犯在我手里了！

你要干什么？！

玉环

大麻子

伍·宗族法律

打腿小组

吴氏两腿伤痕已经有了七八成了，是不是就这么停了？

贝勒可没说要停！

301

救，但是没有效果，吴氏还是在当天夜里咽了气。灵儿听说吴氏死了，回明了贝勒永珠，将吴氏入殓停放，并通知吴氏的弟弟吴续兴。后来灵儿听说要打官司，赶紧和王得禄开始串供，并且编造了吴氏拿着斧子行凶等情节，还撤换了吴氏房中的使女，以免败露。

好了，案卷看完了，您觉得这个案子应该怎么判呢？谁的责任最大呢？
肯定是那个灵儿啊！坏事都是她出的主意！但是怎么判我也不知道……
嗯，咱们来看看清代衙门是如何处理这个案子的。

首先，衙门的官员列出了九条《大清律例》和宗人府则例作为断案量刑的基础。
一、家长之妾殴杀奴婢，系生有子女者，即照家长期亲殴杀奴婢本律定拟。
二、奴婢殴家长期亲，绞监候。
三、奴婢殴家长期亲至死者，皆拟斩立决。
四、同谋共殴人致死，原谋杖一百流三千里。
五、威力主使人殴打致死，以主使之人为首，下手之人为从论。
六、殴妾至死者，杖一百徒三年。
七、共犯罪而首从本罪各别者，依本律首从论。
八、凡宗室，犯徒三年罪者，折圈一年，改为加责二十五板，减圈禁日期三个月。
九、凡宗室，初次犯徒罪者，仍照所得罪名照旧按日折圈、按数折责，不得因加责而减圈。

其次，对涉案人员的身份进行评定。
府主贝勒永珠是家主，也是下令殴打死者的发令人，也就是殴死吴氏的主使人，依照第五条律例，定为本案的主犯，其余人则均为从犯。
贝勒永珠的侧室吴氏，是家主生有子女的妾，依照第一条律例进行反推，当这种生有子女的妾与普通奴仆相犯时,应当算作家长期亲看待,而不是仅仅作为奴仆。

贝勒永珠的妾室灵儿、胖儿,是家主未生有子女的妾,她们的身份比较模糊,具体关系属定则看具体的情况。

太监王得禄是贝勒永珠府户下太监,属于奴仆。保祥、宋石头、王照芳是贝勒永珠府的包衣旗人,包衣旗人虽然是法律上的正身人,但是在和主人发生法律矛盾时以奴仆论。丫鬟玉环、大麻子也都是贝勒永珠府的包衣旗人,也应以奴仆论。

接着,在确定了身份之后,结合上面九条律例,刑部和宗人府官员对相关人犯进行了量刑。

对于贝勒永珠:贝勒永珠是责打吴氏的主使人,依照第五条律例,是本案的主犯。依照第六条律例,应判杖一百徒三年。清代法律明确规定官员犯罪和非官员犯罪处理有些区别,因为如果是官员,要考虑到他的官员身份,先处理这个身份。按照规定,官员犯杖一百、死罪时需要先革职,所以应该先把官职革掉,也就是革除其贝勒爵位。另外,杖一百徒三年,依照第八条和第九条律例可以折圈。同时因为永珠已经年过七十岁,属于"老年罪犯",而且身体瘫痪,可以酌情减刑,所以请皇帝钦定。

对于王得禄:王得禄是殴打死者吴氏的直接执行人,其所犯的罪有两层。第一,在最后一次取腌菜缸的过程中,被吴氏打了耳光之后,王得禄回击推了吴氏,把吴氏推翻在地。按照第一条律例反推,吴氏算作贝勒永珠的期亲,王得禄身为奴仆推翻吴氏,与自行殴打一样,依照第二条律例,应判斩监候。第二,之后贝勒永珠下令责打吴氏,王得禄挟私报复,使得吴氏伤重而死。虽然王得禄不是主使之人,但是亲自下手,挟私报复,加上之前的斩监候,量刑为斩立决。

对于灵儿:灵儿是贝勒永珠没有生育过子女的妾室。《大清律例》中并没有未生子女之妾与生有子女之妾相犯应当如何处理的条例,所以相关官员按照平人来定，也就是把她们作为平等身份处理。灵儿虽然是教唆犯罪，但是在当时的法律体系下，教唆只能算作"谋殴"，不属于主犯。而且灵儿没有亲自下手，其罪刑是很轻的，依照第四条律例，只能判杖一百流三千里。可是这个案子里，灵儿百般挑唆，且不断加重处罚，铐固死者，甚至还串供以欺骗官方调查，比正常的罪要重。所以刑部和宗人府的官员上奏说，如果按照杖一百流三千里来判，实在是太轻了，于情于理都说不通，于是请求给灵儿加刑，以示公正。

对于胖儿：视作同谋参与，量刑为杖一百。

对于保祥、宋石头、王照芳：三人被王得禄恐吓殴打吴氏。依照第三条律例，应判斩立决，但只是从犯，减等处理，量刑为发各省驻防给官员兵丁为奴。

对于大麻子、玉环：二人被灵儿恐吓协助殴打吴氏。依照第五条律例，定为从犯。依照第三条律例，应判斩立决，但只是从犯，减等处理，又比保祥、宋石头、王照芳还要轻，再减一等，量刑为杖一百流三千里。

对于张顿：他与殴打吴氏无关，但是他听从灵儿的命令拿来了锁铐，还帮着灵儿把锡汁灌入锁铐锁口，量刑为杖八十。

最后，宗人府和刑部量刑之后，奏本交到道光皇帝御前。道光皇帝阅览之后下令，贝勒永珠革爵，王得禄即行正法。至于灵儿，加重处罚，先在宗人府重责四十大板，然后交与刑部关押十年，十年之后，另行请旨决定处理方法。其余则依刑部、宗人府所拟执行。

总觉得灵儿判得不够重，大麻子、玉环什么的又有点可怜……

是啊，这个案子以我们今天的法制思维来看，可能量刑是有很大不同的。不过，我们可以通过这个案子看出清代人在判决案件时所体现的一些标尺思维。如大麻子和玉环为什么涉案很轻却判得很重，就因为她们是以奴婢的身份殴打主人期亲，"以下犯上"，作为主犯斩立决，作为从犯降两等也要杖一百流三千里，这种从根本上的"不平等"，是清代法律最大的问题之一。